高等职业教育电子商务专业系列教材

U0653157

电子商务物流

（第2版）

刘　浩　蓝荣东　杨欣茹　主　编
卢　奋　卫海英　王小玲　余钢衍　副主编
卢金燕　罗　胜　钟海玲　李文斯　肖祖亮　参　编

微信扫描
获取课件等资源

南京大学出版社

内 容 简 介

本书基于项目式教学，从任务描述与分析开始，展开任务实施与心得，在此基础上补充并拓展相关知识，最后通过业务技能训练，学生加深和巩固所学的知识。

内容顺序上从物流与电子商务的关系入手，引出电子商务物流的基本概念和运作模式，介绍电子商务物流涉及的主要信息技术和设备。然后，按照电子商务物流的流程，分别介绍仓储管理与库存控制、包装与流通加工、搬运装卸与运输管理、电子商务配送与配送中心、电子商务供应链管理、采购与供应商管理、物流服务与成本管理，最后介绍了跨境电商物流。

本书适合我国高等职业院校电子商务、物流管理、贸易经济等财经类专业的学生选用，也可以作为本科院校相关专业的学生及实际工作者的参考书。

图书在版编目（CIP）数据

电子商务物流 / 刘浩，蓝荣东，杨欣茹主编. -- 2
版. -- 南京 ：南京大学出版社, 2020.6（2023.2 重印）
　ISBN 978-7-305-23250-3

　I. ①电… II. ①刘… ②蓝… ③杨… III. ①电子商
务—物流管理　IV. ①F713.365.1

　中国版本图书馆 CIP 数据核字(2020)第 079826 号

出版发行　南京大学出版社
社　　址　南京市汉口路 22 号　　　　　邮编　210093
出 版 人　金鑫荣

书　　名　**电子商务物流（第 2 版）**
主　　编　刘　浩　蓝荣东　杨欣茹
责任编辑　武　坦　　　　　编辑热线　025-83592315

印　　刷　广东虎彩云印刷有限公司
开　　本　787×1092　1/16　印张 14.75　字数 368 千
版　　次　2020 年 6 月第 2 版　2023 年 2 月第 2 次印刷
ISBN 978-7-305-23250-3
定　　价　45.00 元

网　　址　http://www.njupco.com
官方微博：http://weibo.com/ njupco.
官方微信号：njuyuexue
销售咨询热线：（025）83594756

前　言

　　物流被称为企业的"第三利润源"。随着计算机、互联网及电子信息技术的不断发展，以电子商务为背景的物流管理逐渐取代了传统的物流管理模式——电子商务作为数字化生存方式，代表未来的贸易方式、消费方式和服务方式。在电子商务环境下，尤其是近年来跨境电子商务的飞速发展，使得物流、商流、信息流实现了有机结合；现代化物流配送中心及海外仓，完善了全球配送的电子商务物流体系，使得各种流畅通无阻，使得企业的物流实现了低成本、高效率、高质量。

　　作为一本电子商务专业方面的、偏重于实践的教材和参考书，本书主要从电子商务与现代物流的关系入手，将电子商务与现代物流管理有机地结合在一起，系统地介绍了电子商务环境下如何以项目形式开展现代物流管理。

　　本书共有10个项目，每个项目包括任务描述与分析、任务实施与心得、相关知识、知识拓展（以二维码链接展示）和业务技能训练。各项目都以高职毕业生面临的实际问题及典型企业工作流程和所需实际技能为载体，形成循序渐进、种类多样的知识拓展案例和业务技能训练，创新了课程教学内容模式。同时本书也作为广西职业教育教学改革重大招标项目"职业教育教学监控与质量评价体系构建研究"的"子课题1——多层次起点应用技术本科人才培养质量监控与评价体系的机制建设与评价方法研究"和广西教育科学"十三五"规划2017年度立项课题"广西沿海地区地方高校社会服务职能拓展研究"（课题编号：2017C373）的成果之一。

　　本书由桂林电子科技大学北海校区经济与管理学院刘浩、厦门涉外职业技术学院蓝荣东、广东省电子商务技师学院杨欣茹担任主编；桂林电子科技大学北海校区经济与管理学院卢奋、卫海英，广东省电子商务技师学院王小玲，汕头市澄海职业技术学校余钢衍担任副主编；桂林电子科技大学北海校区经济与管理学院卢金燕、广西财经学院信息与统计学院罗胜、广西工业职业技术学院教育与艺术设计系钟海玲、桂林电子科技大学北海校区经济与管理学院李文斯、汕头市澄海职业技术学校肖祖亮参与编写。具体分工如下：项目一由刘浩编写，项目二由蓝荣东编写，项目三由卢奋编写，项目四由卢金燕、余钢衍编写，项目五由王小玲编写，项目六由李文斯、肖祖亮编写，项目七由卫海英编写，项目八由杨欣茹编写，项目九由罗胜、钟海玲编写，项目十由卢奋、杨欣茹编写。本书的微课与PPT

由余钢衍、肖祖亮制作。

在本书编写的过程中编者参考了很多图书、网站、博士硕士论文等，作者已尽可能在参考文献中详细列出，在此对这些专家和学者表示深深的谢意。

由于编写时间仓促，编者水平有限，书中难免有疏漏之处，敬请使用本教材的读者批评指正，以便修订改进。如果在使用本教材过程中有其他意见或建议，恳请与编者（liuhao196@163.com）联系，提出宝贵意见。

编　者

2020年4月

目 录

电子商务物流概述

任务一　电子商务物流的基本概念

知识要点：
- 电子商务、物流和电子商务物流的基本概念。
- 电子商务物流的特点。
- 电子商务与物流的关系。
- 物流在电子商务中的地位与作用。
- 电子商务与物流走向融合。

技能要点：
- 熟悉电子商务物流的特点。
- 能够理清电子商务与物流的关系。
- 明白物流在电子商务中的地位与作用及融合趋势。

任务描述与分析

一、任务描述

2015年7月，赵丹青从南宁某职业技术学院电子商务专业毕业后，来到玉柴物流有限责任公司（以下简称玉柴物流）见习。

玉柴物流从早期的专业物流公司到近年转变为电商物流公司，通过将电子商务与物流融合，取得明显的进步。

二、任务分析

首先赵丹青需要跟随主管了解公司的基本情况，然后要用近一个月的时间熟悉公司主要业务的操作流程，开始真正了解电子商务物流的实际运作过程。

任务实施与心得

一、电子商务对物流的影响

电子商务的蓬勃发展必将导致物流业逐渐强化。这是因为在电子商务的环境里，消费者在网上的虚拟商店购物，并在网上支付，配送的功能就由物流公司承担。也就是说，即使实际的商店没有了，银行没有了，但是物流公司非但不能省略掉，反而任务加重了。物流公司既要为生产企业服务，又要为销售商店服务，还要为具体的消费者服务。

在电子商务环境下，商务事务处理实现了信息化，物流成了整个市场运行的核心之一。物流企业成了代表所有生产企业、供应商向用户进行实物供应的最集中、最广泛的提供者，是进行市场实物供应配送的唯一主体。

电子商务把物流业提升到了前所未有的高度，为物流业的发展提供了新的机遇。同时也决定了未来物流业的发展方向。

二、物流对电子商务的影响

电子商务已成为21世纪的商务工具，它将像杠杆一样撬起传统产业与新兴产业，在这一过程中，物流将成为这一杠杆的支点。物流的作用不可忽视：① 物流保障生产；② 物流服务于商流；③ 物流是实现"以顾客为中心"的根本保证。

随着电子商务的发展，跨国、跨区域的物流将日益重要。没有物流网络、物流设施和物流技术的支持，电子商务的发展将会受到严重影响。电子商务虽然降低了交易费用，却无法降低物流成本。没有完善的物流系统，电子商务所产生的整体效益也将不尽如人意。

相关知识

一、对电子商务的理解

简单说，电子商务就是运用现代信息技术从事的各种商务活动。如果把"现代信息技术"看作一个子集，"商务"看作另一个子集，电子商务所覆盖的范围应当是这两个子集所形成的交集，如图1.1所示。

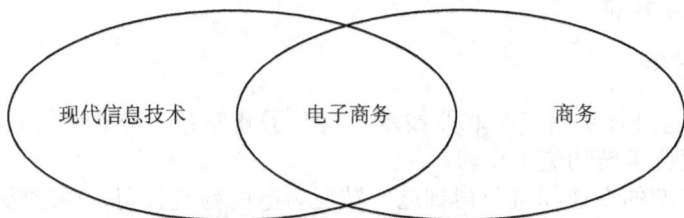

图1.1　电子商务是"现代信息技术"和"商务"两个子集的交集

电子商务有广义和狭义之分。狭义的电子商务（Electronic Commerce，EC）是在互联网开放的环境下，基于浏览器/服务器（Browser/Server）的应用方式，实现消费者的网上购物（B2C）、企业之间的网上交易（B2B）和在线电子支付的一种新型的交易方式。而广义的电子商务（Electronic Business，EB）不但包括电子交易，也不仅是企业前台的电子商务，还包括企业内部利用电子手段进行的管理活动。

二、物流的基本概念

根据我国国家标准《物流术语》（GB/T 18354—2006），所谓物流（logistics）是指物品从供应地向接收地的实体流动过程。根据实际需要，物流将运输、储存、装运、包装、流通加工、配送、信息处理等基本功能进行实时的有机结合。

三、电子商务物流的概念

目前，对电子商务物流还没有统一的定义，可以从两个角度来理解：从宏观行业角度，电子商务物流是电子商务和物流两个行业的结合，是为电子商务这一新兴行业配套的，主要为电子商务客户提供物流的服务；从微观运作角度，电子商务物流是信息管理技术和物流作业环节的结合，是运用现代信息技术整合物流环节，实现高度信息化的物流。

四、电子商务物流的特点

电子商务物流由于具有"电子商务"性，其运作具有一系列新特点。

（一）信息化

电子商务时代，物流信息化是电子商务的必然要求，表现为物流信息的商品化、物流信息搜集的数据库化和代码化、物流信息处理的电子化和计算机化、物流信息传递的标准化和实时化，以及物流信息存储的数字化。

（二）自动化

自动化的基础是信息化，核心是机电一体化，外在表现是无人化，效果是省力化。自动化还可以扩大物流作业能力，提高劳动生产率，减少物流作业的差距等。物流自动化的设施非常多，如条码、射频自动识别、自动分拣系统等。这些设施在发达国家已经普遍用于物流作业流程中。

（三）网络化

网络化的基础也是信息化。物流管理的网络化包含下面两层含义：

第一是物流配送系统的计算机通信网络，包括物流配送中心与供应商或制造商的联系，以及与下游顾客之间的联系。

第二是组织的网络化。例如，我国台湾的计算机业在20世纪90年代创造出了"全球运筹式产销模式"。这种模式的基本点是按照客户订单组织生产，生产采取分散形式，即将全世界的计算机资源都利用起来，采取外包的形式将一台计算机的所有零部件、元器件、芯片外包给世界各地的制造商去生产，然后通过全球的物流网络将这些零部件、元器件和芯片发往同一个物流配送中心进行组装，由该物流配送中心将组装的计算机迅速发给客户。物流的网络化是物流信息化的必然趋势，是电子商务物流活动的主要特征之一。

目前，互联网等全球网络资源的可用性及网络技术的普及为物流的网络化提供了良好的外部环境。

（四）智能化

智能化是电子商务物流自动化、信息化的一种高层次应用。物流作业过程中大量的运筹和决策，如库存水平的确定、运输（搬运）路径的选择、自动导向车的运行轨迹和作业控制、自动分拣机的运行及物流配送中心经营管理的决策支持等问题都要借助大量的知识才能解决。在物流自动化的进程中，物流智能化已成为电子商务物流发展的一个新趋势，需要通过专家系统、机器人等相关技术来解决。

（五）柔性化

柔性化的物流正是适应生产、流通与消费的需求而发展起来的一种新型物流模式。物流柔性化要求物流配送中心根据电子商务消费者需求"多品种、小批量、多批次、短周期"的特色，灵活组织和实施物流作业。

知识拓展

本知识拓展主要讲述电子商务与物流的关系、电子商务与物流走向融合，详细内容请扫描二维码。

业务技能训练

不论是从做物流起家，融合电子商务，还是靠电子商务起家，进而融合物流业务，都是在真正理解电子商务与物流的关系的基础上发展起来的。

可以参考京东商城的配送服务（http://help.jd.com/help/question-360.html）和UPS的供应链解决方案（http://www.ups.com/cn）。

任务二 电子商务物流的运作模式

知识要点：
- 自营物流的优、缺点。
- 物流联盟的特点和建立方式。
- 第三方物流产生的原因。
- 第三方物流与自营物流和物流联盟的比较。
- 物流模式的选择。

技能要点：
- 对电子商务物流模式的判断。
- 能够比较自营物流、第三方物流和物流联盟的优缺点。
- 能够根据实际情况选择适合企业的物流模式。

任务描述与分析

一、任务描述

赵丹青在了解公司的运作过程后，开始学习电子商务物流的3种主要运作模式。

二、任务分析

必须在对3种电子商务物流主要运作模式有充分认识的基础上，才能比较3种运作模式的优势和劣势，然后依据所在公司的具体情况查看公司所选的运作模式是否符合实际。

任务实施与心得

一、影响物流模式选择的因素

电子商务物流模式的选择是一项战略决策，应从物流对企业的战略重要性出发，在考虑物流管理能力的基础上，对企业规模实力、系统成本以及第三方物流商服务能力等影响因素进行综合评价。

① 物流对企业的战略重要性。在进行物流模式决策时，首先要考虑物流对电子商务企业的战略重要性，主要看其是不是构成企业的核心能力，以及对企业成功是否有关键性影响。在我国，核心能力是指在竞争中起支配作用的力量，是能够为企业带来市场竞争优势的能力与资源的结合。若物流对电子商务企业具有战略重要性，则可以进一步考虑自营物流的条件，否则，须直接考虑物流联盟和第三方物流模式。

② 企业的物流管理能力。企业对物流的管理能力是影响其选择物流模式的又一个重要因素。一般而言，在其他条件相同的情况下，如果企业在物流管理方面具有很强的能力，自营物流就比较可取。企业物流管理能力越强，自营物流的可行性就越大。而在企业对物流的管理能力较差的情况下，如物流子系统在战略上处于重要地位，则应该寻找合适的物流伙伴建立物流联盟，反之采用第三方物流较为合适。应当注意的是，具备了物流管

理能力，并不意味着企业一定要自营物流，还要进一步考虑企业的规模和资金实力、物流成本和服务水平。

③ 企业的规模和资金实力。一般来说，大中型企业由于实力较雄厚，通常有能力建立自己的物流系统，制订合适的物流需求计划，保证物流服务的质量。另外，还可以利用过剩的物流网络资源拓展外部业务（为别的企业提供物流服务）。例如，实力雄厚的麦当劳公司每天必须把汉堡等保鲜食品运往中国各地，为保证供货的准确及时，就组建了自己的货运公司。而中小型企业则受人员、资金和管理资源的限制，物流管理效率难以提高。此时，企业为把资源用于主要的核心业务上，就应该把物流管理交给第三方专业物流公司负责。

④ 物流系统的成本。在选择物流模式和设计物流系统时，要对模式和系统的总成本加以检验，最后选择成本最小的物流系统。从交易费用理论分析，企业物流外包的原因是要在市场中寻找一种节约交易费用的制度安排，当企业内部组织管理成本高于使用市场交易成本时，企业就会选择市场模式（即外包给第三方物流），而放弃企业内部化物流业务（自营物流）。

⑤ 第三方物流商的服务能力。在选择物流模式时，考虑物流成本尽管很重要，但外包物流为本企业及企业客户提供服务的能力，同样是选择物流服务至关重要的因素。也就是说，外包物流满足企业对原材料及时需求的能力和可靠性，外包物流提供商对企业的零售商和最终客户不断变化的需求的反应能力等应该作为重要的因素来考虑。

二、物流模式定性决策举例

假设现在根据"物流对企业的战略重要性"和"企业的物流管理能力"两个因素来选择物流模式，可以根据图1.2所示的企业所处的位置决定最终方案。

（一）选择自营物流模式

如果物流对于企业成功很关键，企业对客户服务要求高，物流成本占总成本的比重大，且企业的物流管理能力较高，已经有高素质的人员对物流运作进行有效的管理，那么该企业就不应该采用第三方物流模式将物流业务外包出去，而应该采用自营物流模式。

（二）选择第三方物流模式

如果对于一家企业来说，物流对于企业成功不是很关键，物流并不是其核心战略，企业内部物流管理水平也不高，那么将物流业务外包给第三方物流企业就有利于降低成本，提高客户服务质量。

（三）选择物流联盟模式

① 寻找强有力的合作伙伴。如果物流对于企业成功很关键，物流是企业战略的核心，但企业的物流管理能力很低，那么寻找物流合作伙伴会给企业带来很多收益。好的合作伙伴在公司现有的，甚至还未进入的市场上拥有物流设施，可以向企业提供自营物流模式无法获得的物流服务及专业化的管理。

② 成为合作关系的领导。如果企业的物流活动不那么重要，但是企业的物流管理能力较高，由专业人员管理，企业就可以主动寻找需要物流服务的伙伴，通过共享物流系统，提高货物流量，实现规模经济效益，降低企业成本。

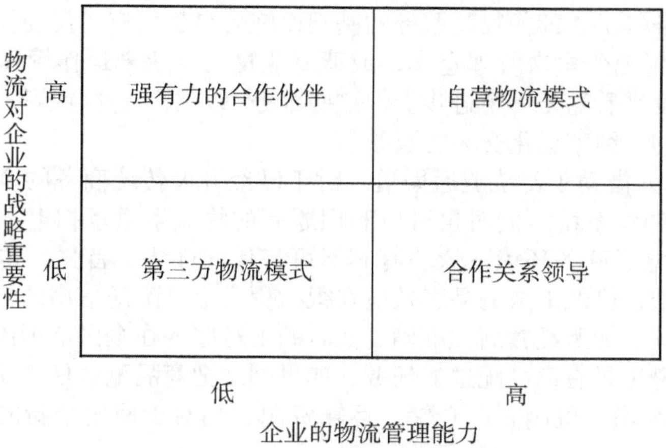

图1.2 物流模式选择举例

最后需要说明的是，以上3种物流模式的划分并没有很严格的界限，实际的企业情况往往介于某几种模式之间，也就是说企业也可以根据自身的实际情况选择一两种物流方式混用。如果自营物流企业的物流基础设施的供应能力在满足本企业的需求外还有剩余，就可以将其所属的物流子公司向其他企业开放，即在保证本企业物流需求的前提下，也承担其他企业的物流，从而发挥商品物流的批量效益，提高物流资源的利用效率。例如，美的集团依据自身的实力和对物流的需求成立了安得物流公司，不仅满足了自身的物流需要，同时也作为专业物流公司向外发展业务。在安得物流公司的业务总量中，美的集团内部业务约占60%，外部业务约占40%。有些企业实行部分物流业务自行处理、部分业务外包的双结合模式。

相关知识

电子商务物流运作模式一般有自营物流、物流联盟及第三方物流等。此外，第四方物流模式和绿色物流作为新生模式，正在被研究和实践着。

一、企业自营物流模式

（一）自营物流的内涵

电子商务企业借助自身的物质条件，自行开展经营的物流，称为自营物流。采取自营物流模式的电子商务企业主要有两类。一类是资金实力雄厚而且业务规模较大的电子商务企业。由于电子商务在我国兴起的时候，国内第三方物流的服务水平远不能满足当时电子商务企业的要求，而这些电子商务企业手中持有大量的外国风险投资，为了抢占市场的制高点，不惜动用大量资金，在一定区域，甚至全国范围内建立自己的物流配送系统。第二类是传统的大型制造企业或批发企业经营的电子商务网站，由于其自身在长期的传统商务中已经建立起初具规模的营销网络物流配送体系，在开展电子商务时只需要将其加以改进、完善，就可满足电子商务条件下对物流配送的要求。

需要说明的有两点：

① 自营物流并非不能把有些功能外包。它根据自身条件，可以将有关的物流服务委托给专门的企业去做，即从市场上购买有关的物流服务（如向运输公司购买运输服务，向

仓储企业购买仓储服务等）。即便物流服务的基础设施为自身所有，但委托有关的物流企业来运作，如请仓库管理公司来管理仓库，或请专业物流企业来运作管理现有的企业车队。从产业进化的角度来看这是一个进步。但这些服务不只限于一次或者一系列分散的物流功能，而且是临时的、纯市场化交易的服务。

② 自营物流应充分借助于传统流通渠道。对于已经开展传统商务的企业，可以建立基于网络的电子商务销售系统，同时也可以利用原有的物流渠道承担电子商务的物流业务。传统流通渠道在电子商务环境下依然有其不可替代的优势。首先，传统商业历史悠久，有良好的顾客基础，已经形成的品牌效应在很大程度上是配送信用的保证。其次，那些具有一定规模的连锁、加盟经营店使准确、及时的配送服务在全国范围内成为可能。最后，由于传统渠道本身也具有商品配送的任务，如果网站把商品配送任务交给传统流通渠道解决，就可以充分利用一些闲置的仓储、运输资源，相对于使用全新的系统，成本降低了。

目前从事传统销售业务的企业主要包括制造商、批发商和零售商等。从专业分工的角度看，制造商的核心业务是商品开发、设计和制造，但越来越多的制造商不仅有庞大的销售网络，还有覆盖整个销售区域的物流配送网，这些制造企业完全可以利用原有的物流网络和设施支持电子商务业务。这样一来，开展电子商务就不需要新增物流、配送的投资。和制造商相比，批发商和零售商具有组织物流的优势，因为它们的主业就是流通。

（二）自营物流的优点

① 可以有效控制物流业务的运作。在自营物流的情况下，电子商务企业可以通过内部行政权力控制自营物流运作的各个环节，对供应链有较强的控制能力，容易与其他业务环节密切配合，可以使企业的供应链更好地保持协调、稳定，提高物流运作效率。对供应链的控制力强，可以较好地保证信息流和资金流的安全，很好地支持货到付款业务（Cash on Delivery，COD）。

② 可以使服务更加快速灵活。与第三方物流相比，自营物流由于在整个物流体系中是企业内部的一个组成部分，与企业经营部门关系密切，以服务于本企业为主要目标，因此能够更好地满足企业在物流业务上的时间、空间和个性化要求，特别是对于要求配送频繁的企业，自营物流能更快速、灵活地满足其要求。

③ 可以加强客户沟通，提升企业形象。电子商务企业利用自己的物流系统送货，能和客户面对面地接触，更好地了解客户的需求，同时让客户更好地了解自己。与客户的良好沟通和优质的服务，有利于企业形象的提升和品牌的塑造。

（三）自营物流的缺点

① 一次性固定投入较高。虽然自营物流具有自身的优势，但由于物流体系涉及运输、仓储、包装等多个环节，建立物流系统的一次性投资较大，占用资金较多，因此对于资金有限的企业来说，物流系统建设投资是一个很大的负担。调查显示，对于不少新建电子商务企业来说，自建物流配送系统的物流费用常常占企业成本的30%以上，远远高于物流外包所产生的成本。因此，自建物流配送系统必须考虑企业的短期目标与长远规划，尽可能以较少的投入获得最大化的效益。

② 对物流管理能力要求高。自营物流的运营需要企业工作人员具有专业化的物流管理能力，否则就算有好的硬件，也无法高效地运营。目前，我国的物流人才培养严重滞后，导致了物流人才的严重短缺。企业内部从事物流管理人员的综合素质不高，面对复杂多样的物流问题，经常凭经验或主观的考虑来解决，已成为企业自营物流一大亟待解决的

问题。

③ 很难满足企业地域扩张的需要。自建物流配送系统可能在企业创建初期能满足物流需求，但是随着企业规模的扩大和市场拓展范围的扩宽而渐感吃力。通常情况下，许多电子商务企业在早期将销售业务范围主要集中在某一个区域，如同一个城市或同一个省，初具规模后再将业务扩展到其他地区。由于电子商务跨越地域的技术优势，其大踏步跑马圈地的拓展令物流感到吃力，物流配送系统服务地区的扩张速度难以跟上电子商务业务范围的增加。

二、物流联盟模式

（一）物流联盟概念及特征

按照国家标准《物流术语》（GB／T 18354—2006），物流联盟（logistics alliance）是指两个或两个以上的经济组织为实现特定的物流目标而采取的长期联合与合作。换句话说，它是指在物流方面通过签署合同形成优势互补、要素双向或多向流动、相互信任、共担风险、共享收益的物流伙伴关系。企业之间不完全采取导致自身利益最大化的行为，也不完全采取导致共同利益最大化的行为。

一般来说组成物流联盟的企业之间具有很强的依赖性，物流联盟的各个组成企业明确自身在整个物流联盟中的优势及担当的角色，减少内部的对抗和冲突，分工明晰，使供应商把注意力集中在提供客户指定的服务上，最终提高企业的竞争能力和竞争效率，满足企业跨地区、全方位物流服务的要求。物流联盟的风险在于容易产生对战略伙伴的过分依赖，由于资产专用性和信息不对称的原因，企业可能蒙受损失。另外，可能造成核心竞争力的丧失。

西方国家将这种公司合作关系的特点归纳为8I。

1. 个体的优秀（individual excellence）

这种关系是指合作双方都是有实力的，并且都有一些有价值的东西贡献给这种关系。它们卷入这种关系的动机是积极的（追寻未来的机会），而不是消极的（掩盖弱点或逃避困境）。

2. 重要性（importance）

这种关系适合合伙人的主要战略目标，如实现系统的双赢，而且合作中有长期的目标。这种关系在其中扮演着关键的角色。

3. 相互依赖（interdependence）

这种关系是指合作者彼此需要，拥有互补的资产和技术，任何一方都无法完成双方合作才能完成的事情，即双方具有充分信任的基础。

4. 投资（investment）

这种关系是指合作者彼此投资（如通过等价交换、交叉物权，或者相互提供服务等），以显示其在关系中的投入，并通过这种投入显示其长期合作的诚意。

5. 信息（information）

这种关系是指合作双方进行充分的信息交流和共享，包括它们的目标、技术数据、新的知识、成本、进度、质量控制等信息。它们运用电子数据交换（EDI）和互联网进行充分的交流。

6. 一体化（integration）

这种关系是指通过一定的制度安排，对物流系统的功能、资源、网络要素及流动要素进行统一规划、管理和评价，通过要素之间的协调和配合完成物流的整体运作。

7. 制度化（institutionalization）

这种关系具有明确的责任和精确的过程，因此不会因为人为的因素或者一时冲动遭到破坏。

8. 诚信（integrity）

这种关系是指合作者彼此之间的行为采用使人尊敬的方式，以证明和强化相互间的信任。它们不滥用得到的信息，彼此之间也不搞破坏。

（二）物流联盟的建立方式

物流企业联盟有不同的建立方式，主要包括如下几种：

① 纵向一体化物流战略联盟。纵向一体化物流战略联盟是指处于物流活动不同作业环节的企业之间，通过相互协调形成的合作性、共同化的物流管理系统。针对我国的实际情况，在不同物流作业环节下具有比较优势的各个物流企业可以进行合作或形成一体化供应链。

② 横向一体化物流战略联盟。横向一体化物流战略联盟是指相同地域或者不同地域的服务范围相同的物流企业之间达成的协调、统一运营的物流管理系统。例如，对具有专线运输优势的中小型民营物流企业而言，可以通过自发整合、资产重组、资源共享，依靠自身优势，在短时间内形成合力和核心竞争力，而且自己研发信息系统，使企业在物流领域实现质的突破，形成一个完善的物流网络体系。另外，以连锁加盟形式创建企业品牌也以不断扩大的物流规模获得了人们的普遍关注。此外，由处于平行位置的几个物流企业结成联盟也是横向一体化物流战略联盟的一种形式。目前，国内真正能提供物流一站式服务的大型物流企业并不存在，组建横向一体化物流联盟能使分散的物流产业实现规模经济和集约化运作，从而降低成本和风险。

③ 混合型物流战略联盟。混合型物流战略联盟是由处于平行位置的物流企业和处于上下游位置的中小型企业组成的，其核心是第三方物流机构。由于同一行业中多个中小型企业存在相似的物流需求，第三方物流机构的一体化物流管理可以使其在物流方面合作，使社会分散的物流实现规模经济，提高物流效率。这种物流战略联盟可使众多中小型企业联盟成员共担风险，降低企业物流成本，并能从第三方物流机构得到过剩的物流能力与较强的物流管理能力，提高企业经济效益。同时，第三方物流机构通过统筹规划能够减少社会物流资源的浪费，减少社会物流过程的重复劳动。

三、第三方物流模式

第三方物流（Third Party Logistics，TPL）是指接受客户委托为其提供专项或全面的物流系统设计及系统运营的物流服务模式，也称为合同物流、契约物流。第三方是指部分或全部物流功能服务的一个外部提供者，是物流专业化和社会化的一种形式。

（一）第三方物流的产生

1. 第三方物流的产生是社会分工的结果

在外包（out-souring）等新型管理理念的影响下，各企业为增强市场竞争力，而将企业的资金、人力、物力投入到其核心业务上，寻求社会化分工协作带来的效率和效益的最大化。专业化分工的结果是许多非核心业务从企业生产经营活动中分离出来，其中包括物流业。

2. 第三方物流的产生是新型管理理念的要求

进入20世纪90年代后，信息技术，特别是计算机技术的高速发展与社会分工的进一步细化，推动着管理技术和思想的迅速更新，由此产生了供应链、虚拟企业等一系列强调外部协调和合作的新型管理理念，既增加了物流活动的复杂性，又对物流活动提出了零库存、准时制、快速反应、有效的顾客反应等更高的要求。一般企业很难承担此类业务，由此产生了专业化物流服务的需求。第三方物流的思想正是为满足这种需求而产生的。它的出现一方面迎合了个性需求时代企业间资源配置不断变化的要求；另一方面实现了进出物流的整合，提高了物流服务质量，加强了对供应链的全面控制和协调，促进供应链达到整体最佳。

3. 改善物流与强化竞争力相结合意识的萌芽

物流研究与物流实践经历了成本导向、利润导向、竞争力导向等几个阶段。将物流改善与竞争力提高的目标相结合是物流理论与技术成熟的标志。这是第三方物流概念出现的逻辑基础。

4. 物流领域的竞争激化导致综合物流业务的发展

随着经济自由化和贸易全球化的发展，物流领域的政策不断放宽，同时也导致物流企业自身竞争的激化，物流企业不断地拓展服务内涵和外延，从而导致第三方物流的出现。这是第三方物流概念出现的历史基础。

（二）利用第三方物流的利与弊

第三方物流和自营物流与物流联盟一样，优势与劣势并存（见表1.1）。

表1.1　三种物流模式的比较

物流模式	第三方物流	自营物流	物流联盟
优势	集中精力在核心业务；减少固定资产投资，降低投资风险；专业化管理和规模优势；提供更高水平的服务	有效控制物流业务运作；可以加强客户沟通、提升企业形象；使服务更加快速灵活	可以降低经营风险和不确定性；减少投资；获得物流技术和管理技巧
劣势	不能直接控制物流职能；不能保证供货的准确和及时；不能保证顾客服务的质量和维护与顾客的长期关系；企业将放弃对物流专业技术的开发，等等	一次性固定投入较高；对物流管理能力要求高；很难满足企业地域扩张的需要	选择、更换物流伙伴比较困难

在当今竞争日趋激烈和社会分工日益细化的大的社会背景下，电子商务企业选择第三方物流有明显的优越性，具体表现在以下几个方面。

1. 有利于企业集中精力于核心业务

由于任何企业的资源都是有限的，很难在业务上成为面面俱到的专家。为此，电子商务企业应把自己的主要资源集中于自己擅长的主业，如电子商务平台建设、网络营销、订单处理、信息搜集、安全支付服务等，而把物流等不擅长的业务交给物流公司。

2. 减少固定资产投资，降低投资风险

电子商务企业自建物流需要投入大量的资金购买物流设备，建设仓库和信息网络，这

些资源对于缺乏资金的企业，特别是中小型电子商务企业来说是个沉重的负担。而且，资金一旦投入，由于管理非专业化和资产专用性，还会使企业面临无法收回投资和资产处理困难的风险。如果使用第三方物流公司，不仅可以减少设施的投资，还可以利用第三方物流企业的专业化管理能力，降低库存，加速资金周转，减少资金风险。

3. 充分发挥专业化管理和规模优势

第三方物流企业专注于物流业务，可以站在物流系统的高度，利用自身专业化的物流规划能力、信息技术处理能力和协调平衡能力把物流系统的各个功能有机配合，实现总体成本的最小化。由于第三方物流企业面向社会承接业务，可以实现规模化配送，最大限度地减少车辆空载和仓库限制，充分利用物流资源。

4. 为顾客提供更高水平的服务

物流服务水平是企业实力的一种体现。拥有完善的信息网络和节点网络的第三方物流企业能够加快顾客订货的反应能力，加快订单处理，缩短交货时间，实现货物"门对门"运输，提高顾客满意度。第三方物流企业严格监控在途货物，可以及时发现并处理配送过程中的意外事故，保证货物安全送达；另外，产品的售后服务、退货处理、废品回收也可以由第三方物流企业来完成，保证为顾客提供全面高水平的服务。

当然，与自营物流相比较，第三方物流在为企业提供上述便利的同时，也给企业带来诸多的不利，主要包括以下几点：企业不能直接控制物流职能；不能保证供货的准确和及时；不能保证顾客服务的质量和维护与顾客的长期关系；企业将放弃对物流专业技术的开发，等等。例如，企业在使用第三方物流时，第三方物流公司的员工经常与企业的顾客进行往来，此时，第三方物流公司会通过在运输工具上喷涂它自己的标志或让公司员工穿着统一服饰等方式，来提升其在顾客心目中的整体形象，从而取代企业的地位。

业务技能训练

两大模式谁更合适？

2009年4月初，国内最大的B2C电子商务公司——京东商城对外宣布，投资达2 000万元的上海圆迈快递公司在上海正式成立。不久，"阿里巴巴将在华东建立电子商务配送网络"的消息也不胫而走。一时间，仿佛中国的电子商务企业要开启一个"自卖自送"的新时代。

然而，随着阿里巴巴有关负责人的出面否认以及其他各家电子商务企业的表态，才让人清楚电子商务企业并非都要自起物流炉灶，只是自建物流系统与寻找第三方合作两大模式的分化已越来越明显。

阵营一：欲自营物流

上海圆迈快递公司的诞生在业内看来并不意外，因为京东商城成立物流公司早在计划当中。京东创始人刘强东曾表示："与一些成功的模式做比较，京东最有待加强的是物流。我们业绩最高时一天达到了1.6万单。物流是压力最大，也最需要投入的一块。"

建立自己的物流渠道和设施，依靠自己的能力搞配送，这其实是京东一直青睐的策略。目前，北京城内的货品基本由京东自己的配送队伍送货，一般当日或次日送到。2009年年底，在获得2 100万美元融资后，京东已决定将自建物流的进程提速。为此，刘强东表示，该笔融资中的70%将用于物流配送环节的改善。根据战略规划，京东商城将陆续在天津、南京、苏州、杭州、深圳、沈阳、宁波等14个城市建立自有配送站，配送站网络将逐步覆盖至全国200个城市。按照京东的测算，如果一个城市日均订单量超过500单，自建物流就是经济划算的。

对自营配送情有独钟的并非只京东商城一家，作为国内最具影响力的纯网络起家的B2C网上商城，卓越网和当当网现在也都不约而同地开始拓展线下的供应及配送渠道。近年来，它们在物流、仓储等传统零售行业的流通环节中投入的人力、财力都在不断地增大。目前，卓越网在北京、天津、上海、广州四地拥有自己的配送队伍，一共约300人。而建在北京的物流中心，则是当当网的"大本营"，可以辐射华北、华中、东北、西北，甚至江苏、浙江、广东等地。

一般情况下，自营物流是为了保证配送的及时性和可靠性，从而保证配送质量，更好地为客户服务。同时，也希望借此控制相关的费用，例如，如果委托第三方物流收款，回款速度相当慢，时间甚至可能达到1个月，一旦销售大到一定量级，占有的资金规模就非常可观。

然而，自营物流系统并非想象中那么简单。电子商务和物流是两个不同的业务领域，电子商务企业做物流是否在行？物流配送网络如何合理建设？物流部门如何具体运作？这都是需要认真筹划的问题。

总之，电子商务企业要真正建立起全方位的、高效而快捷的、能够满足客户需求的快递物流配送体系还需艰苦漫长的努力。

阵营二：与快递合作

在京东商城自建物流公司之后，也传出了"阿里巴巴将在华东建立电子商务配送网络"的消息。不过，此后不久，阿里巴巴相关负责人就出面澄清，阿里巴巴"绝不可能进军速递物流业"，只会采取跟快递物流企业合作的方式为客户服务。据其介绍，阿里巴巴作为一个"成交平台"，为买家提供商品订购之外，也提供了"订购物流服务"。对于物流业，阿里巴巴只提供平台，而不会直接提供物流服务。

阿里巴巴相关负责人的态度或许代表了背后老总马云的态度，这也预示了马云旗下另一家电子商务企业—淘宝网———也必将坚持与物流企业合作的方式。

淘宝网一直以来就不涉及物流和商业运营，只提供第三方支付平台和信息流等中介服务。众所周知，目前淘宝网上的卖家绝大多数是个人经营者，他们通过向上游厂商或批发商分散采购产品进行零售赚取差价。淘宝网所充当的角色就是为个人的买家和卖家提供一个交易平台。现在淘宝网也进军了B2C，但无论从经营的规模还是从可见的商业模式来看，淘宝网本身的角色并没有太大的改变。

电子商务的快速发展，也带动了快递物流业的发展，而二者的紧密结合将是大势所趋。目前，以淘宝网为代表的大多数国内B2C电子商务企业也都选择将配送环节外包给专业的物流公司。不过，现在摆在B2C电子商务与其物流服务商之间的一个重要的问题就是如何提高物流服务质量。可以看到，决定服务质量的因素主要是物流服务商在服务中发生的物品丢失、破损的比例，服务态度状况，网点覆盖率，与电子商务企业的合作配合度及投诉的二次处理的时效、比例等。

目前，多家物流企业与淘宝有合作，也都具有一定实力，但货品出库后配送环节的整个流程都掌握在物流公司，企业自身无法管控，时常面临配送不及时等监管困扰……种种因素让淘宝网并不满意。今年以来，淘宝网相继出台了一系列措施，希望借此促进快递物流企业的管理更加规范。

可以说，物流企业能否满足电子商务对物流服务的发展需求，将成为决定"电子商务与物流合作阵营"能否迅速扩大的至关重要的因素。

各走各路，还是相互融合

两大模式的雏形已基本形成，但今后是各走各路，井水不犯河水，还是彼此借鉴，采取合作的中间路线，目前尚难以定论。

电子商务企业自建物流公司，其实也有自己的苦衷。业内人士分析指出，与美国、韩国等电子商务相对发达的国家相比，国内物流行业的落后是制约B2C电子商务发展的重要原因。因此，电子商务企业只能通过自建物流公司，对配送周期、配送质量及配送成本进行有效控制，做到与库房作业无缝连接，实现"自卖自送"，从而更好地为客户服务。

B2C电子商务企业与物流企业合作也并非完全满意。许多物流企业在宣传上或对客户承诺时，都是将客户利益放在第一位的，但是，真正将客户当作"上帝"来对待的却少之又少。物流服务如果不能及时跟进，往往会拉电子商务企业发展的"后腿"。

在这种情况下，采取自营与外包相结合的配送模式，对于国内的B2C电子商务企业似乎更加实际。尤其适合那些拥有一部分物流资源，还不能满足商务扩展需要的公司——建立自己的配送体系投资太大，资金不足；对市场估计不足而害怕承担太大的风险；配送体系建设周期太长，不能满足自己的盈利期望等。

行业有关人士指出，电子商务是未来的主流商务模式，而在今后的一段时间里，中国电子商务将继续保持高速发展。如何处理好配送系统的问题，将是决定其发展快慢的一个重要因素。

1. 京东商城自建物流的原因是什么？
2. 你认为电子商务企业该如何选择物流模式？

项目二

电子商务物流技术

任务一 条码技术

知识要点：
- 条码的定义、特点、分类。
- 条码技术的实现与应用。

技能要点：
- 掌握利用Excel制作条码的方法。
- 掌握条码技术的应用。

微课

任务描述与分析

一、任务描述

赵丹青在玉柴物流见习后到其下属的一家超市工作，主要负责超市商品采购和销售管理工作。该超市张经理对他进行一个星期的培训后，他对商品的采购流程及商品上下架管理有了初步的了解。

9月12日，该超市从国内某厂家进了一批日用品货物。这些商品入库前要进行编码处理，也就是采用条码技术对这些商品进行编码。张经理把这个任务交由赵丹青去完成。赵丹青在培训期间学会了条码的制作方法，他决定用Excel 2010来制作商品条码。

二、任务分析

每批商品都要通过下单、收货、入库、盘点、出库、销售、再盘点、结算等步骤。我们知道，每家超市起码有上百种商品，大一些的超市甚至有成千上万种商品。在收货入库时如果还采用传统的手工验收方式，就很容易出错，而且不好管理。通过条码技术就可以有效地解决这些问题。

采用条码技术进行编码，对编制者相关知识水平有较高的要求。编制者要熟悉条码的编码规则，理顺条码编码思路，合理配置现有的资源（如人力、物力、财力等），对要用到哪些材料、用什么工具等进行统筹规划，以确保在有限的时间内完成编码工作。

任务实施与心得

一、任务实施

① 调出"开发工具"选项卡。打开Excel 2010，发现"开发工具"选项卡没有显示出来，如图2.1所示。

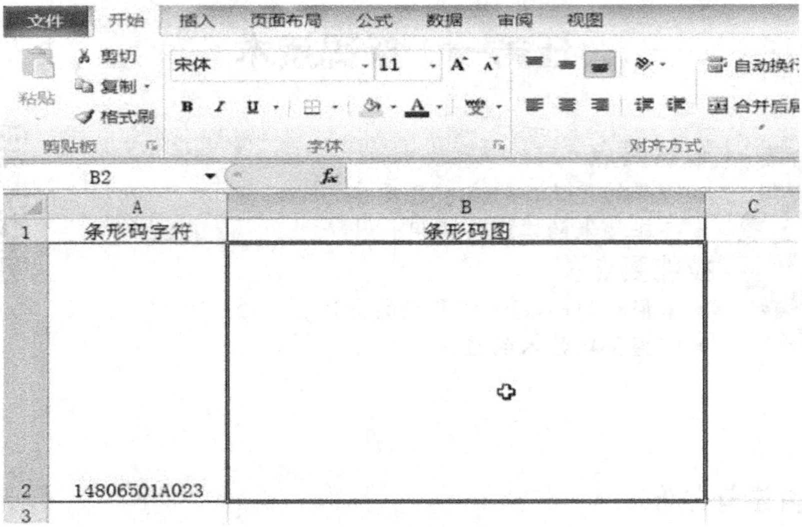

图2.1 打开Excel

单击"文件"｜"选项"命令，弹出"Excel选项"对话框，单击"自定义功能区"选项，选中"主选项卡"中的"开发工具"复选框，单击"确定"按钮，退出对话框。操作过程如图2.2所示。

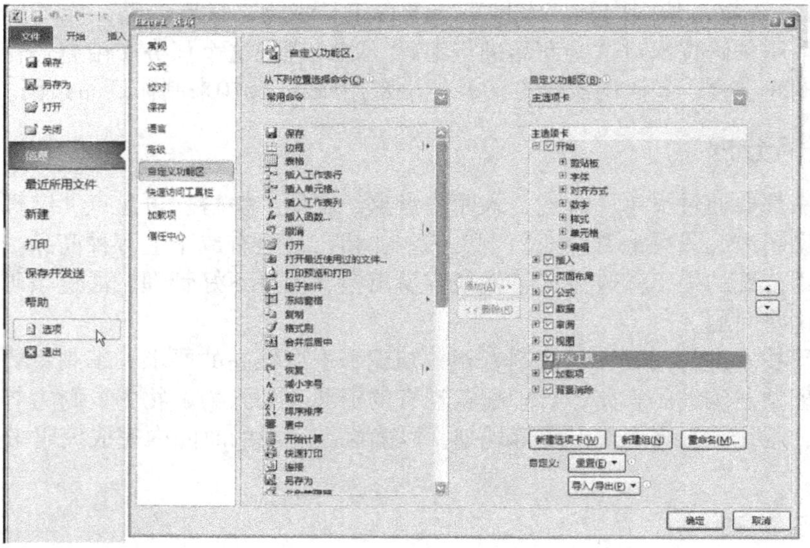

图2.2 选择自定义功能

Excel菜单栏中"开发工具"选项卡被显示出来了，如图2.3所示。

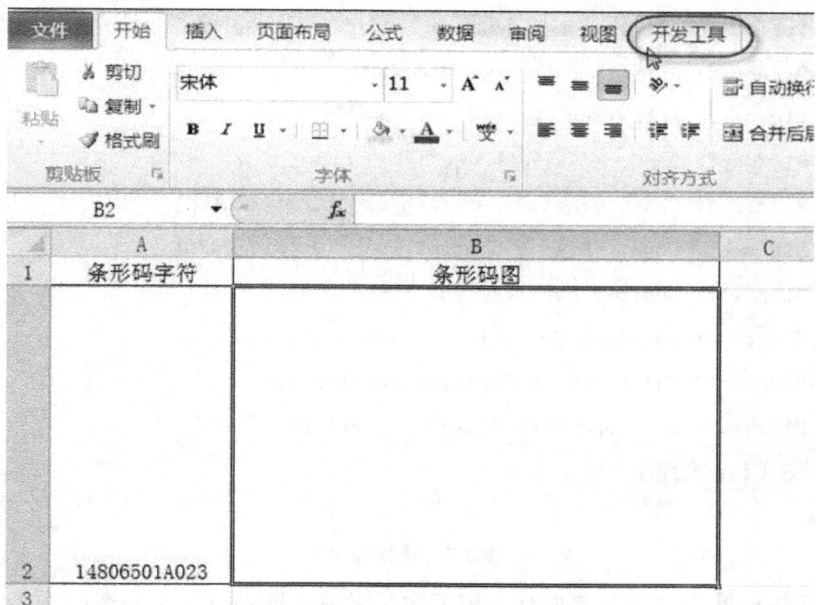

图2.3　显示"开发工具"菜单

② 打开"其他控件"对话框，如图2.4所示。

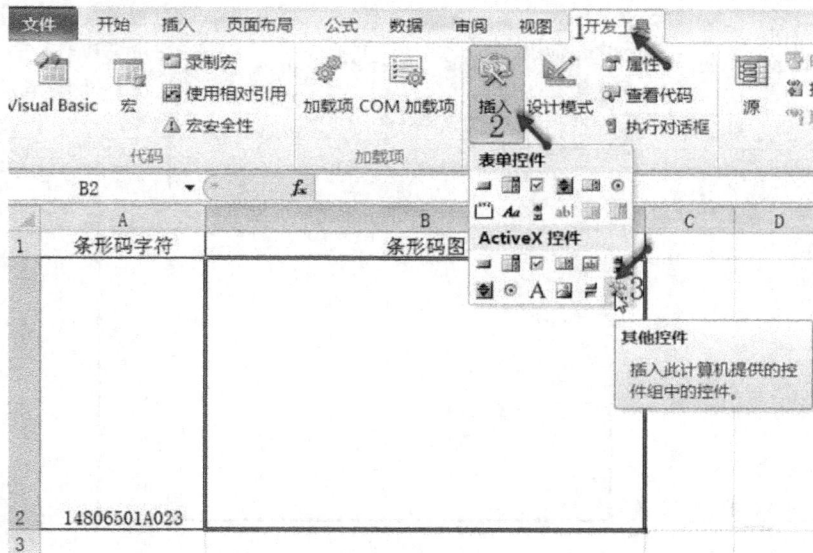

图2.4　打开"其他控件"对话框

在"其他控件"对话框中单击"Microsoft BarCode控件14.0"选项，然后单击"确定"按钮，如图2.5所示。

其他控件

MemFile Control
Microsoft Animation Control 6.0 (SP4)
Microsoft Animation Control, version 5.0 (SP2)
Microsoft BarCode 控件 14.0
Microsoft Chart Control, version 6.0 (SP3) (OLEDB)
Microsoft Common Dialog Control, version 6.0 (SP6)
Microsoft Coolbar Control, version 6.0
Microsoft DataGrid Control, Version 6.0 (OLEDB)
Microsoft DataRepeater Control, version 6.0
Microsoft Date and Time Picker Control 6.0 (SP4)

注册自定义控件(R)...

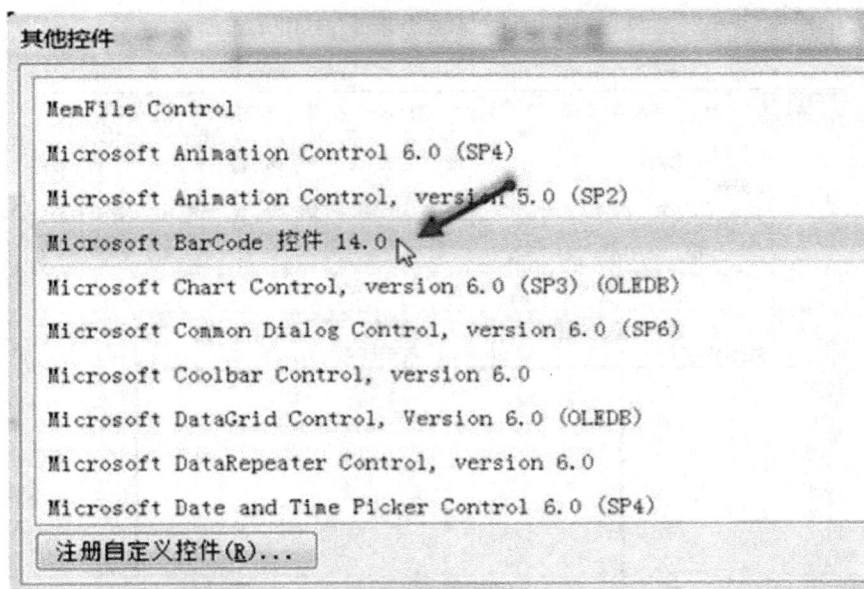

图2.5 选择控件

此时鼠标指针变为"十"字形状，根据实际需要，拖动鼠标画一个B2单元格大小的矩形（见图2.6），放开鼠标，自动生成一个条码（见图2.7）。

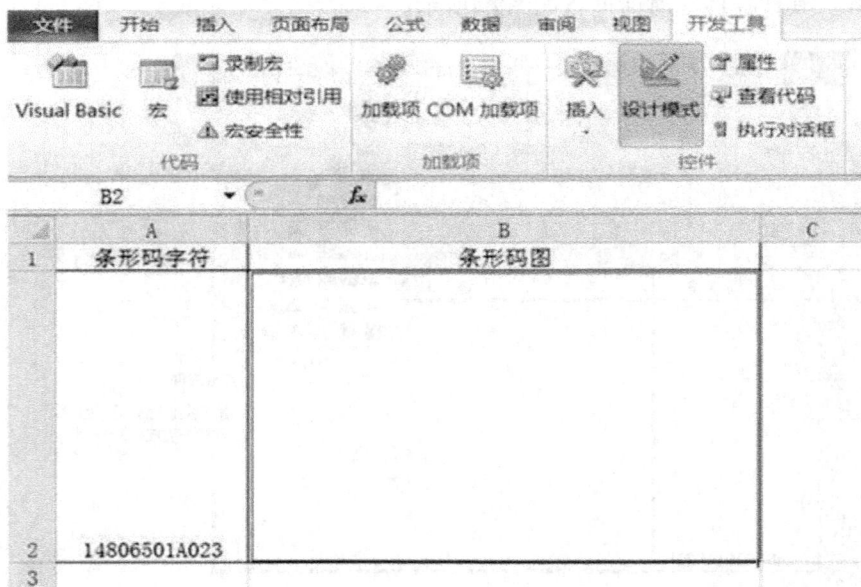

	A	B	C
1	条形码字符	条形码图	
2	14806501A023		
3			

图2.6 选择条码外观尺寸

图2.7 生成条码

③ 对条码进行相关设置。

右击条码，在弹出的快捷菜单中单击"Microsoft BarCode控件14.0对象" | "属性"命令（见图2.8）。

图2.8 选择控件属性

在弹出的"Microsoft BarCode控件14.0属性"对话框中按照实际需求选择一种样式。本例选择第6种样式，然后单击"确定"按钮。此时条码发生了变化（见图2.9）。

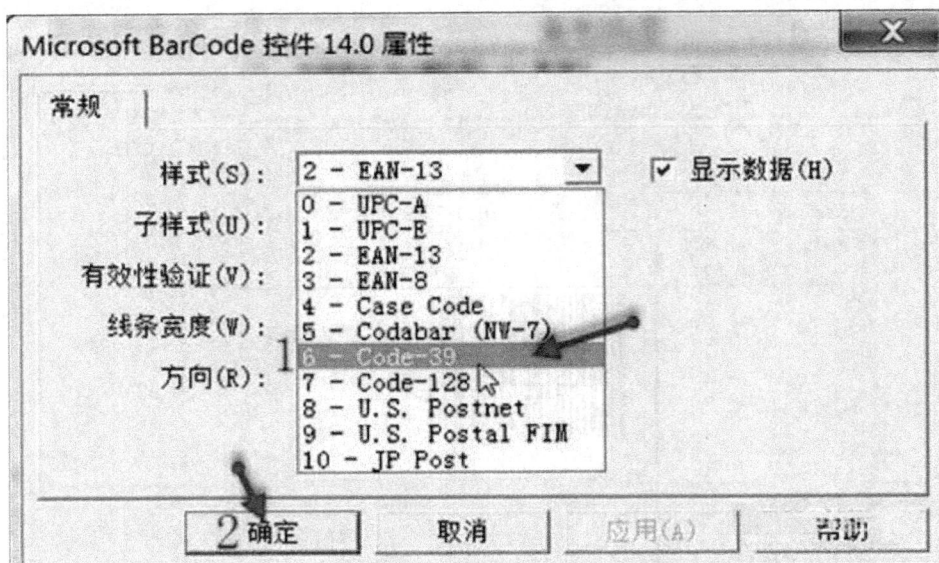

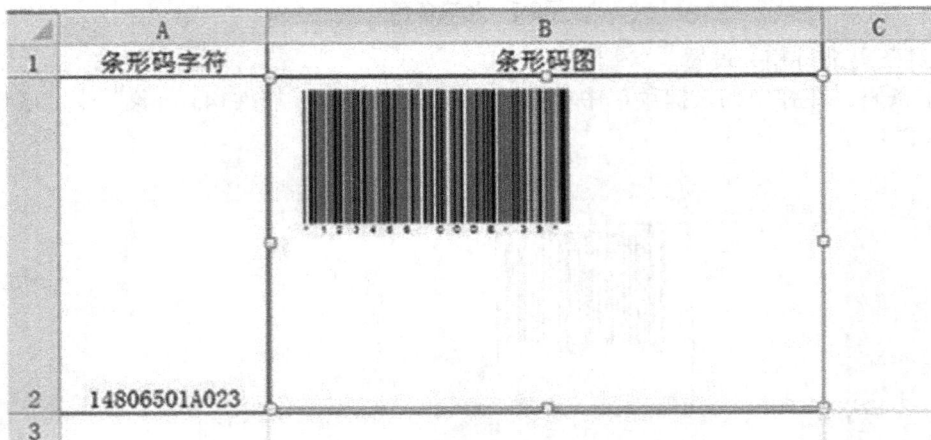

图2.9　选择条码类型

　　下一步按照给出的条码字符（14806501A023）来生成条码图。右击条码，弹出快捷菜单，单击"属性"命令（见图2.10）。

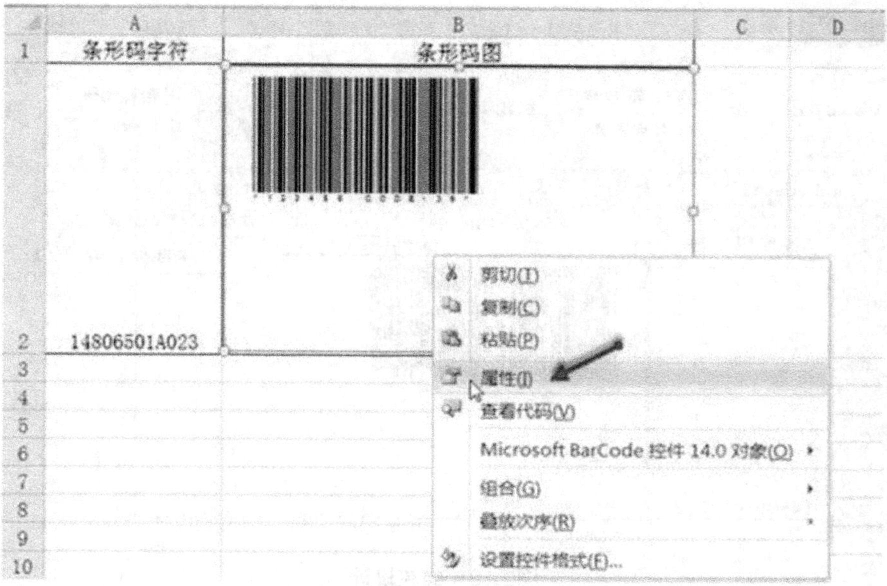

图2.10　选择条码属性

　　弹出"属性"面板，在LinkedCell文本框中输入A2，在Value文本框中自动填写上了A2单元格的内容"14806501A023"，单击右上角的"×"按钮，关闭面板，并退出（见图2.11）。

图2.11　确定Value字段

　　单击"开发工具"｜"设计模式"命令，结束设计（见图2.12）。

图2.12 结束设计

按照指定的条码字符，自动生成了条码，如图2.13所示。

图2.13 生成条码

④ 打印条码。

单击快速访问工具栏中的"打印预览和打印"按钮，按照打印输出的要求设置打印机，最后单击"打印"按钮即可（见图2.14）。

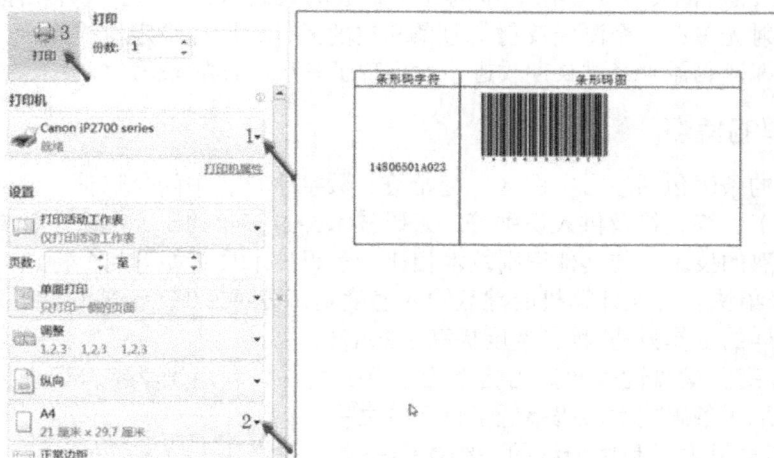

图2.14　打印

⑤ 把打印好的条码贴到对应的商品上即可。

二、任务实施心得

从以上的制作过程中，赵丹青学会了用Excel制作条码的基本方法。基本思路：首先，对商品进行详细分类；其次，根据商品类别进行编码，如一类商品可以标号为100，101，102，…，并指出商品编号每一位数所代表的含义；第三，给商品编号制作对应的条码；最后，把做好的条码贴到指定的商品表面。少量商品可以这么做，如果数量比较多，用Excel去编条码就显得非常麻烦，可以考虑用专门的软件去编。市面上也有很多专门制作条码的软件，如领跑（LabelPainter）软件。

相关知识

一、什么是条码技术

条码（bar code）是指由一组按规则排列的条、空及字符组成，用以表示一定信息的代码。其中，条是反射率较低的部分，空是反射率较高的部分。条码所表示的物品可以是用来进行交易的一个贸易项目，如一包洗衣粉或一箱饼干，也可以表示一个物流单元，如一个托盘。这里所说的对物品的表示，就是首先给某一个物品分配一个代码，然后以条码的形式把这个代码表示出来，并且表示在物品上，扫描识读设备通过扫描条码符号进而对该物品进行识别，或者查询数据库中相应的信息。

条码技术最早产生于20世纪20年代，诞生于Westinghouse的实验室里。一位名叫John Kermode的性格古怪的发明家"异想天开"地想使邮政单据实现自动分拣，那时候对电子技术应用方面的每一个设想都使人感到非常新奇。他的想法是在信封上做条码标记，条码中的信息是收信人的地址，就像今天的邮政编码。为此Kermode发明了最早的条码，设计方案非常简单（这种方法称为模块比较法），即一个"条"表示数字1，两个条表示数字2，依此类推。然后他又发明了由基本的元件组成的条码识读设备：一个扫描器（能够发射光并接收反射光）；一个测定反射信号条和空的元件，即边缘定位线圈；一个使用测定结果的元件，即译码器。经过长期改进，就出现了各种各样的条码。

二、条码的特点

一个完整的条码包括左右空白区、起始符、数字字符、中间分隔符（部分码制）、校验字符（可选）、终止符及供人识别符。条码技术经过多年的研究和多个领域的应用，已发展成为较成熟的技术。与其他识别技术相比，条码技术具有如下几个特点：

① 信息采集快。普通计算机的键盘输入速度是每分钟200个字符或者字符串，而使用条码技术做同样的工作只需3秒，速度提高了20倍。

② 可靠性高。键盘输入数据出错率为三百分之一，利用光学字符识别技术出错率为万分之一，而采用条码技术误码率低于百万分之一。

③ 采集信息量大。利用传统的一维条码一次可采集几十位字符的信息，二维条码更可以携带数千个字符的信息，并有一定的自动纠错能力。

④ 灵活、实用。条码标志既可以作为一种识别手段单独使用，也可以和有关识别设备组成一个系统，实现自动化识别，还可以和其他控制设备连接起来，实现自动化管理。

⑤ 自由度大。在扫描条码符号时，识读设备与符号的相对位置的自由度较大。常用码制都采用连续编码，即同一条码符号上表示的信息是连续和重复的，因此如果符号上有部分残缺或污染，仍可以通过译码还原获得正确信息。

⑥ 设备简单、成本低。条码符号、标签的制作容易，对印刷设备和材料无特殊要求。扫描识读设备结构简单，操作简便，几乎不需要专门的训练。与其他信息输入和自动识别技术相比，条码系统结构的构建、使用和升级所需的费用比较低。

三、条码的分类

（一）按码制分类

① UPC码。UPC码是美国统一代码委员会指定的一种商品用条码，主要用于美国和加

拿大地区，在美国进口商品上可以看到。这是一种长度固定的连续型数字式码制，其字符集为数字0～9。UPC码有两种类型，即UPC-A码和UPC-E码，如图2.15所示。

图2.15　UPC-A码和UPC-E码

② EAN码。EAN码是欧洲经济共同体各国按照UPC码的标准制定的欧洲物品编码，与UPC码兼容，而且二者具有共同的符号体系。EAN字符编码结构与UPC码相同，也是长度固定的、连续型的数字式码制，主要用于商标识别。EAN码是国际物品编码协会指定的一种商品用条码，通用于全世界。EAN码符号有标准版（EAN-13）和缩短版（EAN-8）两种，我国的通用商品条码与其等效。我们日常购买的商品包装上所印的条码一般就是EAN码。EAN码是当今世界上广为使用的商品条码，已成为电子数据交换的基础。EAN码有两种版本，如图2.16所示。

图2.16　EAN标准版（EAN-13）和缩短版（EAN-8）

③ 交叉25码。这是一种长度可变的连续自校验数字码制，用于包装、运输及国际航空的机票顺序编号等，如图2.17所示。

图2.17　交叉25码

④ 39码。39码是1975年由美国Intermec公司研制的一种条码，能够对数字、英文字母及其他字符进行编码。字符集为0～9的10个数字，大写A～Z的26个字母，"-" "." "/" "%" "$" "*"等，共43个符号（含空格就是44个符号），其中"*"只代表起始和终止符。39码的每个条码字符由9个单元组成，其中3个是宽单元，其余是窄单元，所以叫作39码，如图2.18所示。我国于1991年研制了39码标准，并推荐其在运输、仓储、工业生产线、图书情报、医疗卫生等领域应用。

图2.18　39码

⑤ 库德巴码（code bar）。这是长度可变的离散型自校验数字码制，常用于仓库、血库和航空快递的管理工作中，如图2.19所示。

图2.19　库德巴码

（二）按维数分类

1. 一维码

一维码（见图2.15）自从问世以来，很快就得到了普及和广泛应用。由于一维码容量比较小，如商品上的一维码只能容纳13个阿拉伯数字，更多商品描述只能依赖数据库的支持，离开了预先建立的数据库，这种条码就变成了无源之水、无本之木，因而其应用范围受到了一定的限制。

2. 二维码

一维码所携带的信息量有限，在20世纪90年代发明了二维码。二维码除了具有一维码的优点外，同时还有信息量大，保密性、可靠性、防伪性强等多种优点。目前常用的二维码有PDF417码、Maxicode码和QR Code码、Code 16K码、Code one码等，如图2.20所示。

PDF417码

Maxicode码

QR Code码

Code 16K码

Code One码

图2.20　二维码

① PDF417码。美国Symbol公司于1991年正式推出PDF417（Portable Date File，便携式数据文件）二维码，因为组成条码的每一个字符都由4个条和4个空共17个模块构成，所以称为PDF417码。PDF417码发明人是我国台湾赴美学者王寅君博士。这是一个多层可变长度、具有高容量和纠错能力的二维码。每一个PDF417条码符号均由多层堆积而成，其层数为3～90层。这是目前技术比较成熟、应用比较广泛的一种二维码。

② QR码。1994年9月，日本Denso公司研制成QR（Quick Response，快速反应）码，它具有一维码及其他二维码所具有的信息容量大、可靠性高、可表示多种文字及图像信息、保密性强等优点，此外，还具有能高速全方位识读、能有效表示汉字等主要特点。其最大规格的符号版本可以容纳7 089个数字字符、4 296个字母字符或1 817个汉字字符。

③ Maxicode码。这是一种中等容量、尺寸固定的矩阵式二维码，由紧密相连的六边形模块和位于符号中央位置的定位图形构成。Maxicode每个符号由884个六边形模块组成，分为33层环绕着中央图形，每层最多包含30个模块。Maxicode具有一个大小固定且唯一的中央定位图形，分为3个黑色的同心圆，用于扫描定位。此定位图形在数据模组所围成的虚拟六边形的正中央，在此虚拟六边形的6个顶点上各有3个黑白色不同组合式所构成的模组，称为"方位丛"，提供给扫描器重要的方位信息。Maxicode特别为高速扫描而设计，主要用于包裹搜寻和追踪上。

④ Code 16K码。这是一种多层、连续型可变长度的条码，可以表示全ASCII字符集的128个字符及扩展ASCII字符。1988年由Laserlight系统公司的Ted Williams推出，采用UPC及Code128字符。一个16层的Code 16K码可以表示77个ASCII字符或154个数字字符。Code 16K通过唯一的起始符和终止符标志层号，通过字符自校验及两个模107的校验字符进行错误校验。

⑤ Code One码。这是一种用成像设备识别的矩阵式二维码。Code one码中包含可由快速线性探测器识别的图案。每一模块的宽和高的尺寸为X。符号共有10种版本和14种尺寸。最大的符号，即版本B，可以表示2 218个数字字母型字符或3 550个数字，以及560个纠错字符。Code One码可以表示全部256个ASCII字符，另加4个功能字符及1个填充字符。

知识拓展

本知识拓展主要讲述条码在企业生产管理与销售信息系统中的应用，详细内容请扫描二维码。

业务技能训练

一、课堂训练

1. 条码技术的研究对象主要包括哪些？
2. 条码作为一种图形识别技术，与其他识别技术相比有什么特点？

二、实训操作

1.阅读以下材料。

某公司原物料种类达3 000多种，成品300多种，由7个仓管员分片区管理。物料收料后先用半张A4纸标记物料信息，进出库时登记料卡、填写料单，再在计算机上记录到Excel中，并更新对应库区白板记录。随着公司规模扩大，物料数量增加，物流管理的压力和风险日益增加。

由于仓库没有使用任何仓储物流软件，因此物料的名称、数量、规格、出入库日期等所有信息都是手工登记，手工记录工作量大，数据的及时性和准确性完全依赖仓管员的工作责任心。

该公司的客户基本采用条码系统管理物料，要求该公司在发货前根据它们的要求打印并粘贴条码标签。手工记录数据和标签打印工作不仅效率低下，存在错误隐患，而且是不增值的行为，一定程度上影响了客户关系管理。

针对这些弊病，该公司梳理的条码管理的需求如下：

对原材料、半成品、成品等全面实施条码自动化管理，管理入库、出库、调拨、移库、盘点等业务，提高管理水平。采购条码扫描枪及条码打印设备，打印箱标及各种业务单据，提高出入库等作业效率和作业精度。改造现有局域网，搭建广域网，通过局域网、广域网将条码管理系统的服务器及计算机、条码扫描枪、打印终端等连接起来，再通过接口程序导入ERP系统中，使其可以实时处理各种任务。

当然，也要注意做好前期工作，包括注重条码知识指导、培训，让员工从思想上重视这项工作。条码的应用必须各部门密切配合，明确条码相关部门和人员的职责、权限和相互关系，对相关人员进行必要的技术和操作培训。

组织员工讨论，建立条码管理制度，如条码生成规则、条码打印制度、条码粘贴规范、条码使用条例等，并在后期条码运行中不断完善。

根据以上材料，结合条码的基础知识，分析条码应用提高工作效率的原因。

2. 查找自身所在地区的工业园区，选择其中一个生产型企业，实地考察该企业商品部的条码运作过程，记录并分析条码技术的作业流程，指出该企业商品条码应用中存在的问题，并提出建议。

任务二　射频识别技术

知识要点：
- 射频识别技术的划分。
- 射频识别技术的应用。

技能要点：
- 了解不同的射频识别技术的概念。
- 掌握各种射频技术应用产品的优、缺点。

任务描述与分析

一、任务描述

在前面任务一的基础上，赵丹青完成了产品条码编写和粘贴任务以后，决定对市场上射频识别技术使用情况进行调研。

二、任务分析

本次调研的主要目的有如下两点：
① 了解射频识别技术在各大超市使用情况。
② 了解市面上主流射频识别技术有哪些。

任务实施与心得

一、任务实施

① 确定调研目的。

调研目的主要是了解射频识别技术在市场上的使用情况，以及当前主流射频识别技术有哪些。

② 根据调研目的，制订调研计划。

本次调研以网络调研为主，通过搜集有关射频识别技术资料信息，编写调研计划。具体来说，要确定资料来源、调研方法、调研手段、抽样方案和联系方法等。

③ 搜集信息。

通过搜索引擎，如百度、搜狗、360综合搜索、谷歌等搜集信息。

编写网络调查表获取信息，采用网络调查平台问卷星（www.sojump.com）。基本步骤如下：打开平台（问卷星）→会员注册→登录→制作调查表（设置问题选项）→生成调查表→向目标群体发布调查表。

发布平台有QQ群、QQ空间、人人网、热门论坛、微信、博客、微博等。

④ 分析信息。

赵丹青从调研搜集到的数据中提炼出与调研目标相关的信息，其使用的分析方法有交叉列表分析法、概括技术、综合指标分析和动态分析等。

⑤ 提交报告。

分析数据后，赵丹青写了两种形式的调研报告。一种是专门性的报告，供市场研究及市场营销人员使用，内容详尽；另外一种是一般性报告，供智能部门的管理人员和超市领导阅读，内容简明扼要，重点突出。

二、任务实施心得

通过这次网络调研工作，赵丹青充分认识到网络调研的重要性、调研方式方法的多选性、调研途径的多样性、调研态度的严谨性，熟悉了调研的实际操作业务。

他以前在学校学习有关市场调研理论课时觉得没什么意思，但通过这次调研，他发现调研是理论知识与实践的完美结合，更深刻认识到学习理论知识和实践的重要性。

相关知识

一、射频识别技术的概念

射频（RF）技术是基于点电磁理论的通信技术，适用于运载工具、物料跟踪和货架识别等要求非接触数据采集和交换的场合。它的优点是不局限于视线，识别距离比光学系统远，读写能力强，可携带的数据量大，难以伪造，且具有智能。当前可以直接通过射频技术将数据传送到计算机，由主计算机对各种物流数据进行处理，以实现对物流全过程的控制。

射频识别（Radio Frequency IDentification，RFID）技术是利用射频信号及其空间耦合和传输特性进行非接触双向通信，实现对静止或移动物体的自动识别，并进行数据交换的一项自动识别技术（GB/T 18354—2006）。该技术是近几年发展较快的自动识别技术，在自动收费、运动计时、货物跟踪及航空行李管理等方面应用较为普遍。由于射频识别技术具有可携带大量数据、标签放置灵活、无须人工干预、可适应恶劣环境、能识别高速运动物体以及难以伪造等特点，因此其在要求非接触式数据采集场合应用特别广泛。射频识别过程为由扫描器发射一特定频率的无线电波能量给接收器，用以驱动接收器电路将内部的代码送出，此时扫描器便接收此代码。接收器的特殊之处在于免用电池、免刷卡、免接触，因此不怕脏污，且晶片密码为唯一，无法复制，寿命长，安全性高。射频识别技术标签有两种：有源标签和无源标签。

二、射频识别系统的构成

射频识别系统是指由射频标签、识读器和计算机网络组成的自动识别系统。系统工作时识读器在一定的区域内发出能量形成电磁场，射频标签经过这个区域时检测到识读器的信号后发送存储的数据，识读器接收射频标签发送的信号，对其进行解码，并校验数据的准确性，以达到识别的目的。

（一）标签

标签（tag）也叫射频卡、电子标签等，是射频识别系统中存储可识别数据的电子装置，相当于条码技术中的条码，用来存储需要识别传输的信息。和条码不同的是，标签必须能够自动或者在外力的作用下，把存储的信息主动发射出去。标签一般由编码发生器、调制器、时钟、控制器、存储器及天线等组成。时钟把所有电路功能时序化，以使存储器中的数据在精确时间内传输至识读器，存储器中的数据是应用系统规定的唯一性编码，在标签被安装在识别对象前就已经写入。数据读出时，编码发生器对存储器中存储的数据进行编码，调制器接收由编码发生器编码后的信息，并通过无线电路将此信息发射或反射至识读器。数据写入时，由控制器控制，将天线接收到的信号解码后写入存储器。

（二）识读器

识读器是指利用射频技术读取标签信息或将信息写入标签的设备。识读器读出标签的信息通过计算机及网络系统进行管理和信息传输。识读器根据标签类型与完成的功能不同，具有不同的复杂性，但一般都由天线、射频模块、读写模块组成。识读器还提供相当复杂的信号状态控制、奇偶校验与纠正错误等功能。

三、射频识别工作过程

① 识读器通过发射天线将无线电载波信号向外发射。

② 当标签在发射天线工作范围内时，标签被载波信号激活，并将自身的代码通过天线向外发射。

③ 射频识别系统的接收天线接收标签发出的信号并传递给识读器，识读器再对信号进行解调解码，传给计算机主机。

④ 计算机主要根据识读器发出的信号做出相应的处理和控制，发出信号给执行系统，执行系统根据信号执行指定动作。

⑤ 各个监控点通过计算机网络连接起来，构成了一个总控制信息平台。

四、射频识别技术应用

射频识别技术最突出的特点是：可以非接触识读（识读距离可以从几十厘米至几十米），可以识别高速运动的物体，抗恶劣环境强，一般污垢覆盖在标签表面上不影响标签信息的识读，保密性强，可以同时识别多个对象等。其广泛应用于物流、零售、制造业、服装业、医疗、身份识别、防伪、资产管理、交通、食品、动物识别等方面。由于射频标签较条码标签成本高，目前在物流过程中很少像条码那样用作消费品标志，多数用于物流器具，如可回收托盘、包装箱等的标志。

知识拓展

本知识拓展主要讲述射频识别技术，详细内容请扫描二维码。

知识拓展

业务技能训练

一、课堂训练

简述射频识别系统工作流程。

二、实训操作

通过网络调查方式，撰写一份主题为"射频识别技术在我国发展过程"的调查报告。

任务三　销售时点信息系统

知识要点：
- 销售时点信息系统的基本概念。
- POS系统工作流程。

技能要点：
- 掌握POS机刷卡的操作流程。
- 了解POS系统的基本特征。

任务描述与分析

一、任务描述

如何使用POS机刷卡？

二、任务分析

POS机刷的卡主要为储蓄卡和信用卡。储蓄卡又称借记卡，卡上存款金额大于0，方可进行"消费"操作，此卡不可做"预授权、预授权完成联机、离线"操作。信用卡又称贷记卡，为发卡行根据个人提出信用申请后，根据个人资产与收入情况，信用中心评定信用额度后授予个人一定金额的卡片，可透支，到了还款日必须还款。

任务实施与心得

一、任务实施

步骤1　班前准备。

① 检查电话线水晶头与POS机接触情况。

② 签到，步骤为"菜单→签到→输入工号：01，密码：0000"。

步骤2　班中操作。

日常菜单操作的基本方式如下：

① 消费。菜单→消费→刷卡→确认→输入消费金额→把POS机交予客人输入密码→放回卡座→等待系统响应→提示"刷卡成功"，POS机自动打印签购单出来给客人签名。在操作过程中还要注意以下两点：

- 刷卡时注意屏幕显示卡号与原卡号是否一致，不一致则委婉拒绝客人使用该卡结账。如有疑问让客人致电发卡行。
- 打印签购单核对金额，如无误，将签购单给客人签字，签完字查看签购单上签字样与信用卡或储蓄卡背面签字样是否一致，如不一致，委婉拒绝客人使用该卡结账。相关卡的章程上注明仅本人可使用。

② 消费撤销。菜单→消费撤销，提示输入主管密码，密码：123456→根据原签购单上的凭证号选择交易金额→提示"是否撤销该笔消费"→确认显示屏上出现的金额与原签

购单上是否一致，然后点确认→交给客人输入密码→确认放回卡机等待系统响应，响应成功打印消费撤销签购单，这时无须客人签字，但必须给客人查看，确认消费已撤销。最后重新按消费操作步骤，输入正确金额。

③ 预授权。菜单→预授权→刷卡→确认→输入预授权金额→把POS机交予客人输入密码→放回卡座→等待系统响应→提示"刷卡成功"，POS机自动打印签购单出来给客人签名（核对签名后将持卡联还客人）。

④ 预授权完成联机。菜单→预授权完成联机→根据原签购单授权号输入对应六位数，选择预授权交易批次→刷卡→确认→输入预授权金额→把POS机交予客人输入密码→放回卡座→等待系统响应→提示"刷卡成功"，POS机自动打印签购单出来给客人签名。

⑤ 预授权撤销。菜单→预授权撤销→输入授权号→确认→刷卡→确认预授权金额→把POS机交予客人输入密码→放回卡座→等待系统响应→提示"刷卡成功"，POS机自动打印签购单出来给客人签名。

⑥ 离线交易。菜单→离线→输入原签购单上授权号→确认→输入交易金额→放回卡座→等待系统响应→提示"刷卡成功"，POS机自动打印签购单出来给客人签名。

步骤3　班后事项。

① 查询当日当班交易总额是否与当班签购单合计金额相等，可以通过POS机查询功能查看。

② 菜单→结算→提示"是否打印流水明细"→确认。

二、任务实施心得

现在很多店铺都在使用POS系统进行交易结算，但好多人不会使用该系统，主要原因是对系统的基本操作流程，如怎么进入系统、怎么刷卡、怎么授权等都不了解，导致有些店铺买了POS机回来不会用或者不敢用。通过以上的介绍我们知道，只要掌握POS机最基本的操作就可以了。

相关知识

一、销售时点信息系统概念

销售时点信息（Point Of Sale，POS）系统是指利用光学式自动读取设备，按照商品的最小类别读取实时销售信息（如商品名称、单价、数量、厂地、生产日期、商品店铺等），以及采购、配送等阶段发生的各种信息，并通过通信网络和计算机系统传送至有关部门进行分析、加工、处理和传送，便于各部门根据各自的目的有效地利用上述信息以提高经营效率的系统。该系统在销售的同时，采集每一种商品的销售信息并传送给计算机，计算机通过对销售、库存、进货和配送等信息的处理和加工，为企业进、销、存提供决策依据。POS机最早应用于零售业，后来慢慢渗透到其他行业，利用POS系统的范围也从企业内部扩展到整个供应链。

二、POS系统工作流程

① 店铺销售商品都贴有该商品信息的条码或OCR（Optical Character Recognition）标签。商品条码和POS系统相辅相成，相互促进，普及条码是运行POS系统的前提，没有POS

系统，在商品上印制条码也毫无意义。

② 当顾客在店铺选购商品后到收银台进行支付结算时，收银员利用扫描设备自动读取商品条码标签或者OCR标签上的信息，通过计算机确认商品的名称、单价、数量，计算出顾客购买的总金额等，同时返回给收银机，打印出顾客购买清单和付款总额。

③ 各个店铺销售时点信息通过网络传送至总部或者销售中心。

④ 总部或销售中心收到传来的销售信息后对库存信息进行调整、配送管理、商品订货等作业。通过对销售时点信息进行分析，掌握消费者购买意向，找出畅销商品和滞销商品。根据销售商品信息进行品种配置、价格设置和商品陈列等方面的作业。

⑤ 在零售商与供应商的上游企业，如生产厂家、代理商、物流业者等，结成合作伙伴的关系。零售商利用网络把销售时点信息即时传送给上游企业。这样，上游企业可以利用销售现场的最及时、准确的销售信息制订经营计划，进行决策。

三、POS系统的基本特征

该系统有4个基本特征，分别为单品管理、职工管理和顾客管理；自动读取销售时点的信息；信息集中管理；连续供应链的有力工具。

（一）单品管理、职工管理和顾客管理

零售业的单品管理是指对店铺陈列展示销售商品以单个商品为单位进行销售跟踪和管理的方法。由于POS系统即时、准确地反映了单个商品的销售信息，因此POS系统的应用使高效率的单品管理成为可能。

顾客管理是指顾客在购买商品结账时，通过收银机自动读取零售商发行的顾客ID或者顾客信用卡来把握每个顾客的购买品种和购买额，从而对顾客进行分类管理。

职工管理是指通过POS终端机上计时器的记录，对职工的出勤状况和工作效率进行考核。

（二）自动读取销售时点的信息

在顾客选购商品后结账时，POS系统通过扫描设备读取商品上的条码信息，再通过计算机进行存储并更新库存信息。在销售商品的同时获得实时的销售信息是POS系统最大特征。

（三）信息的集中管理

在各个POS终端获得的销售时点信息通过网络发送到企业总部进行汇总，与其他部门相关信息一同进行分析加工，把握畅销商品和滞销商品以及新商品的销售倾向，对商品的销售量和销售价格、销售量和销售时间之间的关系进行分析，对商品店铺陈列方式、促销方法、促销期间、竞争商品的影响进行相关分析等。

（四）连接供应链的有力工具

供应链参与各方合作的主要领域之一是信息共享，而销售时点信息是企业经营中最重要的信息之一，通过它能及时把握顾客的需求信息。供应链的参与各方可以利用销售时点信息，并结合其他信息来制订企业的经营计划和市场营销计划。

知识拓展

本知识拓展主要讲述POS机分类方式，详细内容请扫描二维码。

知识拓展

业务技能训练

一、课堂训练

简述POS系统的工作流程。

二、实训操作

以小组为单位，每个小组3～6人，各小组利用课余时间到街上去调查POS系统的使用情况，并写好调查报告。

任务四　全球卫星定位系统

知识要点：
- 掌握GPS定位系统安装方法。
- 了解GPS定位系统基本功能及应用领域。

技能要点：
- 了解卫星定位系统的内容。
- 掌握定位系统安装方法。

任务描述与分析

一、任务描述

寒假来了，赵丹青打算自驾游。为了出游方便，朋友建议他在自己的车内安装GPS（Global Positioning System，全球定位系统）定位器。于是，赵丹青到市场上买了一个GPS定位器回家安装。由于以前从来没安装过这东西，在安装过程中遇到了不少麻烦，经过一番努力，他还是把GPS定位器成功安装在自己的车内了。

二、任务分析

本次安装所需的工具和原料如下：
① 剥线钳一把。
② 测电笔一支。
③ 防水电工胶布一个。
④ 塑料扎带若干。

任务实施与心得

一、任务实施

① 找线。清点，确定所需定位终端配件及接线工具齐全。标准型的GPS定位器中只有4根线需要接，所以先把汽车内如下所示的4根线找出来（见图2.21）。

GPS定位器红色线→汽车DC12/24V常电。
GPS定位器黑色线→汽车负极/搭铁线。
GPS定位器白色线→汽车ACC/钥匙线（检测发动机开关状态，必接）。
GPS定位器黄色线→汽车上油线/油路线（可接可不接）。

图2.21 GPS定位器中的4种线

　　② 装SIM（Subscriber Identity Module，客户识别模块）卡。很多人不明白GPS定位系统为什么要装一张手机卡。其实，SIM卡在GPS定位系统中具有重要作用，简单来说就是GPS定位器负责采集终端的经纬度数据，采集到数据后，通过SIM卡的GSM网络以GPRS（General Packet Radio Service，通用分组无线服务技术）的形式把定位数据传送到指定后台，最后形成定位监控系统。

　　注意，请确保GPS定位终端在未通电的情况下插入SIM卡，否则容易烧卡。

　　SIM卡安装好后，请打开备用电源开关（在边上），并且确认SIM卡牢固不会松动（见图2.22）。

图2.22 打开SIM卡备用电源开关

　　③ 接线。装好卡之后，回到步骤1。安装各种颜色的线序接好，确保接头不松动、不进水。接线过程请用标准的汽车电路接线方法，切不可敷衍了事。接线处理如果不好，一方面容易使GPS定位器断电无法工作，也有一定的短路、起火的安全隐患。

　　如图2.23所示，线头要用热缩管进行保护，确保不脱落、不进水。然后用防水电胶布进行捆扎，与原车线路捆绑一起。

图2.23 用标准的汽车电路接线方法

④ 终端固定。GPS定位器体积小巧，容易隐蔽安装。常见固定位置是把主驾/副驾前挡板拆下，在其内部空间里，还有座位底下、后备箱等地方也可以安装。既能确保GPS天线正常接收卫星信号，又能确保洗车的时候不进水而导致终端烧毁（见图2.24）。

注意：① GPS天线信号容易被泥土和金属物质屏蔽，而塑料、人体、布料等就没有影响。所以固定的时候，请确保其信号接收面上方没有金属物质遮挡，确保接收面能向上朝向天空。通过魔术贴或者塑料扎带来固定平放，使其在长时间的使用中不会脱落。② GPS定位器固定的时候没有正反上下之分，通过魔术贴和扎带把终端固定紧实即可，确保在长时间的车辆颠簸、冷热交替等环境中不会掉落，不会有异响。

图2.24　GPS定位器隐蔽安装

⑤ 激活上线。以上所有步骤完成后，将车辆复原。然后将车牌号码、终端ID、SIM卡号等信息报给购买该产品的公司，让客服人员进行激活，在电脑及手机、微信里就可以对车辆进行定位管理。到此，GPS定位器安装完成。

二、任务实施心得

GPS定位器广泛应用于各个行业车辆管理工作中，如私家车、物流车、租赁车等。但因为GPS定位器一方面涉及汽车电路知识，另一方面又涉及卫星通信与GPRS通信，所以很多人在实际操作的时候很容易忘记一些细节要点，导致系统无法正常、稳定地工作。安装时只要严格按照说明书去做，基本上都会成功。

相关知识

一、GPS的概念

GPS（全球定位系统）是美国20世纪70年代开始研制的，历时20年，耗资200亿美元，于1994年全面建成，是具有在海、陆、空进行全方位实时三维导航与定位功能的新一代卫星导航与定位系统。其目的是对军事目标，如战机、船舰、车辆、人员、攻击标的物实行精确定位等。时至今日，GPS早已开放给民间使用，这项结合太空卫星与通信技术的科技，在民间市场正在蓬勃地发展，除了能够提供精确的定位之外，对于速度、时间、方向及距离也能准确提供信息，运用的范围非常广。

GPS主要用于军事方面，如飞机导航、导弹遥控等，但也可以用于商业方面。GPS系统利用无线电传输特性来定位，与过去地面无线导航系统所不同的是，它由卫星来发射定位信号、卫星位置和运行状况信息，故具有发射信号覆盖全球和定位精度高的优点。系统中所有的卫星组成了空间卫星系统，地面站监控卫星，并对卫星发射运行命令。用户装有GPS接收机，用来接收卫星发出来的信息。系统构成如图2.25所示。

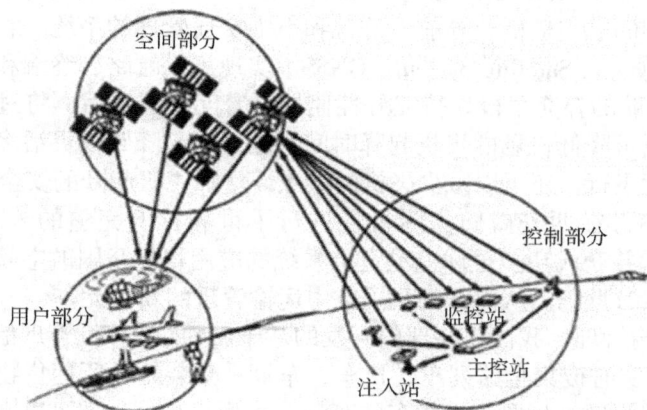

图2.25　GPS系统构成

二、GPS的物流功能

① 实时监控功能。GPS可在任意时刻通过发出指令查询运输工具所在地理位置并在电子地图上直观地显示出来。

② 双向通信功能。利用GPS通信功能，人们可使用GPS的话音功能与驾驶员进行通话，或使用安装在运输工具上的移动设备的汉字液晶显示终端进行汉字消息的收发与对话。

③ 动态调度功能。调度人员能在任意时刻通过调度中心发出文字调度指令，并得到确认信息。以此可进行运输工具待命计划管理，操作人员通过在途信息的反馈，可在运输工具未返回车队前即做好待命计划，提前下达运输任务，减少等待时间，加快运输工具的周转速度。

④ 数据存储、分析功能。GPS可实现路线规划及路线优化，事先规划车辆的运行路线、运行区域，判断车辆何时应到达扫描地方等，并将该信息记录在数据库中，以备以后查询、分析、使用。

GPS还可以进行可靠性分析，通过汇报运输工具的运行状态，使人们了解运输工具是否需要较大的修理，以便预先做好修理计划。GPS可计算运输工具的平均每天差错时间，动态衡量该型号车辆的性能价格比。

三、GPS在物流领域的应用

① 用于汽车自定位，跟踪调度，陆地救援。据日本丰田汽车公司的统计，在日本公司利用全球卫星定位系统开发车载导航系统后，日本车载导航系统的市场在1995—2000年间平均每年增长35%以上，全世界在车载导航上的投资平均每年增长60.8%，因此，车辆导航将成为未来全球卫星定位系统应用的主要领域之一。我国已经有数十家公司在开发和销售车载导航系统。

② 用于内河和远洋运输管理。用于内河及远洋船队最佳航程和安全航程的测定、航向的实时调度、检测及水上救援。在我国，全球卫星定位系统最先应用于远洋运输的船舶导航。例如，三峡工程等也已规划利用全球卫星定位系统来改善航运条件，提高航运能力。

③ 用于空中交通管理，精密进场着陆，航路导航和监视。国际民航组织提出，在21世纪将用未来导航系统（Future Air Navigation System，FANS）取代现行航行系统。它是一个以卫星技术为基础的航空通信、导航、监视和空中交通管理的系统。它利用全球导航卫星系统（Global Navigation Satellite System，GNSS）实现飞机航路、终端和进场导航。目前GPS只能作为民用导航的补充手段，待完好性监控报警问题解决后，将过渡为唯一的导航手段。该系统的使用可降低机场的飞机起降时间间隔，使起降路线灵活多变，使更多的飞机以最佳航线和高度飞行，还可以减少飞机的误点，增加飞机起降的安全系数。

我国于1996年3月在西安咸阳国际机场进行了世界首例完整的未来空中管理系统（CNS/ATM）演示，并获成功。全球卫星定位系统的应用将使我国航空管制从国际20世纪40年代水平一步跨入21世纪，从而开创我国空中运输管理的新纪元。

④ 用于铁路运输管理。我国铁路部门开发的基于GPS的计算机管理信息系统，可以通过GPS和计算机网络实时搜集全路列车、机车、车辆、集装箱及所运货物的动态信息，可实现列车、货物追踪管理。只要知道货车的车种、车型、车号，就可以立即从近10万千米的铁路网上流动着的几十万辆货车中找到该货车，还能得知这辆货车现在在何处运行或停在何处，以及所有的车载货物发货信息。铁路部门运用这项技术可大大提高其路网及运营的透明度，为货主提供更高质量的服务。

⑤ 用于军事物流。全球卫星定位系统首先是因为军事目的而建立的，在军事物流中，如后勤装备的保障等方面，应用相当普遍。尤其是在美国，其在世界各地驻扎的大量军队无论在战时还是在平时，都对后勤补给提出了很高的要求。

知识拓展

本知识拓展主要讲述北斗卫星导航系统，详细内容请扫描二维码。

知识拓展

业务技能训练

一、课堂训练

1. 在一个平面直角坐标系上，确定点的位置，需要知道几个值？
2. 在一个空间三维坐标系上，确定点的位置，需要知道几个值？
3. 要精确知道一个人在地球上的位置，必须知道几个值？至少需要几颗卫星？

二、实训操作

根据班级学生情况，分为若干个小组，每个小组2～5人。各小组选择一个GPS应用领域，然后由小组讨论，包括如何查找相关资料，如何展示合作探究成果等。

任务五　电子商务物流信息系统

知识要点：
- 物流信息系统的定义、分类及功能。
- 物流信息系统的基本特征。

技能要点：
- 了解物流信息系统分类及功能。
- 熟悉物流信息系统业务流程。

任务描述与分析

一、任务描述

经理给赵丹青布置一个任务，让赵丹青通过查询相关资料，了解当地邮政EMS物流信息系统的基本构成。经过3天的努力，赵丹青圆满完成任务。

二、任务分析

邮政EMS物流信息系统数据获取主要来源于以下两个方面：

① 通过网络查询及学习获取相关资料。

② 通过浏览器的搜索找到"邮政EMS的物流系统案例"，并了解到该系统的详细信息。

任务实施与心得

一、任务实施

步骤1　查找相关资料，并做好笔记，把重要信息记录在笔记本上，方便后续查阅。

步骤2　对找到的相关资料进行分析，提取有用信息。

赵丹青经过查询相关资料得知该系统共分九大模块：订单、仓储、生产管理、业务管理、财务管理、系统管理、决策分析、互联网访问、主监控台。这九大模块共含50多项功能，涉及物流中心业务管理的方方面面。

① 订单。该模块是客户服务部门使用的。主要包括订单的接收、分拣、出口、合拢、客户信息反馈等。该模块可以接收如185、电话、传真等各种来源的订单，并通过统一的数据接口对订单进行处理，然后通过网络将订单的投递信息反馈给客户。

② 仓储。包括仓库的设定，产品档案建立、购入、借入、退库、售出、借出、盘盈、盘亏及借入借出结算，接收提货要求并进行简单包装加工等，并提供库存列表、流水分析、汇总分析（包括期初、期间、期末等）、供应商货物销售情况反馈等。

③ 生产管理。该模块是管理物流信息的主要部分，包括分拣中心模块、分点管理模块及数据交换模块3个部分。分拣中心是各分点邮件的中转交换场所。该模块实现了一个限于分拣中心内部的邮件进出管理环境，主要包括中心自己揽收的邮件，分点转投邮件及

各种退件的进口、出口、合拢，中心自己的监控，信息反馈等等。分点管理模块除管理各分点邮件的进口、出口及合拢外，还实现了邮件最终投递到户及随之发生的交款、交费、投递监控及信息反馈等。数据交换模块实现了整个公司范围内生产数据的共享、一致。

④ 业务管理。该模块归物流中心业务及生产监控部门使用，主要包括对所发生业务进行建档、对各分点的各种业务的投递情况进行回馈，并向客户进行信息反馈。该模块还生成揽收日报、投递日报、各分户账、公司整体运作监控等。

⑤ 财务管理。本系统不是财务软件，而是提供财务决策的相关数据。主要建立应收、实收账款，并对应收与实收进行核对。收据管理，建立员工揽收工作量、投递工作量、取件工作量的绩效与提成分析，向客户对账及结算等等。

⑥ 系统管理。完成系统相关信息的维护和设置。其中包括系统初始化、基础数据的维护、数据库的备份和恢复以及系统通用参数的设置，如职工档案管理、职工权限管理、公司组织管理、客户档案管理、供应商档案管理等。

⑦ 决策分析。通过灵活的图表等形式向企业领导提供公司揽收与投递的横向与纵向分析。

⑧ 互联网访问。包括远程客户的下单与查单，对公司人事、库存、销售情况进行信息发布，以供公司相关人员进行远程查询。

⑨ 主监控台。接收外地分点的生产数据，监控外地分点的拨号连接，进行系统操作的日志记录与分析。该模块与数据交换模块（属于生产管理部分）一起共同实现了分布数据的集中共享。

步骤3　经过对相关数据进行分析后写出书面报告。

步骤4　上交书面报告。

二、任务实施心得

电子商务物流管理信息系统能将组织中的数据和信息集中起来，进行快速处理，统一使用，支持决策。对物流系统来说，目前绝大多数应用主要针对企业内部运作的管理且运行良好，但在外部资源管理方面，如互联网访问、大客户管理（即客户关系管理）等方面还很不完善。通过对物流管理信息系统的学习，学生可以通过参与做一个了解的系统来加深对知识的理解，并了解电子商务物流信息系统在工作和生活中的实际应用。

相关知识

一、物流信息系统的概念

物流信息系统是指由人员、设备和程序组成的，为物流管理者履行计划、实施、控制等职能提供信息的交互系统。它与物流作业系统一样都是物流系统的子系统。对一个企业而言，物流信息系统不是独立存在的，而是企业信息系统的一部分，或者说是其中的子系统，即使对一个专门从事物流服务的企业也是如此。例如，一个企业的ERP系统，物流管理信息系统就是其中一个子系统。

物流系统包括运输系统、储存保管系统、装卸搬运系统、流通加工系统、物流信息系统等方面，其中物流信息系统是高层次的活动，是物流系统中最重要的方面之一，涉及运作体制、标准化、电子化及自动化等方面的问题。由于现代计算机及计算机网络的广泛应用，物流信息系统的发展有了一个坚实的基础，计算机技术、网络技术及相关的关系型数据库、条码技术、EDI技术等的应用使得物流活动中的人工、重复劳动及错误减少，效率提高，信息流转加速，物流管理发生了巨大变化。

二、物流信息系统的分类

① 按物流信息系统的功能可分为事务处理信息系统、办公自动化系统、管理信息系统、决策支持系统、高层支持系统、企业间信息系统。

② 按管理决策的层次分类可分为物流作业管理系统、物流协调控制系统、物流决策支持系统。

③ 按系统的应用对象可分为面向制造企业的物流管理信息系统，面向零售商、中间商、供应商的物流管理信息系统，面向物流企业的物流管理信息系统，面向第三方物流企业的物流信息系统。

④ 按系统采用的技术分类可分为单机系统，内部网络系统，与合作伙伴、客户互联的系统。

三、物流信息系统的功能

物流信息系统是由人员，计算机硬件、软件，网络通信设备及其他办公设备组成的人机交互系统，其主要功能是进行物流信息的搜集、存储、传输、加工整理、维护和输出，为物流管理者及其他组织管理人员提供战略、战术及运作决策的支持，以达到组织的战略竞优，提高物流运作的效率与效益。

国内的物流信息系统主要有路歌管车宝等，使车辆管理、车辆调度、车辆定位等操作变得更简便快捷，做到了物流全程的透明化管理，达到了降低物流信息成本、提高物流管理效率的目标。系统结构如图2.26所示。

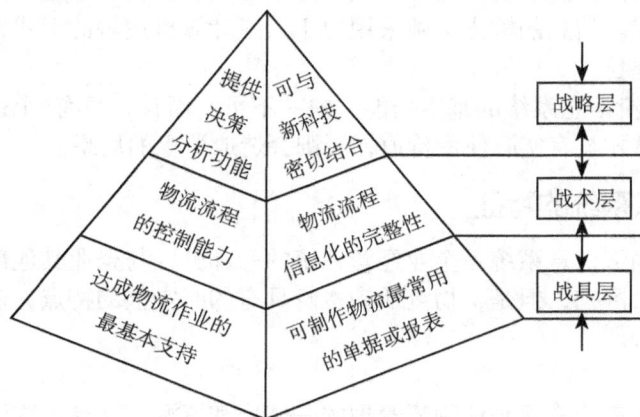

图2.26　物流信息系统

物流信息系统是物流系统的神经中枢，它作为整个物流系统的指挥和控制系统，可以分为多种子系统或者多种基本功能。通常，可以将其基本功能归纳为以下几个方面。

（一）数据搜集

物流数据的搜集首先是将数据通过搜集子系统从系统内部或者外部搜集到预处理系统中，并整理成为系统要求的格式和形式，然后再通过输入子系统输入到物流信息系统中。

这一过程是其他功能发挥作用的前提和基础。如果一开始搜集和输入的信息不完全或不正确，在接下来的过程中得到的结果就可能与实际情况完全相反，将导致严重的后果。因此，在衡量一个信息系统性能时，应注意它搜集数据的完善性、准确性，以及校验能力、预防和抵抗破坏能力等。

（二）信息存储

物流数据经过搜集和输入阶段后，在其得到处理之前，必须在系统中存储下来。即使在处理之后，若信息还有利用价值，也要将其保存下来，以供以后使用。物流信息系统的存储功能就是要保证已得到的物流信息不丢失、不走样、不外泄、整理得当、随时可用。无论哪一种物流信息系统，在涉及信息的存储问题时，都要考虑到存储量、信息格式、存储方式、使用方式、存储时间、安全保密等问题。如果这些问题没有得到妥善的解决，信息系统是不可能投入使用的。

（三）信息传输

物流信息在物流系统中，一定要准确、及时地传输到各个职能环节，否则信息就会失去其使用价值。这就需要物流信息系统具有克服空间障碍的功能。在物流信息系统实际运行前，必须充分考虑所要传递的信息种类、数量、频率、可靠性要求等因素。只有这些因素符合物流系统的实际需要时，物流信息系统才是有实际使用价值的。

（四）信息处理

运行物流信息系统的最根本目的就是将输入的数据加工处理成物流系统所需要的物流信息。数据和信息是有所不同的，数据是得到信息的基础，但数据往往不能直接利用，而信息是从数据加工得到的，可以直接利用。只有得到了具有实际使用价值的物流信息，物流信息系统的功能才算发挥出来。

（五）信息输出

信息的输出是物流信息系统的最后一项功能，也只有在实现了这个功能后，物流信息系统的任务才算完成。信息的输出必须采用便于人或计算机理解的形式，在输出形式上力求易读易懂，直观醒目。

这5项功能是物流信息系统的基本功能，缺一不可。而且，只有5个过程都没有出错，最后得到的物流信息才具有实际使用价值，否则会造成严重的后果。

四、物流信息系统的特征

尽管电子商务物流信息系统是企业经营系统的一部分，与企业其他部门的管理系统在基本层面上没有太大区别，但是，物流活动本身具有的时空上的特点，使得电子商务物流信息系统具有如下特征。

（一）开放性

为实现物流企业或非物流企业物流管理的一体化和资源的共享，物流管理系统应具备与公司内部其他系统（如财务、工资管理、人力资源管理等系统）相连接的性能。且系统不仅要在企业内部实现数据的整合和顺畅流通，还应具备与企业外部的供应链的各个环节进行信息整合和数据交换的能力，达到各方面的无缝连接。物流信息系统应用EDI方式、门户平台方式和数据对接等多种接口方式来实现数据整合和顺畅流通。

（二）可扩展性和灵活性

随着社会经济的快速发展，企业的管理以及业务的变化也在加快，这就要求系统能够随着企业的变革而变革。如物流企业实施流程再造，采用了新的流程，原来的系统将可能无法适用新的流程。如果企业需要再进行大规模投资，引进新的管理系统就会造成资源的极大浪费。所以物流信息系统要具备随着企业发展而发展的能力，并考虑系统的灵活性。在建设物流信息系统时，应充分考虑企业未来的管理及业务发展的需要，以便在原来系统的基础上建立更高层次的管理模块。

（三）安全性

局域网和互联网是电子商务物流信息系统的一个基本运行条件，它使物流企业的触角得以延伸得更远、数据更集中，但安全性问题也随之而来。在物流信息系统开发初期，其安全性往往被人们忽略。但随着系统开发的深入，特别是以网上银行为主要支付手段的实现和电子单证的使用，安全性已成为电子商务物流信息系统的首要问题。它可分为内部安全性问题和外部安全性问题。

（四）协同性

系统的协同性体现在其与客户、企业各部门、供应链各环节及社会各部门的协同等方面。

① 与客户的协同。系统应具有和客户的ERP系统、库存管理系统等实现连接的能力。系统可以定期给客户发送各种物流信息，如库存信息、车辆配送信息、催款提示等。

② 与企业内部各部门间的协同。如业务人员可将客户、货物的数据输入系统，财务人员可根据业务人员输入的数据进行记账、控制等处理。

③ 与供应链上的其他环节的协同。例如，第三方物流公司应与船运公司、拖车公司、仓储公司、铁路运输公司、公路运输公司等企业，通过网络实现信息传输。

④ 与社会各部门的协同。即通过网络与银行、海关、税务机关等部门实现信息即时传输。与银行联网，可以实现网上支付和网上结算，也可以查询企业的资金信息；与海关联网，可以实现网上报关等。

（五）动态性

系统反映的数据应该是动态的，可随着物流的变化而变化，能实时反映货物流动的各种状况，支持客户和公司员工的在线动态查询。这就需要公司内部与外部数据通信及时、通畅。

（六）快速反应

系统应能对用户、客户的在线查询、修改、输入等操作做出快速和及时的反应。在市场瞬息万变的今天，企业要跟上市场的变化才能在激烈的市场竞争中生存。物流管理信息系统是物流企业的数字神经系统，系统的每一神经元渗入供应链的每一末梢，而每一末梢的刺激都能引起系统的快速、适当的反应。

（七）信息的集成性

物流过程中涉及的环节多、分布广，信息随着物流在供应链上的流动而流动。信息在地理上往往具有分散、范围广、量大等特点，因此，信息的管理应高度集成，同样的信息只需要一次输入，以实现资源共享，减少重复操作，减少信息的差错。目前，大型的关系型数据库通过建立数据之间的关联，基本可实现这一点。

（八）支持远程处理

物流过程往往涉及不同的部门并跨越不同的地区。在网络时代，企业同客户间的物理距离等都将变成鼠标距离。物流管理信息系统应支持远程的业务查询、输入和人机对话等事务处理功能。

（九）检测、预警和纠错能力

为保证数据的准确性和稳定性，系统应在各模块中设置一些检测小模块，对输入的数据进行检测，以把一些无效的数据排斥在外。例如，集装箱箱号在编制时有一定的编码规则，在输入集装箱箱号时，系统可以根据这些规则设置检测模块，提醒并避免操作人员输入错误信息。又如，许多公司的提单不能够重复，系统在操作人员操作时都会自动检测校验。物流信息系统应可以灵活设置预警机制、提示信息，如将紧急发货的记录设置为红颜色显示，在客户欠款达到一定数量时自动提示等。

知识拓展

本知识拓展主要讲述企业开发物流信息系统的背景，详细内容请扫描二维码。

知识拓展

业 务 技 能 训 练

一、课堂训练

简述我国电子商务物流信息系统主要存在哪些问题。

二、实训操作

上网下载一款电子商务物流信息系统软件，安装并熟悉其业务流程。

项目三

仓储管理与库存控制

任务一　仓库概述

知识要点：
- 仓库的定义和组成。
- 仓库的分类。
- 仓库的功能。

技能要点：
- 掌握仓库的组成。
- 掌握不同类型仓库的功能。

任务描述与分析

一、任务描述

在公司培训中，公司提出了物流仓库的诸多安全管理事项，要求所有员工充分认识仓库及其在公司管理中的重要性。据此，公司还特别要求赵丹青熟悉公司的仓库。赵丹青根据老员工的指导意见，从信息查询、实地考察和数据分析3个方面全面认识公司仓库和发展动态。

二、任务分析

商品的仓储管理是电子商务物流过程的中心。仓库是仓储管理的核心对象，是电子商务物流管理的核心要素。由此可见，掌握公司仓库的信息，才能管理仓库，保证整个物流过程正常运行。

可从3个方面熟悉仓库，包括仓库的组成、分类和功能。仓库组成涉及观察可见的库房、商品摆放的货架、商品进出的运输设备、商品安全的消防设施、商品信息管理系统。仓库分类在不同公司对不同类型商品有不同的方法，通常根据商品类型、商品特征、仓库区域、仓库大小等进行分类。仓库的基本功能是商品的临时存储和保管，除此之外，仓库能够调节商品供需与运输能力、商品流通配送加工、商品信息传递等功能，支持电子商务物流过程的调节周期。

任务实施与心得

一、任务实施

① 信息查阅。赵丹青通过公司信息部门提供的仓库公共信息和内部信息进行查阅归纳，掌握了仓库的基本信息，包括仓库的区域、仓库面积、仓库类型、货架类型、货架数量、商品要求、运输车类型、运输车数量、消防设施。以上信息制作成仓库的基本信息表，如表3.1所示，便于阅读和分析。

表3.1　仓库的基本信息

项　目	A区			B区			C区		
位置									
仓库面积									
仓库类型									
货架类型									
货架数量									
商品要求									
运输车类型									
运输车数量									
商品管理系统									
消防设施									
设施状态									
备注说明									

赵丹青还根据仓库的区域地图，掌握了仓库的空间结构，并且规划了仓库实地考察的线路图。

② 实地考察。拿到仓库的详细资料后，第二天，赵丹青按照昨天规划的考察线路图，拿着表3.1的空表，进入仓库进行实地考察。

在考察过程中，赵丹青根据观察结果填写表3.1，并修改完善表中的项目，使仓库基本信息表能够更详细更具体地呈现仓库的实际情况。同时，赵丹青与仓库的员工交流，了解仓库的设施情况和运行状态、存在的问题及老员工的建议，记录仓库的运行状态信息，如表3.2所示。由此完成仓库的实地考察过程。

表3.2　仓库的运行状态信息

项　目	A区			B区			C区		
设施名称									
运行状态									
存在问题									
意见建议									
设施名称									

（续表）

项　目	A区			B区			C区		
运行状态									
存在问题									
意见建议									
设施名称									
运行状态									
存在问题									
意见建议									
备注说明									

③ 数据分析。赵丹青从两个方面进行仓库的数据分析，一方面是公司信息部提供的仓库信息和实地考察的信息对比分析；另一方面是查阅行业外部仓库的宏观信息，与公司仓库的宏观信息对比分析，发掘仓库的发展动态数据。数据分析的结果形成了两份分析报告，如表3.3和3.4所示。

表3.3　仓库内部动态报告

	现有信息情况	考察信息情况
库房		
货架		
运输设备		
消防设施		
商品管理系统		
分析结果		

表3.4　仓库外部发展报告

	仓库信息情况	外部仓库情况		
		天猫仓库	京东仓库	亚马逊仓库
库房				
货架				
运输设备				
消防设施				
商品管理系统				
其他				
分析结果				

最新数据显示：天猫在成都双流（66.7万平方米）、浙江金华（100万平方米）、天津（100万平方米）等近10个城市为网上购物平台布局仓储设施；京东将在全国设立六大物流中心，位于北京（13.3万平方米）、上海（17.3万平方米）、广州、成都（20万平方

米）、武汉（1万平方米）、沈阳（11.7万平方米）。与此同时，苏宁的第三代物流基地布局几乎遍及全国，亚马逊在中国已设有11个运营中心，仓储物流总面积超过70万平方米。

二、任务实施心得

熟悉公司仓库是从初步、深入到全面3个阶段的过程，每个阶段的实施是不同的。

① 获取原有材料是初步认识仓库的基本行动。初步认识仓库首先要获取仓库的原有材料，通过该材料形成仓库信息的基本框架。不同行业的公司对仓库的要求不同，仓库的信息框架也不同，所以仓库的基本信息框架不能相互替代，需要从公司内部获取，才能形成对仓库准确的初步认识。

初步认识仓库的结果是通过对原有材料的归纳综合形成的信息表，而不是简单的脑海浮现，更不是对原有材料的复制。不同类型仓库的具体组成部分也是不同的，信息表的项目也根据具体情况略有不同。

初步认识仓库能够为下一步实施提供规划的依据。仓库的区域地图就能够为实地考察提供线路参考，这样能够更有目标、更有效率地深入了解仓库。

② 观察与沟通是深入了解仓库的途径。仓库的观察是对原有材料的进一步确认、鉴别和补充。通过观察，实现纸上信息与现实库存的对接，真正了解仓库。

除了原有材料和看到的仓库，仓库中的员工也是了解仓库的选择对象。通过与员工沟通，了解员工对仓库的切身认识，能更深入了解仓库的当前状态。

③ 记录和分析是全面掌握仓库的方法。查阅资料和观察过程都需要记录下来，并形成报表，这样的结果才能在接下来的归纳分析中形成对仓库的全面掌握。

分析获得仓库的各个组成部分的信息只是全面掌握仓库的一个方面，另一个方面是，分析结果更应该反映仓库当前问题所在，为仓库的有效运行提供支持意见。分析的第三个方面是外部发展动态。通过分析同行业的仓库发展动态，认识自身仓库的不足，为仓库的改进提供数据依据。

相关知识

一、仓库的定义与组成

仓库是由储存货物的库房、货物架、运输设备与传送管道设备、消防安全设施、管理用房及信息系统等组成的空间场所。仓库的这一定义可以这样理解，仓库是场所或建筑物，在其中可以存放货物，包括商品、生产资料、工具等可见实物，并且具备对货物数量的信息保存，对货物的质量、价值等的保护，防止货物损伤等条件。

由定义可见，仓库由库房、货架、运输设备、消防设施和信息系统组成。

库房即建筑物，或是建筑物的细分部分。它为仓库建立起立体空间框架，是其他组成部分的基础。

货物架是形成仓库货物存放的具体位置的设备，使得货物有序存放，有效利用仓库的立体空间。

运输设备与传送管道设备能够使仓库货物高效地入库、上架、下架、出库，主要包括吊车、电梯、滑梯、叉车、运输车等。

消防安全设施包括能够防火、防潮、防水、防风、防震、防损、防盗的设施系统，保证货物的完整、质量和价值。

管理用房是协调仓库各个组成部分有序运行的空间。信息系统是仓库各个组成部分运行状态的数据中心。管理用房和信息系统共同保证仓库系统有序高效地运行。

二、仓库的分类与特征

仓库按建筑结构、仓库功能、使用形式和保管形式4个标准有4个不同的分类。

① 按建筑结构划分为平房仓库、多层仓库、高层货架仓库。

② 按功能划分为流通仓库、存储性仓库、保税仓库。

③ 按使用形式划分为营业仓库、自用仓库、公用仓库。

④ 按货物保管形式划分为普通仓库、冷藏仓库、恒温仓库、露天仓库、储备仓库、危险品仓库、水面仓库。

电子商务行业的仓库通常是高层货架类及流通性、营业性、普通类的仓库。高层货架节约土地面积，节约物流成本；电子商务行业以商品流通为目标，是货物从厂家到消费者的中转中心；货物的中转过程是货物暂存的过程，具有营业性；货物是最终的消费品，通常是普通的保管形式，不需要对商品做特殊处理。

三、仓库的作用与影响

仓库的作用和影响从经济利益和服务利益两个方面体现。

当把仓库存储货物看成是一个静态过程，仓库起到的作用就包括整合、分类和交叉站台、加工/延期、堆存与保管4个方面，直接影响仓库的基本经济利益。

当把仓库存储货物看成是一个动态的过程，仓库起到的作用就包括现场存储、配送分类、组合、生产支持及市场形象5个方面，直接影响仓库的基本服务利益。

知识拓展

本知识拓展主要讲述自动化立体仓库和虚拟仓库，详细内容请扫描二维码。

业务技能训练

一、课堂训练

1. 简述仓库的基本组成。

2. 阅读以下数据材料。

据报道，易迅物流已经在北京、上海、深圳、武汉、西安、重庆建有6个核心仓库，今年还将再建10个二级仓库。

请设计一个任务方案，以熟悉易迅物流重庆核心仓库。

二、实训操作

1. 阅读以下材料。

国内电子商务飞速发展，对电商后端仓储配送的要求也不断提高。近日，储仓快杰与网仓科技合建的一体化仓库开仓运营。杭州储仓快杰物联网科技有限公司位于杭州滨江高新技术开发区，是一家以电商仓储服务为核心的综合型服务公司。

据悉，储仓快杰与浙江网仓科技有限公司进行战略合作，采用网仓科技自主研发的网仓2号管理系统及其先进的仓库管理方案，双方共同建设精细化智能仓库，联手打造专业电商第三方仓配一体化服务链。

目前，储仓快杰已建成一期面积12 000平方米，包括电商仓储服务中心、公共办公服务中心和生活配套服务中心。其中，电商仓储服务是核心，仓库面积10 000平方米，其二期12 000平方米的仓库于次年3月完成建设。

储仓快杰负责人蔡万想透露，储仓网仓合建仓开仓后预计可以满足每天6万单的发货需求、400万件商品货架存储需求、300万件商品栈板存储需求，以及3万个SKU的存储需求。

据介绍，储仓、网仓合建仓依托网仓科技自主研发的网仓2号仓库管理系统，利用数据采集设备，快速、准确地进行全程跟踪管理，从入库通知、检验、盘点、上架、拣选、包装到出库等环节，每一步都提供详尽、准确的数据，让客户能实时掌握货物的动态变化情况，并自动按客户、按时间点生成结算账单，大幅提升仓储作业效率，为客户提供全面完善的一体化仓配服务，解除客户后顾之忧。

据了解，一体化仓库内采用网仓成熟的管理流程进行精细化现场管理，可以最大限度地降低仓库管理成本；采用准确快速的物料周转管理，可以有效避免资源浪费，减少货物和资金积压；采用多层防错设计以及多次系统检测，将发货差错率控制在万分之一。卖家只须负责商品的销售及收款，而从订单抓取到商品配送和退换货的其他流程，都将由仓库完成，力求最大限度地为客户带来便捷。

蔡万想强调，之所以选择与网仓科技合作不仅是因为网仓具有先进的精细化仓储管理系统和成熟的电商仓库管理标准，另一个重要原因是网仓科技在全国实行中心分仓、区域配送。目前，网仓科技已经与多家合作伙伴在北京、上海、东莞、天津等地建立合建分仓，这种新的战略部署和发展模式将有效解决配送时效问题，降低合作伙伴仓内运营成本，提升客户体验。储仓快杰与网仓科技合作后，储仓、网仓合建仓成为网仓科技全国分仓之一，入驻储仓、网仓合建仓的客户即可与其他分仓实现资源共享，与各地分仓之间进行货物快速对流，极大地提升入驻客户和储仓快捷的整体运营水平。

蔡万想还提到，储仓快杰将公共办公服务和仓储服务智能结合，为电商、中小型创业者等提供优越的办公场地及全方位的服务。针对客户不同需求，储仓快杰可提供多种服务，如对于一般电商企业和淘宝卖家可提供前台服务、工商代理服务、代运营服务等，助其解决日常运营中的困扰；对于创业初期企业可提供创业培训、贷款申请、财务法务服务等，助其跨过艰难的创业初期；更可以将多种服务融合，提供一体化解决方案，全面解决客户各类问题。

同时，园区内还将设置一个生活配套服务中心，提供餐饮、休闲、健身、娱乐等各种生活配套设施和服务，为客户提供便利、舒适的工作环境，从而打造出一个以第三方电商仓储服务为核心的综合型服务供应商。

根据以上材料，请分析电子商务行业的仓库功能的最新发展趋势。

2. 查找自身所在地区的工业园区，选择其中一个企业，在基本了解该企业的情况下，进行一次实地考察该企业仓库的实践活动，记录并分析考察数据，提出该企业仓库存在的问题及解决建议。

任务二　仓储管理

知识要点：
- 仓储管理的内容。
- 仓储管理的目标。
- 仓储管理的流程。

技能要点：
- 理解仓储管理的目标。
- 掌握仓储管理的内容和流程。
- 熟悉仓储管理的货物入库、在库和出库的操作。

任务描述与分析

一、任务描述

公司网站策划的周年促销活动通过高层审核，采购部门已经下订单采购大批商品货物，仓库急需入库这批货物以应对7天后的促销带来的大量发货订单。为此，仓库主管要求所有员工随时服从仓库的调度安排，以十二分的工作热情完成仓储管理的任务。赵丹青作为实习员工，成为随时调用的对象。赵丹青无怨无悔，反而甚感欣慰，因为在同事的指导下，他在仓储管理的各个环节体验了仓储管理的全部作业，收获颇丰。

促销活动结束后，赵丹青根据自己的体验制作了仓储管理的流程图及注意事项，加深了对仓储管理的认识和体会。

二、任务分析

仓储管理作业是仓储团队协调组织才能有效完成的任务，仓储管理的所有环节作业往往不是同时忙碌进行的，货物存在仓储的阶段需要更多员工的参与支持，才能体现仓储团队完成任务的高效率。所以，团队的每一个成员都需要熟悉仓储管理各个环节的操作。首先，充分认识仓储管理的3个环节及3个环节的关联，包括货物入库、货物流通加工、货物出库，这3个环节先后顺序进行。其次，了解3个环节可利用的设备、人员及其作业过程中的动态变动，随时安排设备、人员资源的调度，跟踪入库、在库、出库的货物流动和信息流动，保证货物流与信息流的一致性，形成3个环节的货物信息报表，实时监控仓储吞吐能力，及时改变仓储管理的策略。

任务实施与心得

一、任务实施

① 了解公司仓储管理的流程及内容。赵丹青通过仓库公告板上贴出来的流程图（见图3.1）了解到公司仓储管理的流程大类包括货物入库、在库流通加工和货物出库。货物入库大类包括入库货物单分类、货物位置分配、入库检验、货物分类运输、货物上架、交

接验收。在库流通加工大类包括分配流通加工货物、包装箱分配、包装加工、运输到出库区、盘点。货物出库大类包括出库检验、出库交接、出库销账。

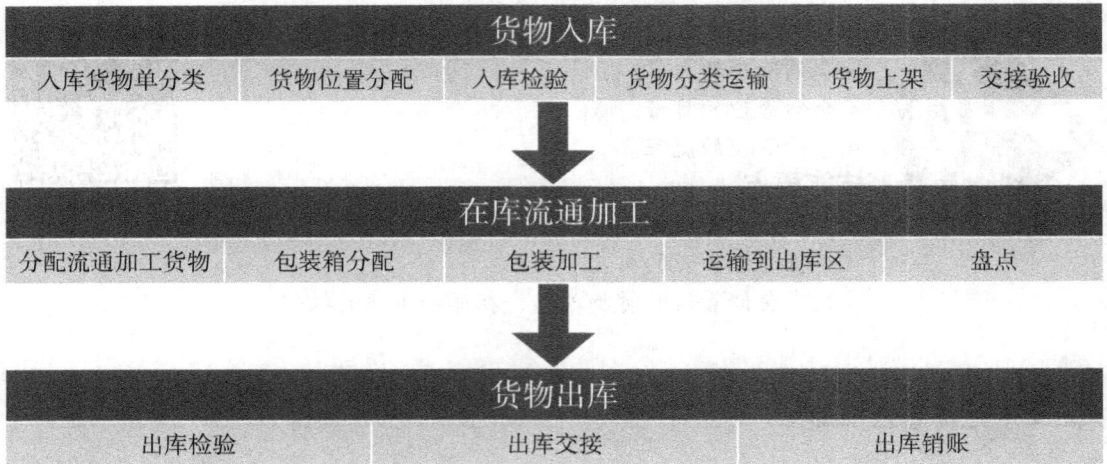

货物入库					
入库货物单分类	货物位置分配	入库检验	货物分类运输	货物上架	交接验收

在库流通加工				
分配流通加工货物	包装箱分配	包装加工	运输到出库区	盘点

货物出库		
出库检验	出库交接	出库销账

图3.1　公司仓储管理流程

为了掌握公司仓储管理的更多资源，赵丹青再次走进仓库考察。不过这次考察目的是获取仓储管理3个环节的设备、人员、形成报表3个方面的信息。根据考察结果制作仓储管理内容的信息表，如表3.5所示。

表3.5　仓储管理内容信息

仓储业务		设　备	人　员	形成报表
货物入库	入库货物单分类			
	货物位置分配			
	入库检验			
	货物分类运输			
	货物上架			
	交接验收			
在库流通加工	分配流通加工货物			
	包装箱分配			
	包装加工			
	运输到出库区			
	盘点			
货物出库	出库检验			
	出库交接			
	出库销账			

通过以上行动，赵丹青对仓储管理工作获得了更全面的认识，也掌握了更详细、更准确的信息。

② 货物入库。促销活动前5天，供应商的货物陆续到达，货物入库环节最为繁忙。赵丹青此时被调配到入库作业区，协助货物入库作业。

公司仓库是以自动化为主和人工为辅相结合的作业模式。仓库出入库共9条通道，正常情况下是6条出库通道，3条入库通道，其中有4条出库通道可以随时调整为入库通道，3条入库通道均可以随时调整为出库通道。这次入库作业，启动了6条入库通道。

公司拥有先进的仓储管理系统和设备，实现了货物入库、流通加工、出库的信息化。

在货物还没到时，公司就已经接到了供应商的入库货物清单。赵丹青和同事将货物单放进条码扫描设备中，仓储管理系统很快就自动将货物单分类，列出所有货物的信息，同时根据仓库货架的要求自动分配上架位置。

货物到达时，货物经过7道自动检验程序和3道人工检验程序完成检验过程，对不能通过检验的货物在自动检验程序自动记录，在人工检验程序采用射频技术扫描记录。

所有货物进入分类运输管道，货物自动被分流到前面已分配上架位置的子管道，进入上架。不能自动上架的货物分流到人工区，采用人工上架。没有通过检验的货物分流到入库暂存区。

货物上架完毕，仓储管理系统自动打印交接验收单，包括货物入库单和退货单。确认后完成货物入库作业。

③ 流通加工。大批货物集中入库完毕，赵丹青被分配到仓库货架工作区，从事货物流通加工的作业。

公司仓储管理系统根据货物的特征自动分配流通加工货物，包括非包装、提前包装和出库包装，为提前包装的货物分配合适的包装箱。赵丹青在货架工作区直接进行提前包装货物的包装加工，这些货物和非包装货物将根据订单直接传输到出库货物区。出库包装货物将经过分拣后在出库包装区进行包装。

赵丹青还协助同事进行每天一次的盘点作业。下午6点，物流管理系统打印仓储货物单证，根据单证条码，采用射频扫描设备扫描记录在库货物信息进行盘点，盘点结束后打印出盘点结果报表。

④ 货物出库。在库货物通过自动分拣和人工分拣后传送到出库工作区。促销活动期间，赵丹青主要在出库工作区完成货物出库的任务。

出库货物经过自动检验和人工检验程序完成出库检验过程，不能通过自动检验的货物，作为人工检验的重点。赵丹青主要参与人工检验出库工作。所有货物通过人工检验后才能出库。

所有货物通过检验后，仓储管理系统生成货物出库单，确认后完成出库交接。确认后，仓储管理系统封存该出库货物信息，完成出库销账。

二、任务实施心得

仓储管理的过程看起来凌乱复杂，实际上是有序的组织作业。赵丹青经过这次仓储管理工作的参与，认为作为物流系统的重要环节，仓储管理起着物流中心枢纽的作用。

（一）仓储团队成员服从仓储统一调度

仓储管理的每个环节都是非常紧凑的，保证仓储的有效运行。仓储指挥中心根据仓储管理系统的数据反馈仓储管理各个环节的设备、人员资源的利用情况，以采取正确合理的调度策略。员工服从统一调度，能够使各个环节协调有序进行，整个仓储管理过程有序运行。

（二）信息化是仓储管理有效的保证

大量的货物入库分配、记录、保管、出库等，没有信息化的支撑是难以完成的。仓储管理系统的应用实现了仓储的信息化，使得整个仓储管理过程一目了然。对货物信息的掌握，为仓储决策提供了正确、有效、合理的保证。

（三）基于信息技术的电子设备是仓储管理高效的条件

条形码技术和射频技术等电子设备的广泛采用，实现了货物实物流与货物信息流的连接。货物海量数据的获取正是源于这些技术的应用而带来的方便与快捷。

相关知识

一、仓储管理

概括地说，仓储管理是指对仓库及其库存货物的管理。在现代物流仓库中，根据货物的位置变化，仓储管理包括货物入库、存储保管、货物出库3个阶段，每个阶段涉及货物实物流和货物信息流两个方面的管理。

仓储管理包括对仓储空间、货物、设备、人员的协调管理。在现代物流中，由仓储系统完成整个仓储的计划、组织、协调和控制管理，使得现代仓储管理从静态管理转向动态管理。

二、仓储管理的目标

仓储管理的总体目标是使仓库空间利用与库存货物的处置成本之间实现平衡。具体表现为以下5个方面。

（一）仓库空间利用率最大化

货架是一种架式结构体，可使仓库空间立体化摆放货物，提高库存利用率，扩大仓库储存能力。

（二）人员及设备的有效组织

应用仓储管理系统，能够及时监控仓库的作业流程和状态，分析仓储人员及设备的作业状态。在此基础上，仓储指挥中心能够制订出正确、有效、合理的组织策略。

（三）所有货物随时快捷存取

所有货物均在仓储管理系统中实现了信息流，形成货物的数据中心，该数据中心能够使得自动设备或人员随时跟踪货物的存放位置，实现快捷存取。

（四）货物的有效移动

货物入库后的存储位置不是一成不变的，而是根据库存和仓库空间的要求，随时发生转移，以利用仓库的整体布局并有效使用。仓储管理系统能够及时发现货物的最佳存放位置，并给出正确、有效的移动结果。

（五）货物的品质保证

仓储管理的盘点作业不仅跟踪货物的数量，在仓储管理系统中，还可以及时发现货物的保存期、货物的变形、货物的状态等反映货物品质的指标，为货物品质提供有效保证。

三、仓储管理的流程

仓储管理的一般流程如图3.2所示。

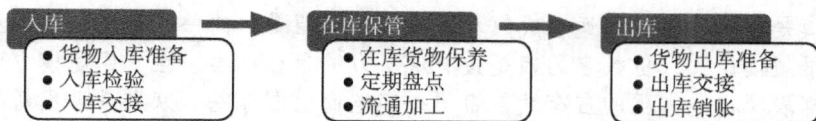

图3.2　仓储管理的一般流程

① 入库。入库主要包括货物入库准备、入库检验和入库交接3个作业。

货物入库作如下准备：熟悉入库货物、掌握仓库的库存情况、妥善安排货位、作好货位准备、准备苫垫材料和作业用具、验收准备、文件单证准备。

入库检验包括质量检验和时间检验。通过货物的包装、重量、质量、体积、标签等检验外观质量；通过对货物内容包括物理结构、化学成分、使用效果等进行鉴定来检验内在质量。按照仓储习惯，国内货物检验时间一般不超过10天，国外货物不超过30天。

入库交接涉及接收货物、签发货单和登账。

② 在库保管。在库保管主要包括在库货物保养、定期盘点和流通加工3个作业。

在库货物保养涉及仓库的温度控制、通风实施（包括自然通风、机械自然通风、机械循环通风、制冷通风）和湿度控制。

定期盘点首先确定盘点周期，不同流通频率货物可以采用不同的盘点周期；生成盘点记录报表。盘点能够及时处理超储、呆滞存货。

流通加工主要是对货物的分拣和包装加工，达到出库运输的要求。

③ 出库。出库主要包括货物出库准备、出库交接和出库销账3个作业。

出库准备涉及出库货物检验、货物贴签和货物封装。

出库交接涉及生成出库货物单、检验单，确认后签章完成交接。

出库销账是在仓储管理系统中把出库货物信息封存。

知识拓展

本知识拓展主要讲述云仓储、第三方仓储和仓储管理的技巧，详细内容请扫描二维码。

👆知识拓展

业务技能训练

一、课堂训练

1. 简述仓储管理的详细流程。
2. 阅读以下调查材料。

极速送达背后的仓储奥秘：京东VS亚马逊

一家是创业10年后登陆美国资本市场的内生型电商京东，另一家是入华10年后不断贴近中国消费者的外资电商亚马逊。尽管在策略、规模方面存在诸多差异，但二者都在物流领域投资颇多。都说仓库是电商企业的运营核心，日前，北京商报记者先后走访了京东和亚马逊中国位于北京的库房。在表面上的大同小异之下，二者的内核却截然不同。

仓库规模：150万平方米 VS 85万平方米。

京东胜。

仓库规模是评价一家电商运营成熟与否最"简单粗暴"的一个标准，虽然业界并不提倡单纯的"唯规模论"，但数字的确是最有说服力的考核标准。在仓库规模方面，中美两大电商巨头都表现出非常强的占有欲，希望夯实电商版图地基。京东最近更新的招股书数据显示，京东拥有86个仓储中心，总面积达到150万平方米，其中仅北京就有15个仓库，这样的规模在全国自营型B2C电商中独一无二。除了各地仓库外，京东还拥有1 620个物流中心和214个自提点，配送人员均为京东员工。

与京东相比，亚马逊中国的仓库规模偏小，在全国拥有13个仓库，总面积约为85万平方米。不过根据艾瑞网发布的中国网络购物市场数据，目前京东市场份额占到23.3%，亚马逊中国仅为2.1%，在占有率相差10倍的前提下，二者仓库面积相差却不到一倍。亚马逊将仓库称为"运营中心"，除行使仓储、库存管理职能外，还包括厂商收货、客户退货、返厂、商品质量安全等工作。

尽管仓库规模有所差异，但二者的共同之处是在仓库上的投入巨大，且近年来增长迅猛。亚马逊中国相关负责人表示，亚马逊的13个运营中心大多数都是近两三年建立起来的，还需要一段时间才能看出效果。此外，亚马逊还计划在更多城市开设运营中心，进一步完善覆盖网络。而京东的仓储中心发展速度更为明显，其仓储中心数量比3个月内增加4个，物流中心数量增加167个，覆盖城市数量增加35个。

科技化程度：全球统一VS联合研发。

亚马逊胜。

在对自身的定位中，京东认为自己是一家基于互联网渠道的零售公司，而亚马逊则将自己看作一家以高新技术驱动的科技公司。定位的不同决定了中美两家电商企业对待科技化创新的态度有所差异。有业内人士认为，京东更倾向于"实战型"技术创新，希望技术创新可以迅速作用于运营；而亚马逊则更注重"系统化"技术创新，希望通过系统解决一切问题。

在亚马逊4万平方米的北京运营中心，"员工密度偏低"是记者的直观感受。"在亚马逊中国运营中心内，无论是软件还是硬件都是与全球统一的。我们不打人海战术，很多内容会依靠大数据去做。"亚马逊相关负责人介绍，亚马逊中国的运营中心采取"随机上架"策略，也是汲取了总部经验，也就是在商品上架时，系统通过大数据将消费者经常合买的商品放在相近的位置，减少拣货员工的工作量，以提高效率。

与亚马逊相比，京东最为骄傲的则是其参与研发的分拣线。在位于通州区马驹桥的3C仓库内，京东参与研发的"大福分拣线"高速转动，自动将装有包裹的蓝色小篮子分到10多条对应的通道中。拣货员不需要来回走动，只需要将滑到本通道内的包裹分到相对应地址的黄色大筐中即可。京东相关负责人介绍，大福分拣线每天可处理12万个包裹，正确率达到99.999%等级。除大福外，京东还参与研发了"亚一分拣线"，并在建"矩阵分拣线"，效率甚至高于"大福"。不过，这些分拣线尚未大规模铺开，如记者参观的北京3C仓，在"6·18"期间仍有大量传统手工分拣需求。

工作状态：积极性强VS管理严谨。

平局。

尽管库房的物理位置相距并不远，但京东与亚马逊的仓库内部环境及工作状态却表现得颇为不同。在京东仓储内，四处可见的是一种激情的"战役式"氛围，红色成为仓库内的主色调；而亚马逊以蓝色系为主，处处显示出外资企业特有的严谨态度和商业信条。比如在较大件商品的储存区域，箱子上会有"二人合抬"的提示语，墙上还会张贴两人合抱抬起箱子的正确方式。

不同的企业文化和工作氛围，也让员工的工作状态有所差异。在京东仓库参观，会发现经常有员工跑过身边，负责包装的员工手速飞快。而在亚马逊运营中心，拣货员工则要"淡定"不少，有条不紊地进行工作。北京商报记者从双方负责人处了解到，京东仓储中心内负责包装等工作的员工在薪酬计算时属"按件计费"，而亚马逊则为按小时计费，不同的员工激励标准不仅是不同企业文化的体现，也加剧了企业文化的差异化。

从一些细节也能看出二者的风格差异：亚马逊会在货柜侧面放置"掉落筐"，每天由专人整理筐中物品，这是为了防止拣货人员不小心碰掉货柜内商品后自行归位不准；京东则会在仓库出入口放置壁挂式屏幕，滚动播放京东优秀员工创造的各种运营纪录。在办公环境方面，京东重视实用性，将员工宿舍建在仓库旁边，而亚马逊则更为重视运营中心外的办公环境和绿化率，并提供了14条班车线路。

根据以上材料，结合仓储管理的基础知识，请分析京东和亚马逊能够做到极速送达的仓储奥秘包括什么。

二、实训操作

1.阅读以下材料。

在亚马逊英国的库房里面，圣诞节期间每天有超过40万件商品在等待被运往各地。

存货补货方式的货位系统，其构成要素有二：检货区与存货区分离；货位与库存数量绑定。

检货区与存货区分离，从表面上看，检货员的检货路径缩短了，而存货区可以使用立体存储方式，存储密度提高，有着明显的好处，但也导致了系统逻辑复杂，尤其是补货逻辑极为复杂，难以操作。

而货位与库存数量绑定，则有着明显的好处，如果将这一思想贯彻到极致，则会自然而然地出现本书将要介绍的货位系统，不如称其为库存货位绑定的货位系统，简称为Bin系统，这也就是亚马逊公司的仓库管理系统。

Bin系统操作流程如下：

① 收货。收货时实际是将采购订单看作一个货位，运货车看作另外一个货位，收货员将货品逐个从采购订单的货位转移到运货车的货位上去。这样的操作精度高，而且效率相当高。

② 上架。上架实际上也是将货品从待上架的货位（运货车）中转移到存储用的货位上的过程。

上架操作按批次进行，每一个运货车作为一个批次，一个批次中包含了多次上架操作。每一次的上架操作只涉及一个SKU，在操作时，需要输入系统的信息为：上架SKU，目标货位，上架数量（批次号中已经包含了运货车货位的信息）。

在Bin系统下，由于货位和货品数量相绑定，因此在上架操作时，也不要求将一个SKU一次性放到同一个货位上，而是可以根据货架的实际剩余情况灵活安排到两个、三个甚至更多的货位上。

由此可以看到，在Bin系统下，上架员具有相当的灵活性，看到哪里有空隙，就可以将货品放到哪里。这样的库房，虽然看起来会很凌乱，货架上放着各种各样的东西，杂乱无章，但实际上所有的信息都存储在货位系统中，任何需要都可以随时满足。

③ 盘点。在Bin系统下，每一个存储货位中分别有几个SKU，每个SKU有多少数量，这

些信息都是在货位系统存储的。并且，由于每一次库存实物操作都与在系统中相对应，所以实物与系统是同步更新的。

在这样的情况下，盘点可以在任意时间、任意货位操作。在盘点的同时进行上架、检货等操作，对于盘点精度也完全没有影响。这是其他的任何系统都无法做到的。

④ 检货。在Bin系统中，由于货位与货品数量绑定，因此在生成检货批次的同时，可以指定检货库位，只有被指定的有检货需求的货位会被路径规划系统考虑。

例如，订单中需要10个SKU A，而当前可用库存共计有23个SKU A，这23个货分别位于Location A、B、C上，分别有8个、9个、6个，则系统使用其中的10个，例如从Location A、B上分别占用8个、2个，则Location A上的8个以及Location B上的2个库存属性会设置为"订单占用库存"。

检货时，根据所有已占用库存货位的位置，自动规划出检货路径。检货时，只能检出"订单占用库存"，而不能检出普通库存。

检货时检出的货品，放在检货容器中，同样也是一种特殊的货位。

⑤ 出货。出货时，订单中包含的货品从检货容器中转移到包裹中，包裹号一样可以追踪。

综上所述，Bin系统将货品、货位、数量的绑定关系做到了极致，这样做的好处有目共睹。亚马逊所使用的货位系统原理上与上述一致，支持起了每年400亿美元的销售规模，并且完全可以支持更大的规模。

但是也必须清醒地看到，Bin系统可以实现库存的精密化管理，但是成本非常高。首先，Bin系统数据库虽然结构相对较简单，但是数据量很大，任何库存转移的操作都必须与系统同步，造成了数据库的读写负荷极大，对数据库系统的可靠性、稳定性的要求很高；其次，所有库存转移的操作与系统同步都需要设备，这些设备必须具有移动能力，相当于每个操作人员都必须配备，这一投资也是非常大的。以最为常用的Symbol的RF移动扫描枪为例，一台就要将近8 000元，每个操作员工一台的话，设备投入是非常大的。

根据以上材料，请分析电子商务行业如何提高仓储管理能力。

2. 找自身所在地区的工业园区，选择其中一个企业，进行为期3天的仓储管理的实践活动，根据实践内容完成实训经验表（见表3.6）。

表3.6　实训经验

专业：　　　　学号：　　　　姓名：　　　　工号：　　　　填写日期：

实 训 日 期		实 训 地 点	
实训课题			
实训过程记录			
实训分析			
经验体会			

任务三 库存管理与控制

知识要点：
- 库存的定义。
- 库存管理的内容。
- 库存控制的目标。
- 库存控制的方法。

技能要点：
- 掌握库存管理的内容。
- 理解库存控制的目标。
- 掌握库存控制的方法。

任务描述与分析

一、任务描述

为期3天的周年庆典促销活动结束后，公司要求各部门都进行工作总结，并且开了全体总结会议。在肯定了仓储部门的业绩后，也提出了问题，根据成本报表，库存成本还有10%的降低空间。

据此，仓储部门汇总库存数据并分析后发现了库存成本高的三大问题：一是部分商品库存积压，增加了采购成本和存储费用，影响了资金流动；二是部分商品缺货甚至严重缺货，增加了缺货成本；三是库存盘点缺乏差异化，降低了库存补货决策的准确性。

针对三大问题，仓储部门要求重新制定库存各项指标，对商品有差异化地选择库存管理和控制的方法，向降低10%库存成本的目标出发。

仓储主管观察到赵丹青工作积极，有主见，有管理潜质，于是安排赵丹青全程参与降低库存成本的工作。赵丹青很高兴，也深感压力很大。

二、任务分析

降低库存成本是库存管理与控制的重要目标。为了实现目标，首先，了解库存成本的组成，各组成部分在哪些环节产生；其次，分析商品的需求特征，针对不同商品采取不同的库存控制方法；最后，明确库存控制的3个关键点，分别是订货点、订货量和库存基准，这3个点的数据如何准确获取。

总体来说，提高库存管理水平，正确使用库存控制方法，库存问题即可迎刃而解。

任务实施与心得

一、任务实施

对于缺乏实践经验的赵丹青来说，每一次新的工作任务都是一次学习的机会，都需要付出更多的时间和精力，才能更好地跟上同事的工作进度。

（一）从具体实际中学习库存管理知识和控制方法

在同事指导下，赵丹青理解了库存成本、库存控制关键点、库存目标等库存管理知识和ABC分类法、定期订货法和定量订货法等库存控制方法。

赵丹青根据库存成本报表了解到，公司的库存成本包括货物采购成本、货物保管成本和缺货成本。缺货成本是隐性的，是一种机会成本。

赵丹青还根据盘点报表了解到，公司的库存控制关键点包括订货点、订货量、最高库存量和最低库存量。不同商品的关键点具有不同的值。

赵丹青根据盘点报表和库存补货分析表了解了公司主要采用的ABC分类法、定期订货法和定量订货法，以及这些方法的应用步骤。

理解以上知识后，赵丹青跟着同事投入到库存作业中。

（二）ABC分类法确定商品的分级管理

① 确定ABC分类标准。A类货物库存资金占总库存货物资金的75%～80%，其种类占全部库存货物的15%～20%。B类货物库存资金占总库存货物资金的10%～15%，其种类占全部库存货物的20%～25%。C类货物库存资金占总库存货物资金的5%～10%，其种类占全部库存货物的60%～65%。

分类标准如表3.7所示。

表3.7 ABC分类标准

种类占全部库存的比例	类 别	货物库存资金占总库存货物资金的比例
15%	A类	70%
25%	B类	20%
60%	C类	10%

② 制作ABC分类表。根据分类标准确定分析对象、分析内容，制作成ABC分类表，如表3.8所示。

表3.8 ABC分类

商品名称	种类数累计	种类累计百分比	商品单价	平均库存	平均库存资金	平均库存资金累计	平均库存资金累计百分比	分类结果（A，B，C）

③ 搜集库存相关数据。根据最新的库存盘点报表，搜集与ABC分类表有关的数据，录入表3.8相应的项中。

④ 处理库存数据。核对搜集录入的数据，计算统计非录入的项，完成表3.8的所有数据。

⑤ 确定分类结果。对表3.8按分类标准的项汇总排序，依据分类标准的值确定分类结果，将结果录入分类结果的项中。再按照分类结果排序，形成一目了然的分类结果报表。

⑥ 制作分类管理表，如表3.9所示。

表3.9 分类管理

项 目	A类商品	B类商品	C类商品
控制商品程度	严格	一般	简单
库存量计算	按模型计算	一般计算	简单或不计算
入出库记录	详细	一般	简单
盘点次数	多	一般	少
安全库存量	低	较大	大

（三）明确分级商品的库存控制关键点

对A类商品计算详细的库存控制关键点，制作库存补货表，如表3.10所示。

表3.10 A类商品库存补货

数据更新时间：

商品名称	库存标准		订货法		订货量	订货时点	库存预警级别
	最低库存量	最高库存量	定量	定期			

对B、C类商品也制定商品库存补货表，但表中数据可以不用全部录入，更新频率也可以低些。

（四）计算库存管理水平各项指标，及时发现问题环节

部门制作了4项库存管理指标，分别是库存周转率、库存损毁率、缺货资金率、出库差错率。制作库存管理分析表，如表3.11所示。

表3.11 库存管理分析

分析时间：

商品类别	库存周转率			库存损毁率			缺货资金率			出库差错率		
	基率	现率	率差	基率	现率	率差	基率	现率	率差	基率	现率	率差
A												
B												
C												

根据以上分析结果及时发现库存问题的环节，改进相应环节的管理和控制的策略。

经过以上几步的实践，赵丹青熟悉了各个表格的制作以及数据的获取、计算、分析，能够根据数据结果发现问题所在，提出改进环节和解决问题的策略。

二、任务实施心得

经过库存管理与控制的工作实践，赵丹青深深感到物流仓储工作的意义和价值，同时也体会到更大的挑战。

（一）数据获取与分析要非常细致

库存控制的依据都来源于反映库存状态的大量数据，如果获得的数据不能真正反映库存的状态，就会计算出不准确的库存报表，得出不准确的分析结果，从而制订出不合理的库存控制策略。

可以通过对原始数据的三次审核，在分析结果不合常理或与上次差异大时进行复查，利用信息化技术从仓储数据中心获取数据进行比对以减少数据手工录入的差错，提高分析结果的准确度。数据处理人员也要非常细致。

（二）理论方法在实践中贯彻很不容易

库存方法很容易理解，也很容易掌握，但在实践操作中，方法流程不能生搬硬套地使用，还要结合实际的分析结果和仓库情境灵活使用。如ABC分类法，制订分类标准不但要分析之前的ABC分类标准在该种标准下的库存结果，该库存结果的变化状态，以及每次所处的库存环境与市场环境，还要在积累的丰富经验下自信地确定该标准，才能稳步进入下一步操作。同样，在制作分类表时，表中的项不是固定的，要根据商品、仓库、库存等特点作相应的增删。

因此，需要经过长期的库存管理工作实践，才能说掌握了库存控制的方法。

（三）决策管理并不是一件轻松的事

库存管理决策的依据是数据的分析结果，分析结果的准确性决定了决策的正确度。所以，在决策前需要再三分析数据，从分析结果中判断分析结果的准确度，对于准确度低的还要查阅分析过程的数据，并且快速发现不准确的数据，提出重新获取数据和计算分析结果的策略。

可见，决策管理需要具备较强的数据敏感度、敏锐的反应力、准确的判断力和合理的预测水平。

相关知识

一、库存

库存是指储存在仓库中的货物。

对生产型企业，库存由生产原料和生产成品两大类组成。而对零售型企业，没有生产过程，库存包括在库商品和在途商品，所有商品都从上游采购存放在仓库，再销售给下游。电子商务行业属于后者。

在电子商务行业中，库存通常由以下7个部分组成。

① 可销售库存，即电子商务网站前台显示的库存，也是库存的最大组成部分。可销售库存量与仓库中的库存量是不对等的。

② 订单占用库存，即生成订单时可销售库存减少的那部分库存，也可以理解为所有未发货订单的商品。

③ 不可销售库存，即由于破损等原因而无法销售的商品。

④ 锁定库存，即为了营销目的而人为地把可销售商品设定为不可销售的那部分商品。

⑤ 虚库存，即不存储在仓库中，而是可以很快采购入库的那部分商品。

⑥ 调拨占用库存，即在多个仓库存在库存的分派和调拨的情况下，调出地仓库的那

部分被占用的商品。

⑦ 调拨中库存，即在库存调拨过程中，既不存在调出地仓库，也不存在调入地仓库的那部分商品。

二、库存管理

在零售类行业，库存管理也称库存控制，是指根据外界对库存的要求，预测、计划和执行库存补充的行为及其控制。可以理解为根据库存确定如何订货、何时订货、订货多少以及确定后的订货执行过程。

实践过程中，重点理解以下两个方面。

（一）库存管理的内容

库存管理内容包括库存信息管理、库存决策和控制、库存管理水平衡量。

库存信息管理涉及货物的分级分类、经济订购批量和订货时点确定、库存跟踪和库存盘点作业。

库存决策和控制涉及库存数量控制和库存量预测规划，提出和执行库存补充作业。

库存管理水平衡量指标主要包括库存周转率、库存物资损毁率、交货差错率，要不定期计算各项指标，降低指标率，提高库存管理水平。

（二）库存控制的目标

目标包括库存成本最低、保证最佳库存、预防缺货、加快库存周转、促进快捷销售。

库存成本包括采购成本、订货费用、存储费用和缺货成本，可通过优化订货周期、订货数量、订货渠道等以实现降低库存成本。

保证最佳库存要根据外界对库存的需求变化而确定，降价库存成本，防止缺货。

预防缺货就是要实时跟踪库存变化，及时预警库存短缺，以满足销售需求。

加快库存周转能够降低库存资金压力，从而降低库存成本。

促进快捷销售能够体现库存管理控制的优秀水平。

三、库存控制方法

（一）定量订购法

定量订购法是预先确定一个订货点和订货批量，随时检查库存，当库存下降到订货点时就发出订货，订货批量取经济订货批量。

（二）定期订购法

定期订货法是按预先确定的订货时间间隔，按期进行订货，以补充库存的一种库存控制方法。其决策思路是：每隔一个固定的时间周期检查库存项目的储备量。根据盘点结果与预定的目标库存水平的差额确定每次订购批量。

（三）ABC分类法

ABC分类法就是以某类库存物资品种数占物资品种数的百分数和该类物资金额占库存物资总金额的百分数大小为标准，将库存物资分为A、B、C三类，进行分级管理。

一般地，人们将价值比率为65%～80%、数量比率为15%～20%的物品划为A类；将价值比率为15%～20%、数量比率为30%～40%的物品划为B类；将价值比率为5%～15%、数量比率为40%～55%的物品划为C类。

A类商品的管理方法如下：

① 采取定期订货方式，定期调整库存。

② 增加盘点次数，以提高对库存量的精确掌握。

③ 尽量减小货物出库量的波动，使仓库的安全储备量降低。

④ A类商品必须保证不拖延交货期。

⑤ A类商品是价值分析的对象。

⑥ 货物放置于便于进出的地方。

⑦ 货物包装尽可能标准化，以提高库场利用率。

B类商品的管理方法如下：

① 正常的控制，采用比A类商品相对简单的管理方法。

② B类商品中销售额比较高的品种要采用定期订货方式或定期定量混合方式。

C类商品的管理方法如下：

① 将一些货物不列入日常管理的范围。

② 为防止库存缺货，安全库存要多些，或减少订货次数以降低费用。

③ 减少这类货物的盘点次数。

④ 通过现代化的工具可以很快订货的商品，不设置库存。

⑤ 给予最低的优先作业次序。

值得提出的是，在企业实践中，以上3种控制方法不是单一使用的，通常是根据外界需求，各种商品有针对性地采取某种方法或多种方法结合，并且不同阶段可能改变方法的采购策略。

知识拓展

本知识拓展主要讲述零库存、供应链条件下的库存管理和C2B模式，详细内容请扫描二维码。

知识拓展

业务技能训练

一、课堂训练

1. 简述库存管理的内容。

2. 简述库存控制的方法。

3. 阅读以下案例材料。

优衣库把库存率控制在3%

"对于优衣库来说，售罄并不是一件好事。"迅销集团全球高级执行副总裁、优衣库大中华区CEO潘宁近日说，"我们更希望创造一定的库存率，这个比率我们控制在3%左右。"

潘宁分析说，如果每个季度都做到清仓，实际销售损失非常大，SKU（库存量单位）不齐全，最终出现的情况就是打折。而良性库存能够保证涵盖主打的全部产品，保证重要货品齐全。

1. "良性"库存

对于大部分服装企业来说，实施O2O（Online to Offline）战略的根本原因不仅仅是跟风眼下最时髦的"互联网思维"，而且是从根本上希望控制库存和有效清货。

对零售商来讲，最难做的就是控制库存。正如潘宁所说，"产品卖出去，又大量收回来，像血液一样；如果停留在一个地方就变成血栓，变成阻碍，进一步运转就会产生爆破。"

那么，如何才能让库存不成为企业的负担而是动力呢？从销售到补货，再到物流，潘宁详细讲解了优衣库的整套供应链体系。

第一步便是销售计划。优衣库在制订销售计划之前，会在上年和上上年数据的基础上做当年的预算，比如需要拓展多少新店，今年的销售增量会提升到怎样的高度，是5%、10%还是15%？最终会确定一个具体数字。

其次是快速反应和补货环节。这个环节也被优衣库的竞争对手H&M和ZARA视为销售过程中最重要的一个环节，需要大量人力物力来分析数据。潘宁称，优衣库的经营周期是以周为单位。"周一、周二是最辛苦的，我们要开营销会议，分析销售数据，针对消费情况看下一步怎么改，怎么走。周三开始行动。"他指的行动，即滞销商品的清除和空缺商品的快速补货。

这一套体系与优衣库运用娴熟的SPA模式（自有品牌专业零售商经营模式）密不可分，这种模式由末端门店信息来驱动：门店将接收到的信息快速有效地在第一时间反馈给工厂，工厂立即调整生产结构，不仅能避免多层渠道反应过慢的问题，还能有效保障畅销产品的市场供应。

最后是物流体系。优衣库线上线下的库存系统是完全分开的，物流主要采用外包模式，即第三方物流，其为优衣库提供专门的仓储支持。

2. 定价策略

优衣库每季的新品"限时特优"，常常会让消费者惊呼看不懂，原因是，一件衣服明明打了折，数天之后却还会恢复原价。

这让喜欢优衣库产品的消费者在迷惑之余会更快做出消费决策，"不知道什么时候打折，更不知道什么时候涨价，所以遇到喜欢的衣服正好打折了，就会毫不犹豫地买下来。"

优衣库的定价和促销手段在外界看来无规律可循，事实上，看似飘忽不定的降价策略背后暗藏着与众不同的商业逻辑："逢打折必买"的消费心理让优衣库达到了促销目的。

不同的行业分析人士总结分析的结果表明，优衣库的降价频率最快可以达到以周为单位，降价范围覆盖全部产品的10%～40%不等，一件产品从上架到清空，通常会经历两次降价后回升到原价的阶段，最后一次降价则直到卖光为止。

不过，优衣库方面称，降价并不是固定的，在品类方面，会选择当季人气商品开展限时特优等促销活动，有时候也会综合考虑天气、地域等因素来进行促销活动的设定，目的是带给消费者"惊喜"。

这种策略对于实体店的消费者相对容易接受，而对于习惯了疯狂打折的电商用户来说，优衣库也免不了挨骂。例如，不少网购消费者时常就会因为价格给差评，诸如"刚买就降价，不厚道"等。

然而，优衣库并未因为反对声音改变这种降价规则，久而久之，让消费者形成了这样的消费习惯：早买早受益、晚买不吃亏。

"这套销售策略优衣库已沿用多年。优衣库对购物者心理的研究已经到了非常细致的地步，这也是其特有的零售技术。""这种无规则的打折方式可以吸引客户的重复逛街次数，形成黏性；另一个好处是让客户在特定时期内快速成交。"

分析称，商场、零售每天都有淡时和旺时，比如上午的成交周期比较短，排队的比较少，下午排队的比较多。限时特优主要是为了提高成交率，价格策略、价格调节倒是其次。

根据以上材料，请分析优衣库在库存控制上值得借鉴的经验。

二、实训操作

1. 阅读以下材料。

实战：C2B模式如何消灭库存

第一，电商的本质是做C2B。

这涉及做电商非常重要的突破，这个突破就是一定要学会做会员制。未来消费是会员体系，就是消费者不再是单个的匿名的消费者，而是会员，会员是个结构体系，是个群体。

这个模式做得最淋漓尽致的是小米，小米就是会员制，客户必须预订，先付钱，客户付了钱之后才给机器，完全是根据客户的要求做的。全世界很早就有一家公司实现了这种生产模式，这家公司就是丰田，丰田模式的柔性生产就是这个意思。阿里巴巴今天所讲的积极在推的就是这样一种商业模式，叫作C2B，C是客户，B就是业务模式。

所以电商的本质不是网购那么简单，而是做C2B。做一个客户群，然后根据客户群定制，先付钱后生产。因为这样最大的好处是整个供应链没有库存，不再库存。反过来消费者实现需求的管理，买东西就要学会等待，以后我们没有现货，只有期货。过去的方式叫作B2C，就是先有B后有C；现在的模式称为C2B模式，整个电商称为C2B模式。

第二，线上线下相结合。

真正的战争不在实体，而在虚拟空间展开，现在的问题不在于线下往线上扩充，而在线上往线下扩充。

在北京有个顾客，在淘宝上做了5年，有五六千万了，毛利做到50%，包括客服90多个人。下一步，他准备做概念店，只不过不是建立在王府井等核心区域，而是跟物业一起做社区店。然后社区的体验是定制的，你要什么我给你送去，完全是定制化的体验。淘宝商城往上走，以后每家公司只要做两个店，一个线下的4S店，一个线上的天猫店。

现在有个最大的问题就产生了，就是未来怎么做渠道？第一步，先做两个品牌，线上的品牌是线上的，线下的品牌就是线下的，就这么简单。线上的品牌是客户品牌，也就是客户定制的品牌，线下的是公司品牌。线下的车是黑色的、灰色的，线上是红色的、黄色的。颜色一换就行了，这不就解决了？区分开就行了。不是一个品类，没有人跟你较真。线上和线下，不要把同一个产品同时放在线上和线下去卖，那样就把你的经销商摧毁了，因为无论怎样你线上的价格一定要比线下便宜，你不便宜为什么到线上卖呢？理论上讲，线上的东西已经把渠道消灭了的话，一定要比线下便宜，如果便宜，就把线下搞死了。

O2O的方式就是把经销商变成服务商，让他们从服务中分钱，而不要从销售中分钱。所有的销售都放到网上去做，线下都变成体验店、概念店，去体验、感受，只看不卖。

思考： 以上资料显示，客户群"定制"消灭了库存，请结合库存的基本知识，组织一次辩论赛：C2B模式能消灭库存 VS C2B模式不能消灭库存。

2. 找自身所在地区的大型超市，跟踪选择其中一家准备做促销活动的，进行促销期的库存管理控制的实践活动，根据实践内容完成实训经验表（见表3.12）。

表3.12　实训经验

专业：　　　　　学号：　　　　　姓名：　　　　　工号：　　　　　填写日期：

实训日期		实训地点	
实训课题			
实训过程记录			
实训分析			
经验体会			

項目四

包装与流通加工

任务一   包装基础知识

知识要点：
- 包装的发展。
- 包装的概念。
- 包装研究的对象及包装的任务。

技能要点：
- 掌握包装的分类。
- 熟悉包装的材料。

微课

任务描述与分析

一、任务描述

通过前面的学习，赵丹青了解了仓库的管理以及库存控制的基本知识，对如何管理仓库的商品有了更深的理解。他明白除了对仓库管理的模式和仓库商品库存的控制有一定的了解之外，更需要进一步掌握商品在流通中更好地存储、运输和销售的技术上的准备工作。

因为，随着商品经济的发展，包装的内涵已经从最初的保护商品、方便运输拓展到了推销商品、塑造品牌乃至树立企业形象的范畴。现代的包装不仅是一个承载商品的容器，更代表的是一种引导消费的手段，一种生活方式，一种文化价值的取向。赵丹青想通过学习真正掌握包装的实际操作，为自己将来走向社会积累一定的技术基础。那么，他该如何入手呢？经过导师和经理的指点，他阅读了相关的书籍，并上网查找了资料，赵丹青认为应先从了解包装基础知识入手。

二、任务分析

赵丹青通过包装的基础知识去敲开进行商品包装的"大门"。在了解包装基础知识之前，由于对商品的包装没有太多的了解，他思考是否应该先了解商品的发展，再去了解商品研究的对象，以及包装的任务。这个研究思路得到了老师的肯定，他便开始了探索之旅。

任务实施与心得

一、任务实施

经过细致的准备和认真的思考，赵丹青开始去了解、探索包装的基本知识。

（一）寻找问题

赵丹青通过互联网搜集了大量的资料，并通过阅读文献寻找问题。他找到了以下文献资料。

① 陈先枢：《世界包装发展简史》，湖南，湖南包装，2001年第3期。

② 姜锐：《中国包装发展史》，湖南，湖南大学出版社，1989年12月。

③ 包装对象要求分析，见http://www.sunkeycn.com/news/2012120102.htm。

（二）探索了解包装的发展

赵丹青通过互联网搜集了大量的资料，对包装在经济中的地位和作用、包装的发展沿革和包装学研究的对象和任务进行分析，了解到包装的发展，以及传统包装与现代包装的不同。

二、任务实施心得

包装是研究包装的自然功能和社会功能以及两者实现优化结合的规律和方法的科学。包装研究的主要对象是包装整体系统化设计与包装材料和技术的应用。包装研究的中心内容是探讨包装自然功能和社会功能优化结合的规律性和切实可行的有效方法。商品包装的管理是随着经济发展而出现的一种经济管理活动。赵丹青理解了现代包装设计的原则，要做到创新、适用、美观、安全、经济和环保，通过实现包装合理化，使商品流通有序、协调、富有成效地开展，并创造良好的经济效益。

相关知识

包装是一个古老而现代的话题，也是人们自始至终研究和探索的课题。从远古的原始社会、农耕时代，到科学技术十分发达的现代社会，包装随着人类的进化、商品的出现、生产的发展和科学技术的进步而逐渐发展，并不断地发生一次次重大突破。从总体上看，包装大致经历了原始包装、传统包装和现代包装3个发展阶段。

一、原始包装

人类使用包装的历史可以追溯到远古时期。早在距今1万年左右的原始社会后期，随着生产技术的提高，生产得到了发展，有了剩余物品，剩余物品须储存和进行交换，于是开始出现原始包装。最初，人们用葛藤捆扎猎获物，用植物的叶、贝壳、兽皮等包裹物品，这是原始包装发展的胚胎。以后随着劳动技能的提高，人们以植物纤维等制作最原始的篮、筐，用火煅烧石头、泥土制成泥壶、泥碗和泥罐等，用来盛装、保存食物、饮料及其他物品，使包装的方便运输、储存与保管功能得到初步完善。这是古代包装，即原始包装。

二、传统包装

约在公元前5 000年，人类开始进入青铜器时代。4 000多年前的中国夏代，中国人已能冶炼铜器。商周时期青铜冶炼技术进一步发展。春秋战国时期，人们掌握了铸铁炼钢技术和制漆涂漆技术，铁制容器、涂漆木制容器大量出现。在古代埃及，公元前3000年就开始吹制玻璃容器。因此，用陶瓷、玻璃、木材、金属加工各种包装容器已有千年的历史，其中许多技术经过不断完善发展，一直使用到现在。

早在汉代，公元前105年蔡伦发明了造纸术。公元61年，中国造纸术经高丽传至日本；13世纪传入欧洲，德国第一个建造了较大的造纸厂。11世纪中叶，中国毕昇发明了活字印刷术。15世纪，欧洲开始出现了活版印刷，包装印刷及包装装潢业开始发展。16世纪，欧洲陶瓷工业开始发展；美国建成了玻璃工厂，开始生产各种玻璃容器。至此，以陶瓷、玻璃、木材、金属等为主要材料的包装工业开始发展，近代传统包装开始向现代包装过渡。

三、现代包装

自16世纪以来，工业生产迅速发展，特别是19世纪的欧洲产业革命，极大地推动了包装工业的发展，从而为现代包装工业和包装科技的产生和建立奠定了基础。

18世纪末，法国科学家发明了灭菌法包装储存食品，导致19世纪初出现了玻璃食品罐头和马口铁食品罐头，使食品包装得到迅速发展。进入19世纪，包装工业开始全面发展，1800年机制木箱出现，1814年英国出现了第一台长网造纸机，1818年镀锡金属罐出现，1856年美国发明了瓦楞纸，1860年欧洲制成制袋机，1868年美国发明了第一种合成塑料——赛璐珞，1890年美国铁路货场运输委员会开始承认瓦楞纸箱正式作为运输包装容器。

进入20世纪，科技的发展日新月异，新材料、新技术不断出现，聚乙烯、纸、玻璃、铝箔、各种塑料、复合材料等包装材料被广泛应用，无菌包装、防震包装、防盗包装、保险包装、组合包装、复合包装等技术日益成熟，从多方面强化了包装的功能。

20世纪中后期开始，国际贸易飞速发展，包装已为世界各国所重视，大约90%的商品要经过不同程度、不同类型的包装，包装已成为商品生产和流通过程中不可缺少的重要环节。目前，电子技术、激光技术、微波技术广泛应用于包装工业，包装设计实现了计算机辅助设计（CAD），包装生产也实现了机械化与自动化生产。

小·知识

包装工业和技术的发展，推动了包装科学研究和包装学的形成。包装学科涵盖物理、化学、生物、人文、艺术等多方面知识，属于交叉学科群中的综合科学。它有机地吸收、整合了不同学科的新理论、新材料、新技术和新工艺，从系统工程的观点来解决商品保护、储存、运输及促进销售等流通过程中的综合问题。包装学科的分类比较多样，通常将其分为包装材料学、包装运输学、包装工艺学、包装设计学、包装管理学、包装装饰学、包装测试学、包装机械学等分学科。目前，中国已有40多所高校开设了包装工程专业，包装人才队伍日益壮大。

（一）包装的含义

在不同的时代和社会条件下，人们对于包装的含义有不同的理解。过去人们认为包装是容纳物品的器具或对物品进行盛装捆扎的操作，这是对包装狭义的理解；现在人们对包装的理解是依事物的本质特点塑造外部形式，主要是进行事物的形象塑造与传播，这是对包装的广义的理解。

我国国家标准《物流术语》（GB/T 4122.1—1996）对包装的定义是，为在流通过程中保护产品、方便储运、促进销售，按一定技术方法而采用的容器、材料及辅助物等的总体名称，也指为了达到上述目的而在采用容器、材料和辅助物的过程中施加一定技术方法等的操作活动。

在商品包装领域内，包装是联系人类生产与生活物资不可缺少的手段。

人们对包装含义的理解应用，是随着社会生产的发展不断变化的。在社会再生产过程中，包装既是生产的终点，又是物流的始点。按物流的研究，包装与物流的关系比其与生产的关系要密切得多，其作为物流始点的意义比其作为生产终点的意义要大得多。因此，包装应进入物流系统之中，这是现代物流的一个新观念。

（二）包装的要素

无论包装的个体还是群体，都是由4个基本要素构成的：材料要素、结构要素、技术要素和信息要素。

1. 材料要素

包装材料是包装的"骨肉"，是构成包装实体的物质基础。没有材料就没有包装。能用作包装材料的品种很多，包括纸、塑料、木材、金属、玻璃和陶瓷等主要材料和各种辅助材料。它们的成分、结构、来源和用量，决定着包装的性能、质量和用途，并对包装的生产、成本和用后处理等有重要影响。

2. 结构要素

包装容器是具有一定空间结构形式的包装材料型体化。常见的结构形式有骨架结构、编织结构、板式结构、空柱结构、薄壳结构、袋式结构等。采用何种结构可根据包装目的而定，适应各种产品对于包装的功能要求。完全的包装结构，一般包括静的组合成分和动的组合成分。前者构成包装实体的骨架，对容器各组成部分起连接和支承作用，是起保护产品作用的结构；后者是控制内装物进出数量的功能部件，具有方便使用和保证安全的作用。二者有机结合起来，共同具有保护功能和销售功能。同时，容器还是商品信息的载体。在市场上，包装容器还起到宣传商品特征的视觉信息的作用。包装容器也是传递商品信息的媒介。

3. 技术要素

包装技术是根据自然科学原理、生产经验和设计要求，用相应的工具、设备，使包装物和内装物组合成包装件的方法、技能或工艺操作程序。

包装技术水平是衡量包装进步程度的标志，它受一个国家或地区的科学基础、经济前提、政治情况、文化教育、民族特点和时代机遇等因素的影响。

4. 信息要素

消费者在市场上以自己的感觉器官接受各种商品信息。包装通过视觉元素（即颜色、形状、字体和构图）所形成的视觉形象向人们传递商品信息。视觉传达的信息是销售过程中直接影响顾客购买行动的最重要的因素。商品信息包括公司商标、商品名称、商品用途、商品净含量、保存方式和使用方式、公司名称等。

凡是完全的包装，都包含上述4个要素。

革新一个包装时，只要其中一个要素有所变化，就会形成一种新的包装。设计包装应从整体上全面考虑4个要素，即防护技术、适用性技术、装饰性艺术和信息要素的最佳组合，使包装符合科学、牢固、美观、经济、适销的原则，以便在商品的流通中充分发挥包装的作用。

（三）包装的种类

包装的种类很多，可按形态的不同、功能的不同、材料的不同、包装容器的不同等进行分类。

1. 按包装形态分类

按包装形态分类可以分为个装、内装和外装。

① 个装，又称为商品包装。个装是市场销售的最小包装单位与产品最直接的包装，其包装的材料可以是袋子、牛皮纸的包裹、玻璃容器等，可作为商品标志。

② 内装，指包装货物的内部包装，是保护产品的基本包装，可以使产品达到一定的透光性、透气性、耐腐蚀性等，不会引起内装物的破损，而且，具有促销产品的视觉展示效果。

③ 外装，又称为工业包装，目的以运输货物为主，可以用木箱、纸箱、塑胶盒等材料，以保护产品及方便搬运作业；也使产品的形、色、纹理美观，产生陈列效果，提高商品价值和激发购买欲望。

2. 按包装功能分类

按包装功能分类可以分为商业包装及工业包装。

① 商业包装，或称消费性包装或内包装或销售包装。商业包装通常以零售为主，也是商业交易的对象，是商品的一部分，注重销售的易买性，以新颖和美观的外表来满足消费者，激起购买的欲望，所以又称为消费性包装。在各种商品的交易中，商业包装很重要。

为了吸引消费者的注意，成功的商业包装能够方便顾客、引起消费者的购买欲望，并能提高商品的价格。但是，理想的商业包装从物流的角度看往往是不合适的。例如，价格低廉的月饼，为了引起消费者的注意，设计的包装盒体积有3 100立方毫米。对于物流来说，这样做会过大地占据运输工具和仓库的空间，是不合理的。

② 工业包装，或称运输包装或外包装。工业包装以产品或物品的运输保管为主要目的，注重对产品的储运保护，促进储运的合理化。工业包装的对象包括非消费者使用的原料、零件、半成品或成品等，包装的方法依物品性质与储运的环境而确定，又称为运输包装。在B2B商业模式中，工业包装是最重要的。

3. 按包装容器分类

包装容器是包装材料和造型结合的产物，包括包装袋、集装袋、集装箱等。下面主要介绍一下常用的包装箱，它们在满足商品运输包装功能方面各具特点，必须根据实际需要合理地加以选用。

① 瓦楞纸箱包装。它是采用具有空心结构的瓦楞纸板，经过成型工序制成的包装容器。瓦楞纸箱采用包括单瓦楞、双瓦楞、三瓦楞等各种类型的纸板作为包装材料。

瓦楞纸箱的应用非常广泛，几乎包括所有的日用消费品，包括水果、加工食品、医药制品及各种日用自行车、家用电器、精美家具等。

瓦楞纸箱比木箱体积小、轻，有利于节约运费，具有足够的强度，富有弹性，密封性好，便于实现集装箱化，印刷美观，标志明显，便于传达信息。但是它抗压强度不足，防水性能不好。

② 木箱包装。木箱是一种传统的包装容器，虽然已逐步被瓦楞纸箱取代，但木箱与瓦楞纸箱相比，仍然具有其优越性。它具有较大的耐压强度，但箱体较重，同样防水性较差。木板箱一般用作小型运输包装容器，能装载多种性质不同的物品，常见的有木板箱、

框板箱和框架箱3种。

③ 托盘集合包装。托盘集合包装是把若干件货物集中在一起，堆叠在运载托盘上，构成一件大型货物的包装形式，是为适应装卸和搬运作业机械化而产生的一种包装。托盘集合包装既是包装方法，又是运输工具，又是包装容器。

④ 集装箱包装。集装箱是密封性好的大型铁制包装箱。用集装箱可实现最先进的运输方式，即"门对门"运输，从发货人仓库门送到收货人仓库门前。

集装箱是密封性好的大型集合包装，具有既是运输工具，又是包装方法、包装容器的特点，在适应现代化物流方面，它比托盘集合包装更具有优越性。

⑤ 塑料周转箱包装。塑料周转箱是一种适合短途运输，可以长期重复使用的运输包装。同时，它是一种敞开式、不进行捆扎、用户也不必开包的运输包装。一切厂销特购、快进快出的商品都可采用周转箱，如饮料、肉食、牛奶等食品。塑料周转箱体积小、费用低、重量轻、搬运方便，可提高安全度；但其一次性投资大，成本高，空箱要占用运输储存费用，密封性差，在某些情况下有碍卫生，缺少标志，给物流管理带来一定困难。

小知识

1981年，丹麦政府鉴于饮料容器空瓶的增多带来的不良影响，首先推出了《包装容器回收利用法》。由于这一法律的实施影响了欧共体内部各国货物自由流动协议，影响了成员国的利益，于是，一场"丹麦瓶"的官司打到了欧洲法庭。1988年，欧洲法庭判丹麦获胜。欧共体为缓解争端，1990年6月召开都柏林会议，提出"充分保护环境"的思想，制定了《废弃物运输法》，规定包装废弃物不得运往他国，各国应对废弃物承担责任。

1994年12月，欧共体发布《包装及包装废弃物指令》。《都柏林宣言》之后，西欧各国先后制定了相关法律法规。与欧洲相呼应，美国、加拿大、日本、新加坡、韩国、中国香港、菲律宾、巴西等国家和地区也制定了包装法律法规。

中国自1979年以来，先后颁布了《中华人民共和国环境保护法》《固体废弃物防治法》《水污染防治法》《大气污染防治法》等4部专项法和8部资源法30多项环保法规，明文规定了包装废弃物的管理条款。1984年，中国开始实施环保标志制度。1998年，各省绿色包装协会成立。

4. 按包装材料分类

按包装材料分类可分为纸制品包装、木材制品包装、金属材料包装、塑料制品的包装等。

① 纸制品包装，包括牛皮纸、玻璃纸、沥青纸等，成本低廉，透气性好，且印刷装饰性较好。

② 木材制品包装，常见的包装木材有杉木、松木等，木制品有胶合板、纤维板、刨花板等，一般用在重物包装以及出口物品的包装等方面，现在有很大一部分已经被瓦楞纸箱代替。

③ 金属材料包装，包括马口铁、涂料铁、铝合金等，主要有罐头、铁桶和钢瓶。

④ 塑料制品包装，包括聚丙烯、聚苯乙烯、聚乙烯、聚氯乙烯等。专家认为，现在正是塑料特别是塑料薄膜为主要包装材料的时代，这种包装种类繁多，综合性能比较好。

随着材料工业的进一步发展，包装材料正向高附加值的方向发展。复合材料、复塑材料和新材料是包装材料发展的大趋势。新包装技术、新包装材料和新包装方法将使包装容器从形式到功能进一步科学化、系列化、适用化，使包装容器在追求降低成本的同时，向着力求节省材料、节省空间、构造简单、大小适当、重视安全的方向发展。随着环境保护意识的加强，为保持生态平衡，对包装来说，一个最重要的课题是开发无公害包装材料以及投放可以再生利用的包装容器。

小·技巧

啤酒包装制胜的技巧

1. 突出主题

啤酒包装应突出产品的特点、风格和功能，体现产品的品位和营销文化。只有凸现产品品质内涵的包装，才能迅速地把产品的信息及时、准确地传递给消费者，使消费者对其产生深刻的亲切感和认同感，从而缩短消费者在购买产品时的决策时间，导致其快速产生购买决定。

2. 表里如一

包装的选择一定要有成本意识，包装的成本和费用要与产品的价值或质量水平相适应。一般啤酒企业会有不同档次的啤酒品种。档次不同，其质量和价值也不同。企业必须使用与其价值相匹配的包装材料和包装装潢，以便恰如其分地烘托产品的内在质量，以利于消费者的明确选择。不仅要防止一等产品、二等包装、三等价格的情况出现，也应防止金玉其外、败絮其中的行为。

3. 巧用色彩

在啤酒产品的包装设计中，色彩的运用也十分重要。在市场竞争中，使商品具有明显区别于竞争对手产品的视觉特征，更富有诱惑消费者的魅力，刺激和引导消费者并增强消费者对品牌的记忆，这都离不开色彩的设计与运用。产品包装设计，图案和色彩都要充分体现企业的独特性和风格。例如，茅台啤酒作为国酒品牌的延伸，其设计者把国色——红、黄——作为茅台啤酒的代表色，使用国色作为包装基调，为人们提供了高贵、吉祥的想象空间和强烈的视觉冲击效果，因而给消费者以全新的感受。这里需要指出的是，包装的图案和色彩要适应不同消费者的民族习惯和宗教信仰，对于进入国际市场的啤酒品牌更应如此。

4. 心理策略

随着人们生活水平的提高，人们的消费观念、消费心理已发生了深刻的变化。人们购买啤酒不仅仅要满足生理的需要，更要满足心理的需要，而相宜的产品包装体现了产品的文化品位，可以满足消费者变化了的心理需要。这就要求啤酒企业在商品的包装造型、体积、重量、色彩搭配、字体和图案的选用等方面，力求与消费者的个性心理相吻合，取得包装与商品在情调上的协调，以挑起消费者的购买和消费欲望，培养消费群体对品牌的忠诚度。

思考

赵丹青最近打算坐长途车去外地，并给朋友带一部分活海鲜过去。车程大概是24小时左右，这些海鲜是活的大虾，请问可以包装吗？用什么材料包装比较好？

知识拓展

本知识拓展主要讲述包装标准，详细内容请扫描二维码。

知识拓展

业务技能训练

一、课堂训练

山姆森玻璃瓶——一个价值600万美元的玻璃瓶

说起可口可乐的玻璃瓶包装，至今仍为人们所称道。1898年，鲁特玻璃公司一位年轻的工人亚历山大·山姆森在同女友约会中，发现女友穿着一套筒型连衣裙，显得臀部突出，腰部和腿部纤细，非常好看。

约会结束后，他突发灵感，根据女友穿着这套裙子的形象设计出一个玻璃瓶。经过反复的修改，亚历山大·山姆森不仅将瓶子设计得非常美观，很像一位亭亭玉立的少女，还把瓶子的容量设计成刚好一杯水大小。瓶子试制出来之后，获得大众交口称赞。有经营意识的亚历山大·山姆森立即到专利局申请专利。当时，可口可乐的决策者坎德勒在市场上看到了亚历山大·山姆森设计的玻璃瓶后，认为非常适合作为可口可乐的包装。于是他主动向亚历山大·山姆森提出购买这个瓶子的专利。经过一番讨价还价，最后可口可乐公司以600万美元的天价买下此专利。

要知道在100多年前，600万美元可是一项巨大的投资。然而实践证明可口可乐公司这一决策是非常成功的。亚历山大·山姆森设计的瓶子不仅美观，而且使用非常安全，易握不易滑落。更令人叫绝的是，其瓶子的中下部是扭纹型的，如同少女所穿的条纹裙子；而瓶子的中段则圆满丰硕，如同少女的臀部。此外，由于瓶子的结构是中大下小，当它盛装可口可乐时，给人的感觉是分量很大。采用亚历山大·山姆森设计的玻璃瓶作为可口可乐的包装以后，可口可乐的销量飞速增长，在两年的时间内，销量翻了一倍。从此，采用山姆森玻璃瓶作为包装的可口可乐开始畅销美国，并迅速风靡世界。600万美元的投入，为可口可乐公司带来了数以亿计的回报。

1. 一个小小的玻璃瓶为何会为可口可乐带来如此大的收益？
2. 分析可口可乐包装的魅力所在。

二、实训操作

实训内容：识别商品内外包装上的标志。

实训目的：掌握商品包装标志的种类与含义。

（一）原料准备

① 准备3种不同种类的商品：家电商品（如电脑）、酒类、月饼等的运输包装（外包装）。

② 准备3种商品——食品（如酒、饮料、奶粉等）、日用品（如化妆品）、服装商品的销售包装（内包装，包装标志要齐全）。

实训要求：对以上的运输包装、销售包装标志，能准确说明其含义。

（二）操作规程

① 指出哪几种是运输包装，哪几种是销售包装。

② 指出运输包装上的标志类型及含义（运输标志、指示性标志和警告标志）。

③ 指出销售包装标志的类型及含义（包括图案与色彩。文字说明通常包括商品名称、品牌、数量、规格、成分构成、使用说明、生产日期、有效期、产地、条码等内容）。

任务二　包装技术

知识要点：
- 了解包装技术的发展。
- 了解包装技术的含义。
- 掌握各种包装技法。

技能要点：
- 理解掌握各种常见产品的包装方法。
- 掌握产品的合理包装。

任务描述与分析

一、任务描述

在追求降低包装成本的同时，向着节省材料、节省空间、构造简单、大小适当、重视安全的方向发展。赵丹青了解了包装的基础知识后，对包装不再陌生。但是，他认为光靠这一点的感性认识是远远不够的，包装技术并非那么简单，里面包含有很多技巧。在此让我们和赵丹青一起去探索包装的技术。

二、任务分析

包装技术是针对产品的特殊需要而采用的包装技术和方法。赵丹青首先从包装技术的基本概念入手，从包装技术的发展出发逐步了解掌握各种产品的包装方法，掌握对产品的合理包装。

任务实施与心得

一、任务实施

（一）体验包装技术

赵丹青利用周末的时间，到超市参观，观察不同商品的包装，通过实地调研，了解了不同商品包装的特点。他还去了本市的其他一些主要做超市物流的公司，认真观察了物流公司对不同货物的包装，并通过百度图片，查看了各种不同产品的不同包装技法，大开眼界。他通过互联网查到了相应的文献资料。

① 百度图片：http://image.baidu.com（输入"包装技术"关键词进行相应的查询）。

② 百度百科：http://baike.baidu.com（查阅了"现代包装技术"相关的百科资料）。

③ 包装技术专家网：http://www.packagingunion.com/forum.php。

（二）掌握包装的技法

赵丹青通过线上及线下的体验，对包装的技术已经有了初步的了解，开始着手尝试对一些产品进行包装。在宿舍里尝试着对书本进行包装，对水杯等物品进行包装，并写出了实训报告。

二、任务实施心得

商品的包装技术所包括的范围极为广泛，由于产品特性不同，在流通过程中受到内外各种因素影响，其物性会发生人们所不想要的变化。在对商品进行包装时，要分析不同的商品适用的包装技术，要了解包装的情况，包括外形、材料、商标、条码等。

相关知识

随着科学技术的飞速发展，商品包装已成为促进销售、增强竞争力的重要手段。许多新技术、新工艺、新思维已被应用于包装设计、包装工艺、包装设备、包装新材料、包装新产业等方面。

包装技术是针对产品的特殊需要而采用的包装技术和方法。由于产品特性不同，在流通过程中受到内外各种因素的影响会受损，有的受潮变质，有的受震动冲击而损坏。所以需要采用一些特殊的技术和方法来保护产品免受流通环境各因素的影响。包装技术包括的范围极为广泛，有缓冲、保鲜、防湿、防锈、防霉腐、防虫、脱氧、充气、灭菌等。

一、常用的包装技术

包装技术是包装活动中所采用的硬技术与软技术的总称，主要有以下几种。

（一）缓冲包装技术

缓冲包装也称为防震包装，在各种包装方法中占有重要的地位。其主要作用是克服冲击和震动对被包装物品的影响。

产品从生产出来到开始使用要经过一系列的运输、保管、堆码和装卸过程，在此过程中产品会被置于不同的环境之中。而在任何环境中都会有力地作用在产品上，并使产品发生机械性损坏。为了防止产品遭受损坏，就要设法减小外力的影响，所谓防震包装就是指为减缓内装物受到冲击和振动，保护其免受损坏所采取的一定防护措施的包装。防震包装主要有以下3种方法。

① 全面防震包装方法。全面防震包装方法是指内装物和外包装之间全部用防震材料填满进行防震的包装方法。

② 部分防震包装方法。对于整体性好的产品和有内装容器的产品，仅在产品或内包装的拐角或局部使用防震材料进行衬垫即可。所用包装材料主要有泡沫塑料防震垫、充气型塑料薄膜防震垫和橡胶弹簧等。

③ 悬浮式防震包装方法。对于某些贵重易损的物品，为了有效地保证在流通过程中不被损坏，因此采用外包装容器比较坚固，然后用绳、带、弹簧等将被装物悬吊在包装容器内的包装方法。在物流中，无论在什么操作环节，内装物都被稳定悬吊而不与包装容器发生碰撞，从而减少损坏。

（二）防湿包装技术

防湿包装的目的是隔绝大气中的水分对被包装物品的侵蚀。地球的大气中含有多种气体及水蒸气、污染物质等。空气中的水蒸气随季节、气候、湿源等各种条件的不同而变化，且在一定压力和温度下还可凝结为水。为了防止某些产品及其包装容器从空气中吸湿受潮，避免物品受损或潮解变性，可靠的方法是采用防湿包装。与此相反，有些含水分多的产品脱湿后会引起干涸或变质，同样也可采用防湿包装。防湿包装还可防止食品、纤维制品、皮革等受潮霉变，防止金属及其制品锈蚀等。所谓防湿包装，就是采用具有一定隔绝水蒸气能力的防湿材料对产品进行封装，防止外界湿度变化对物品的影响，同时使包装内的相对湿度满足物品的要求，保证商品的质量。

防湿包装应用十分广泛，且可采用多种包装材料与包装结构。例如，小至味精、药片的塑料薄膜小袋包装，大至整个火车车厢用复合材料大罩的封套等。

一般的防湿包装方法按其包装目的分为两类：一类是为了防止被包装的含水物品失去水分，保证产品的性能稳定，采用具有一定透湿率的防湿包装材料进行包装，即防止包装物内水分失去的防湿包装；另一类是为了防止被包装物品增加水分，保证物品质量的包装，这是在包装容器内装入一定数量的干燥剂，吸收包装内的水分和从包装外渗透进来的水分，以减缓包装内湿度上升的速度，从而延长防湿包装的有效期。

（三）防破损保护技术

缓冲包装具有较强的防破损能力，因而是防破损包装技术中十分有效的一类。此外还可以采取以下几种防破损保护技术。

① 捆扎及裹紧技术。捆扎及裹紧技术的作用，是使杂货、散货形成一个牢固整体，以增强整体性，便于处理及防止散堆来减少破损。

② 集装技术。利用集装，减少与货体的接触，从而防止破损。

③ 选择高强保护材料。通过外包装材料的高强度来防止内装物受外力作用破损。

（四）防锈包装技术

金属由于受周围介质的化学作用或电化学作用而发生损坏的现象叫金属锈蚀。按腐蚀介质的不同，可分为大气锈蚀、海水腐蚀、地下锈蚀、细菌锈蚀等。在包装工程中遇到最多的是大气锈蚀。锈蚀对于金属材料和制品有严重的破坏作用。据试验，钢材如果锈蚀1%，它的强度就要降低5%～10%，薄钢板就更容易因锈蚀穿孔而失去使用价值。金属制品因锈蚀而造成的损失远远超过所用材料的价值。所以，为了减轻因金属锈蚀带来的损失，研究金属制品的锈蚀规律及其防护是非常重要的。

一般的防锈包装工艺有两类：防锈包装前金属制品的清洁和干燥；防锈封存包装。用防锈材料对金属制品表面进行处理与包封。

常用的防锈包装材料与方法如下。

① 防锈油防锈蚀包装技术。大气锈蚀是空气中的氧、水蒸气及其他有害气体等作用于金属表面引起电化学作用的结果。如果将金属表面与引起大气锈蚀的各种因素隔绝（即将金属表面保护起来），就可以达到防止金属被大气锈蚀的目的。防锈油包装技术就是根据这一原理将金属涂封防止锈蚀的油层。用防锈油封装金属制品，要求油层有一定厚度，油层的连续性好，涂层完整。不同类型的防锈油要采用不同的方法进行涂敷。

② 气相防锈包装技术。气相防锈就是用气相缓蚀剂（挥发性缓蚀剂），在密封包装容器中对金属制品进行防锈处理的技术。气相缓蚀剂是一种能减慢或完全停止金属在侵蚀性介质中的损坏过程的物质，在常温下具有挥发性，在密封包装容器中，在很短的时间内挥发或升华出的缓蚀气体就能充满整个包装容器内的每个角落和缝隙，同时吸附在金属制品的表面上，从而起到抑制大气对金属锈蚀的作用。

（五）防霉腐包装技术

防霉腐包装是防止包装和内装物霉变、腐烂而采取一定防护措施的包装。

在运输包装内装运食品和其他有机碳水化合物货物时，货物表面可能滋生霉菌，在流通过程中如遇潮湿，霉菌生长繁殖极快，甚至伸延至货物内部，使其腐烂、发霉、变质，因此要采取特别防护措施。

包装防霉腐变质的措施，通常是采用冷冻包装、真空包装或高温灭菌方法。冷冻包装的原理是减慢细菌活动和化学变化的过程，以延长储存期，但不能完全消除食品的变质；高温杀菌法可消灭引起食品腐烂的微生物，可在包装过程中用高温处理防腐。有些经干燥处理的食品包装，应防止水气浸入以防腐，可选择防水气和气密性好的包装材料，采取真空和充气包装。

真空包装法也称为减压包装法或排气包装法。这种包装可阻挡外界的水气进入包装容器内，也可防止在密闭着的防潮包装内部存有潮湿空气，在气温下降时结露。采用真空包装法时，要注意避免过高的真空度，以防损伤包装材料。

防止运输包装内货物腐烂，还可使用防腐剂。防腐剂的种类甚多，用于食品的必须选用无毒防腐剂。

（六）防虫包装技术

防虫包装技术常用的是驱虫剂，即在包装中放入有一定毒性和嗅味的药物，利用药物在包装中挥发气体杀灭和驱除各种害虫。常用驱虫剂有萘、对位二氯化苯、樟脑精等，也可采用真空包装、充气包装、脱氧包装等技术，使害虫无生存环境，从而防止虫害。

一般的防虫包装技术分为4类：

① 高温防虫包装技术。

② 低温防虫包装技术。

③ 电离辐射的防虫包装技术。

④ 微波与远红外线防虫包装技术。

（七）危险品包装技术

危险品有上千种，按其危险性质，交通运输及公安消防部门规定分为十大类，即爆炸性物品、氧化剂、压缩气体和液化气体、自燃物品、遇水燃烧物品、易燃液体、易燃固体、毒害品、腐蚀性物品、放射性物品等，有些物品同时具有两种以上危险性能。

对有毒物品的包装，要明显地标明有毒的标志。防毒的主要措施是包装严密不漏、不透气。例如，重铬酸钾（红矾钾）和重铬酸钠（红矾钠）为红色带透明结晶、有毒，应用坚固铁桶包装，桶口要严密不漏，制桶的铁板厚度不能小于1.2毫米；对有机农药一类的商品应装入沥青麻袋，缝口严密不漏，如用塑料袋或沥青纸袋包装的，外面应再用麻袋或布袋包装；用作杀鼠剂的磷化锌有剧毒，应用塑料袋严封后再装入木箱中，箱内用两层牛皮纸、防潮纸或塑料薄膜衬垫，使其与外界隔绝。

对有腐蚀性的物品，要防止物品和包装容器的材质发生化学变化。金属类的包装容器要在容器壁涂上涂料，防止腐蚀性物品对容器的腐蚀。例如，包装合成脂肪酸的铁桶内壁要涂有耐酸保护层，防止铁桶被物品腐蚀，从而商品也随之变质；再如氢氟酸是无机酸性腐蚀物品，有剧毒，能腐蚀玻璃，不能用玻璃瓶作为包装容器，应装入金属桶或塑料桶，然后再装入木箱；甲酸易挥发，其气体有腐蚀性，应装入良好的耐酸坛、玻璃瓶或塑料桶中，严密封口，再装入坚固的木箱或金属桶中。

对黄磷等易自燃商品，宜将其装入壁厚不小于1毫米的铁桶中，桶内壁需涂耐酸保护层，桶内盛水，并使水面浸没商品，桶口严密封闭，每桶净重不超过 50千克；再如遇水引起燃烧的物品如碳化钙，遇水即分解并产生易燃乙炔气，对其应用坚固的铁桶包装，桶内充入氮气，如果桶内不充氮气，则应装置放气活塞。

对于易燃、易爆物品，如有强烈氧化性、遇有微量不纯物或受热即急剧分解引起爆炸的物品，防爆炸包装的有效方法是采用塑料桶包装，然后将塑料桶装入铁桶或木箱中，每件净重不超过50千克，并应有自动放气的安全阀，当桶内气体达到一定压力时能自动放气。

（八）特殊包装技术

① 充气包装。充气包装是采用二氧化碳或氮等不活泼气体置换包装容器中空气的一种包装技术方法，因此也称为气体置换包装。这种包装方法是根据好氧性微生物需氧代谢的特性，在密封的包装容器中改变气体的组成成分，降低氧气的浓度，抑制微生物的生理活动、酶的活性和鲜活商品的呼吸强度，达到防霉、防腐和保鲜的目的。

② 真空包装。真空包装是将物品装入气密性容器后，在容器封口之前抽真空，使密封后的容器内基本没有空气的一种包装方法。一般的肉类、谷物加工品及某些容易氧化变质的物品都可以采用真空包装。真空包装不但能避免或减少脂肪氧化，而且能抑制某些霉菌和细菌的生长。同时在对其进行加热杀菌时，由于容器内部气体已排除，因此加速了热量的传导，提高了高温杀菌效率，也避免了加热杀菌时由于气体膨胀而使包装容器破裂。

③ 收缩包装。收缩包装就是用收缩薄膜裹包物品（或内包装件），然后对薄膜进行适当加热处理，使薄膜收缩而紧贴于物品（或内包装件）的包装技术方法。

收缩薄膜是一种经过特殊拉伸和冷却处理的聚乙烯薄膜，由于薄膜在定向拉伸时产生残余收缩应力，这种应力受到一定热量后便会消除，从而使其横向和纵向均发生急剧收缩，同时使薄膜的厚度增加，收缩率通常为30%～70%，收缩力在冷却阶段达到最大值，并能长期保持。

④ 拉伸包装。拉伸包装是20世纪70年代开始采用的一种新包装技术，是由收缩包装发展而来的，是依靠机械装置在常温下将弹性薄膜围绕被包装件拉伸、紧裹，并在其末端进行封合的一种包装方法。由于拉伸包装不需加热，所以消耗的能源只有收缩包装的1/20。拉伸包装可以捆包单件物品，也可用于托盘包装之类的集合包装。

⑤ 脱氧包装。脱氧包装是继真空包装和充气包装之后出现的一种新型除氧包装方法。脱氧包装是在密封的包装容器中使用能与氧气起化学作用的脱氧剂与之反应，从而除去包装容器中的氧气，以达到保护内装物的目的。脱氧包装方法适用于某些对氧气特别敏感的物品，以及那些即使有微量氧气也会使品质变坏的食品包装中。

（九）其他包装技术

除了以上包装技术外，还有为防止外部的水进入，使用防水包装材料进行密封的防水包装技术；防止包装材料的劣化、剥落、开口等现象发生，保证连着性的封口包装技术；为使包装物品捆绑、结扎得更为结实而实施的强化捆绑技术，以及为便于物品分拣识别的标识技术等。

小·知识

国外包装材料再利用

近年来加拿大注重废纸包装的再生利用取得明显成效。加拿大引进美国废纸再生新技术，使加拿大造纸商1/3的造纸来自回收的废纸（也有废木材片与木屑）含再生纤维的纸浆纸和包装物生产提高 3 倍，包装纸盒等纸制品可以反复回收再生达9次之多。

加拿大VEG公司发明用废玻璃包装瓶制砂。采用玻璃粉碎机，将废玻璃包装瓶，包括瓶盖、标签等研磨成细粉状，制成的玻璃砂比普通砂料硬度大、用途更广。它与混凝土和料粒混合起来后，通过喷砂机喷涂建筑物外面，会闪闪发光，还比普通砂料更结实。玻璃砂还可制成滤水器，效果比一般砂或活性炭佳。

思考

以农产品为例，谈谈我国生产和流通领域中的包装存在哪些问题。

知识拓展

本知识拓展主要讲述蒸煮袋、收缩包装、速冻包装、透明包装及GMP，详细内容请扫描二维码。

👆知识拓展

业务技能训练

一、课堂训练

"水晶之恋"果冻包装设计

我国最早出现果冻生产厂家在1985年，而广东喜之郎集团有限公司（以下简称喜之郎公司）直到1993年才开始进入果冻生产行业，晚了整整8年。然而1999年央视调查咨询中心"全国城市消费者调查"的结果显示，喜之郎公司已经占领了我国果冻市场83%的市场份额。是什么让喜之郎公司在短短的6年时间内就迅速成长为国内果冻企业的老大呢？除了产品本身的质量以外，喜之郎的创意包装和独特的营销战略使其市场占有率年年提升。

1998年，喜之郎的新型产品"水晶之恋"系列正式上市，并迅速得到了市场的认可。在消费定位上，"水晶之恋"系列产品缩小目标市场，聚焦于年轻情侣。但果冻与"水晶之恋"原本是两个意义完全不同的符号，为了建立消费者的认知，平成广告公司为"水晶之恋"创造性地设计了"爱的造型"与"爱的语言"，将果冻的造型由传统的小碗样式改造为心形，封盖上两个漫画人物相拥而望，更为这种心形果冻平添了几分魅力，迅速得到了市场的认可。"水晶之恋"的推出，使喜之郎公司在短短的一年时间内从一个地方性品牌一下子跃升为行业第二大品牌。

1. 为什么喜之郎的"水晶之恋"系列正式上市，迅速得到了市场的认可？其靠什么"俘获"了消费者。

2. 如果你是设计者，你如何对其进行包装设计？

二、实训操作

实训内容：观察不同商品的包装，对商品包装进行训练。

实训目的：通过了解不同商品的包装情况，分析不同的商品适用的包装技术，掌握商品的包装技术。

实训要求：观察牛奶、鸡蛋、冰淇淋等3种不同类型的产品的内包装及外包装。

实训操作：

选一种商品进行物流包装设计，写出实训报告，要点如下：

① 商品的特征。

② 商品物流方面的要求。

　● 运输要求。

　● 储存要求。

　● 包装要求。

③ 该商品市场上的现有包装。

④ 包装的改进。

　● 包装材料的选择。

　● 包装设计的改进。

⑤ 改进后的包装的优越性。

任务三　流通加工合理化

知识要点：
- 流通加工的内涵。
- 流通加工产生的原因及其作用。
- 流通加工合理化的途径。

技能要点：
- 掌握生产资料、食品及消费资料的流通加工的方法。
- 了解掌握几种典型的流通加工设备。

任务描述与分析

一、任务描述

规模化、专业化的现代生产方式，一方面降低了生产成本，增加了经济效益，另一方面却无法满足日益多样化的客户需求，而合理的流通加工是解决该矛盾的有效途径。赵丹青希望进一步熟悉流通加工的内容及其经济效益，掌握流通加工的类型及常用的方法和技术。在此，让我们和赵丹青一起继续学习这部分的内容。

二、任务分析

流通加工的重要作用是不可轻视的，它起着补充、完善、提高、增强商品销售价值的功能，能起到运输、储存等其他功能要素无法起到的作用。赵丹青认真理解了流通加工的基本含义，了解了流通加工的基本作用，通过实践掌握了流通加工设备的一些基本操作。

任务实施与心得

一、任务实施

（一）了解流通加工

赵丹青查询了大量的文献资料，想方设法去了解流通加工的含义，以及流通加工的作用。

① 曾剑.现代物流学基础 [M].北京：电子工业出版社，2004.
② 上海现代物流人才培训中心.现代物流管理 [M].上海：上海人民出版社，2002.
③ 翁心刚.物流管理基础 [M].北京：中国物资出版社，2002.
④ 冯天山.现代物流基础 [M].北京：人民交通出版社，2004.

（二）体验几种典型的流通加工设备

赵丹青通过网络及实践了解并体验了封箱机、贴标机等几种常见的流通加工设备，到超市、企业了解、掌握了生产资料、食品及消费资料的流通加工的方法。

二、任务实施心得

实施流通加工合理化要考虑流通加工与配送、配套、运输、商流和节约等相结合，对于流通加工合理化的最终判断是看其是否能实现社会的、企业本身的两个效益，而且要看是否取得了最优效益。流通企业更应该树立社会效益第一的观念，以实现产品生产的最终利益为原则。只有在视生产流通过程中的补充、完善为己任的前提下，流通加工才有生存的价值。如果只是追求企业的微观效益，不适当地进行流通加工，甚至与生产企业争利，就有悖于流通加工的初衷，或者其本身已不属于流通加工范畴。

相关知识

流通加工是物流中具有一定特殊意义的物流形式。在一些仓库、物流中心、配送中心的经营中都大量存在着流通加工业务。流通加工业务可以增加运输、仓储、配送等活动对象的附加价值，同时也能提高物流活动本身的价值，使用户获得价值增值。随着用户需求的多样化和高级化，流通加工已成为物流功能体系中不可缺少的组成部分。

一、流通加工的内涵

流通加工是发生在流通领域的生产活动。一般来说，生产通过改变物的形式和性质创造产品的价值和使用价值，而流通则保持物资的原有形式和性质，以完成其所有权的转移和空间形式的位移。物流的包装、储存、运输、装卸等功能虽然具备生产的性质，但往往并不改变物流对象的物理、化学属性。但是，为了提高物流速度和物资的利用率，在物资进入流通领域后，还要按用户的要求进行一定的加工活动。即在物品从生产者向消费者流动的过程中，为了促进销售、维护产品质量，实现物流的高效率所采取的使物品发生物理和化学变化的功能，就是流通加工。

我国国家标准《物流术语》（GB/T 18354—2006）对流通加工的定义是：物品从生产地到使用地过程中，根据需要施加包装、分割、计量、分拣、刷标志、拴标签、组装等作业的总称。流通加工是指某些原材料或产成品从供应领域向生产领域，或从生产领域向销售领域流动的过程中，为了有效利用资源、提高物流效率、方便用户、促进销售和维护产品质量，在流通领域对产品进行的初级或简单再加工。

二、流通加工产生的原因

（一）流通加工的出现与现代生产方式有关

现代生产发展趋势之一就是生产规模大型化、专业化，依靠单品种、大批量的生产方法降低生产成本获取规模经济效益，这样就出现了生产相对集中的趋势。这种规模的大型化、生产的专业化程度越高，生产相对集中的程度也就越高。生产的集中化进一步引起产需之间的分离，生产者及消费者不是处于一个封闭的圈内，某些人生产的产品供给成千上万人消费，而某些人消费的产品又来自其他许多生产者。弥补上述分离的手段则是运输、储存及交换。

生产及需求在产品功能上分离，产品的功能（规格、品种、性能）往往不能和消费需要密切衔接，弥补这一分离的方法就是流通加工。所以，流通加工的诞生实际是现代生产发展的一种必然结果。

（二）流通加工不仅是大工业的产物，也是网络经济时代服务社会的产物

流通加工的出现与现代社会消费的个性化有关。消费的个性化和产品的标准化之间存在着一定的矛盾，使本来就存在的产需分离变得更加严重。本来弥补分离可以采取增加生产工序或消费单位加工改制的方法，但在个性化问题十分突出之后，采取弥补措施将会使生产及生产管理的复杂性及难度增加，按个性化生产的产品难以组织高效率、大批量的流通。所以出现了消费个性化的新形势及新观念，为流通加工开辟了道路。

（三）流通加工的出现还与人们对流通作用的观念转变有关

在社会再生产全过程中，生产过程是典型的加工制造过程，是形成产品价值及使用价值的主要过程，再生产型的消费究其本质来看也和生产过程一样，通过加工制造消费了某些初级产品而生产出深加工产品。社会生产越来越复杂，出现了生产的标准化和消费的个性化，生产过程中的加工制造常常满足不了消费的要求。由于流通的复杂化，生产过程中的加工制造也常常不能满足流通的要求。于是，加工活动开始部分地由生产及再生产过程向流通过程转移，在流通过程中形成了某些加工活动，这就是流通加工。

人们研究流通过程中孕育着多少创造价值的潜在能力，这就有可能通过努力在流通过程中进一步提高商品的价值和使用价值，并以很小的代价实现这一目标。这样，就引起了流通过程从观念到方法的巨大变化，流通加工则适应这种变化而诞生。

（四）效益观念的树立也是促使流通加工形式得以发展的重要原因

20世纪60年代后，效益问题逐渐引起人们的重视。过去，人们盲目追求高技术，引起了燃料、材料投入的大幅度上升，结果新技术、新设备虽然采用了，但往往得不偿失。70年代初，第一次石油危机的发生证实了效益的重要性，使人们牢牢树立了效益观念。流通加工可以以少量的投入获得很大的效果，是一种高效益的加工方式，自然获得了很大的发展。所以，流通加工从技术上来讲，可能不需要采用什么先进技术，但这种方式是现代观念的反映，在现代的社会再生产过程中起着重要作用。

三、流通加工的作用

流通加工的作用可以归纳为以下几个方面。

（一）提高原材料利用率

通过流通加工集中下料，将生产厂商直接运来的简单规格产品按用户的要求下料。例如，将钢板进行剪板、切裁，木材加工成各种长度及大小的板、方等。集中下料可以优材优用、小材大用、合理套裁，显著地提高原材料的利用率，有很好的技术经济效果。

（二）方便用户

用量小或满足临时需要的用户，不具备进行高效率初级加工的能力，通过流通加工可以使用户省去进行初级加工的投资、设备、人力，方便用户。目前发展较快的初级加工有：将水泥加工成生混凝土，将原木或板、方材加工成门窗，钢板预处理、整形等加工。

（三）加工效率及设备利用率

在分散加工的情况下，加工设备由于生产周期和生产节奏的限制，设备利用时松时紧，使得加工过程不均衡，设备加工能力不能得到充分发挥。而流通加工面向全社会，加工数量大，加工范围广，加工任务多。这样可以通过建立集中加工点，采用一些效率高、技术先进、加工量大的专门机具和设备，一方面提高了加工效率和加工质量，另一方面提高了设备利用率。

（四）有效地完善了流通

流通加工在实现时间效用和场所效用这两个重要功能方面，确实不能与运输和保管相比，因而，流通加工不是物流的主要功能要素。另外，流通加工的普遍性也不能与运输、保管相比，不是对所有物流活动都是必需的。但这绝不是说流通加工不重要，实际上它也是不可轻视的。它具有补充、完善、提高与增强的作用，能起到运输、保管等其他功能要素无法起到的作用。所以，流通加工的地位可以描述为：提高物流水平，促进流通向现代化发展。

（五）流通加工是物流的重要利润来源

流通加工是一种低投入、高产出的加工方式，往往以简单加工解决大问题。实践中，有的流通加工通过改变产品包装，使产品档次升级而充分实现其价值；有的流通加工可将产品利用率大幅提高30%，甚至更多。这些都是采取一般方法以期提高生产率所难以做到的。实践证明，流通加工提供的利润并不亚于从运输和保管中挖掘的利润，因此说流通加工是物流业的重要利润来源。

（六）流通加工是重要的加工形式

流通加工在整个国民经济的组织和运行方面是一种重要的加工形式，对推动国民经济的发展、完善国民经济的产业结构具有一定的意义。

四、流通加工的内容

（一）食品的流通加工

流通加工最多的是在食品行业，为了便于保存，提高流通效率，食品的流通加工是不可缺少的，如鱼和肉类的冷冻、蛋品加工、生鲜食品的原包装、大米的自动包装、上市牛奶的灭菌等。

食品流通加工的具体项目主要有以下几种。

① 冷冻冷藏加工。为了解决鲜肉、鲜鱼及易变质的水果、蔬菜等在流通加工中的保鲜及装卸搬运问题而采取的低温、冷冻方式的加工，如图4.1所示。

图4.1 食品的冷冻加工

② 分选加工。农副产品的规格、质量差异较大，为获得一定规格的产品，采取人工或机械分选的方式加工。这种方式有利于产品的等级划分，从而制订合理的价格，广泛用于果类、瓜类、谷物等。

③ 精制加工。农、牧、副、渔等产品精加工是在产地或销售地设置加工点，去除无用部分，甚至进行切分、洗净、分装等加工。例如，鱼类的精制加工所剔除的内脏可以用

来制造某些药物或饲料，鱼鳞可以制造高级黏合剂，头尾可以制成鱼粉等；蔬菜的加工剩余物可以制造饲料、肥料等。

④ 分装加工。许多生鲜食品零售起点量较小，而为保证其高效输送，出厂包装较大，也有一些采用散装运输方式运达销售地区。为了便于销售，在销售地区按客户所要求的零售起点量进行新的包装，即大包装改小包装、散装改小包装、运输包装改销售包装，这种方式称为分装加工。例如，在超市中工作人员把散装大米装成小包装，便于消费者购买。

（二）消费资料的流通加工

消费资料的流通加工以服务客户、促进销售为目的，如衣料品的商标标识、家具的组装、地毯剪接等。主要作用是增加顾客对消费资料商标、标签的认知和广告促销。所以，对消费资料的流通加工总的标准是既要达到对顾客的吸引，促成交易，又要注重美观与艺术感。服装流通加工如图4.2所示。

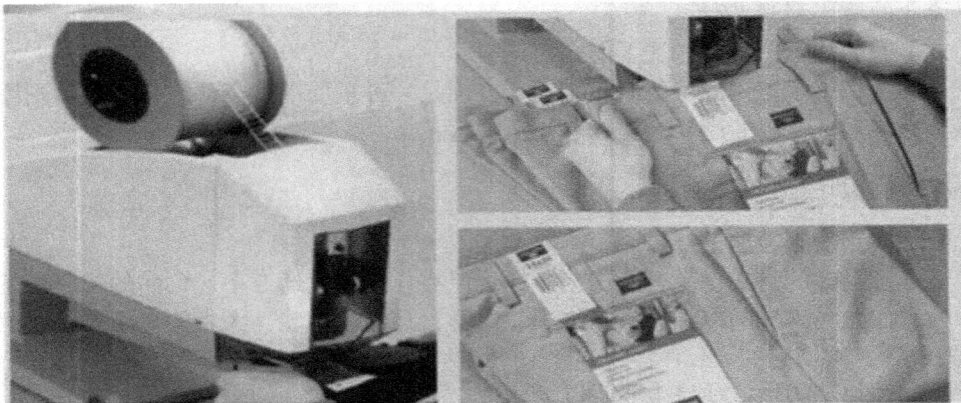

图4.2　服装流通加工

（三）生产资料的流通加工

生产资料的流通加工是进行社会再生产的必要环节，它能够实现社会再生产的连续性和高效性。生产资料的流通加工中最具代表性的是钢材、水泥、木材的流通加工。例如，钢板的切割，使用矫直机将薄板卷材展平等；水泥的流通加工利用水泥加工机械和水泥搅拌运输车进行；木材的流通加工在流通加工点将原木锯裁成各种规格的木材，同时将碎木、碎屑等集中加工成各种规格板，甚至还可以进行打眼等初级加工，如图4.3所示。通过加工，提高商品的价值和销售效率。

图4.3　木材的流通加工——磨制木屑压缩输送

五、流通加工合理化

（一）不合理的流通加工形式

1. 流通加工地点设置不合理

流通加工地点设置即布局状况是整个流通加工是否有效的重要因素。一般而言，为衔接单品种大批量生产与多样化需求的流通加工，加工地点设置在需求地区，才能实现大批量的干线运输与多品种末端配送的物流优势。

如果将流通加工地点设置在生产地区，其不合理之处如下：

① 多样化需求要求的产品多品种、小批量由产地向需求地的长距离运输会出现不合理。

② 在生产地增加了一个加工环节，同时增加了近距离运输、装卸、储存等一系列物流活动。

所以，在这种情况下，不如由原生产单位完成这种加工，而不需要设置专门的流通加工环节。

一般而言，为方便物流，流通加工环节应设在产出地，设置在进入社会物流之前。如果将其设置在物流之后，即设置在消费地，则不但不能解决物流问题，又在流通中增加了一个中转环节，因而也是不合理的。

即使产地或需求地设置流通加工的选择是正确的，还有流通加工在小地域范围的正确选址问题，如果处理不善，仍然会出现不合理。这种不合理主要表现在交通不便、流通加工与生产企业或用户之间距离较远、流通加工点的投资过高（如受选址的地价影响）、加工点周围的环境条件不良等。

2. 流通加工方式选择不当

流通加工方式包括流通加工对象、流通加工工艺、流通加工技术、流通加工程度等。流通加工方式的确定实际上是与生产加工的合理分工。分工不合理，本来应由生产加工完成的却错误地由流通加工完成，本来应由流通加工完成的却错误地由生产过程完成，都会造成不合理性。

流通加工不是对生产加工的代替，而是一种补充和完善。所以，一般而言，如果工艺复杂，技术装备要求较高，或加工可以由生产过程延续或轻易解决者都不宜再设置流通加工，尤其不宜与生产过程争夺技术要求较高、效益较高的最终生产环节，更不宜利用一个时期市场的压迫力使生产变成初级加工或前期加工，而由流通企业完成装配或最终形成产品的加工。如果流通加工方式选择不当，就会出现与生产夺利的恶果。

3. 流通加工作用不大，形成多余环节

有的流通加工过于简单，或对生产及消费者作用都不大，甚至有时流通加工有盲目性，同样未能解决品种、规格、质量、包装等问题，相反却实际增加了环节，这也是流通加工不合理的重要形式。

4. 流通加工成本过高，效益不好

流通加工之所以能够有生命力，其重要优势之一是有较大的投入产出比，因而有效地起着补充完善的作用。如果流通加工成本过高，则不能实现以较低投入实现更高使用价值的目的。除了一些必需的、按政策要求即使亏损也应进行的加工外，都应看成是不合理的。

小·知识

流通加工合理化评价

1. 增值率

增值率=[(产品加工后价值－产品加工前价值)÷产品加工前价值]×100%

2. 品种规格增加量及增加率

品种规格增加率=(增加品种数÷加工前品种数)×100%

3. 资源增加量

新增出材率=加工后出材率－原出材率

新增利用率=加工后利用率－原利用率

（二）实现流通加工合理化的途径

要实现流通加工的合理化，主要应从以下几个方面加以考虑。

1. 加工和配送结合

加工和配送结合就是将流通加工设置在配送点中。一方面按配送的需要进行加工，另一方面加工又是配送作业流程中分货、拣货、配货的重要一环，加工后的产品直接投入到配货作业，这就无须单独设置一个加工的中间环节，而使流通加工与中转流通巧妙地结合在一起。同时，由于配送之前有必要的加工，可以使配送服务水平大大提高，这是当前对流通加工做合理选择的重要形式，在煤炭、水泥等产品的流通中已经表现出较大的优势。

2. 加工和配套结合

"配套"是指对使用上有联系的用品集合成套地供应给用户使用。例如，方便食品的配套。当然，配套的主体来自各个生产企业，如方便食品中的方便面，就是由其生产企业配套生产的。但是，有的配套不能由某个生产企业全部完成，如方便食品中的盘菜、汤料等。这样在物流企业进行适当的流通加工可以有效地促成配套，大大提高流通作为供需桥梁与纽带的能力。

3. 加工和合理运输结合

流通加工能有效衔接干线运输和支线运输，促进两种运输形式的合理化。利用流通加工，在支线运输转干线运输或干线运输转支线运输等这些必须停顿的环节，不进行一般的支转干或干转支，而是按干线或支线运输合理的要求进行适当加工，从而大大提高运输及运输转载水平。

4. 加工和合理商流结合

流通加工也能起到促进销售的作用，从而使商流合理化，这也是流通加工合理化的方向之一。加工和配送相结合，通过流通加工提高配送水平，促进销售，使加工与商流合理结合。此外，通过简单地改变包装加工形成方便的购买量，通过组装加工解除用户使用前进行组装、调试的难处，都是有效促进商流的很好例证。

5. 加工和节约结合

节约能源、节约设备、节约人力、减少耗费是流通加工合理化重要的考虑因素，也是目前我国设置流通加工并考虑其合理化的较普遍形式。

对于流通加工合理与否的最终判断，是看其能否实现社会的和企业本身的两个效益，而且是否取得了最优效益。流通企业更应该树立"社会效益第一"的观念，以实现产品生产的最终利益为原则，只有以在生产流通过程中不断补充、完善为己任才有生存的价值。如果只追求企业的局部效益，不适当地进行加工，甚至与生产企业争利，就有违于流通加工的初衷，或者其本身已不属于流通加工的范畴。

知识链接

英国发明可使产品保质期加倍的新包装材质

牛皮纸等包装纸虽然绿色环保，被人们广泛应用，但在包装食品的时候只适合包装即食食品，食品的保鲜则是牛皮纸包装的软肋。

在英国，一种可以延长瓜果蔬菜保质期一倍的革命性新型包装已经在试用了。这种包装材质的薄膜是由英国发明的，可以延缓新鲜产品腐坏，也就是说用这种包装，里面产品的"最佳食用期限"可以翻倍。

它还可以帮助果蔬产业减少原来在延长上架食品保鲜时间方面的投入，每年可节省数百万英镑。

可以延长产品保质期的包装材料，想想都知道是多么有用。现在有很多的产品都是因为过了保质期而被扔掉的，其中的损失可想而知。如果这种可延长保质期的包装材料不贵得离谱，可能很快就会被广泛应用。

思考

流通加工与生产制造的区别在哪里？

知识拓展

本知识拓展主要讲述常见的流通加工设备，详细内容请扫描二维码。

知识拓展

业务技能训练

一、课堂训练

阿迪达斯的流通加工

阿迪达斯公司在美国有一家超级市场，设立了组合式鞋店，摆放的不是做好了的鞋，而是做鞋用的各种部件，款式花色多样，有6种鞋跟、8种鞋底，鞋面的颜色以黑、白为主，搭带的颜色有80种，款式有百余种。顾客进来可任意挑选自己所喜欢的鞋子部件，交给职员当场组合。只要10分钟，一双崭新的鞋便完成了。

这家鞋店昼夜营业，职员技术熟练，鞋子的售价与批量制造的价格差不多，有的还稍便宜些。所以顾客络绎不绝，销售金额比邻近的鞋店多10倍。

在此案例中，体现了流通加工作业的哪些作用？对你有什么启发？

二、实训操作

实训内容：分析食品的流通加工。
实训目的：了解掌握食品流通加工的方法。

　　实训要求：到超市货柜观察各类洗净的蔬菜、水果、肉类、鸡翅、香肠、咸菜等食品。

　　实训操作：挑选一些自己感兴趣的食品，分析以下问题，写出实训报告。

1. 与生产加工相比，流通加工有何特点？

2. 对食品进行流通加工，其作用体现在哪些方面？

項目五

搬运装卸与运输管理

任务一　搬运装卸合理化

知识要点：
● 搬运装卸的定义。
● 搬运装卸的作业流程。
技能要点：
● 了解搬运装卸的定义和特点。
● 掌握搬运装卸的合理化作业流程。

微课

任务描述与分析

一、任务描述

公司为了储备人才，培养有干劲、肯干实干的年轻人，把赵丹青安排到流通部，和老员工一起完成流通部的物流业务。

炎炎夏日即将来临，根据往年经验，一到夏天和下半年，家电类商品销售量将大增。因此，公司在半年前就已经预购了家电商品共八大类，120种型号，价值5 000万元。按照预购合同，货物将在一周后交货，交货地点是公司的仓库。为了顺利完成货物的交货和入库，公司要求流通部制订这批货物的搬运装卸方案，保证货物完好无损地入库。

作为储备人才培养对象，赵丹青积极抓住机会，主动要求参与这次方案的制订。

二、任务分析

作为物流活动的重要环节，搬运装卸的作业要求有计划、有组织、有监控地开展。流通部要有计划、有组织、有监控地安排搬运装卸业务流程，具体实施将由专业的技术员工操作，从而保证货物顺利入库。

本任务的重点是制订方案，也就是规划未来产生的作业活动并保证活动顺利进行，最终完成搬运装卸任务。因此，需要制订方案的团队充分了解作业对象、可支配的人力和物力资源，并设计最佳方法、预测结果。运用到本次搬运装卸的任务中，就是要了解家电商品的物理性质，了解搬运装卸的设备，了解可参与的人员，设计不同设备、不同商品、不同的移动位置将采用的搬运装卸方法，并能够预测方法的可行性。

任务实施与心得

一、任务实施

① 学习并借鉴过去的搬运装卸方案。赵丹青通过与同事交流，加深了对搬运装卸的知识及在具体运用中的理解，实地考察了装卸的仓库站台、站台到家电商品货架的路线及货架的结构，加深了对搬运装卸环境的了解。

赵丹青还从流通部获得了以前的搬运装卸方案及方案总结报告，分析得出搬运装卸方案设计的考虑要素，如表5.1所示。

表5.1　搬运装卸流程设计要素

要 素 项 目	影 响 描 述 （此处填写影响要素的描述）	影 响 因 子 （此处填写数值，反映影响程度）
货物外部形态		
货物数量		
货物重量		
路线		
空间环境		
时间		
…		

根据表5.1，在方案设计中要重点考虑影响因子大的要素，数据分析更细致，流程设计更详细。

② 家电商品货物分析。从家电商品供应商获取货物的物流数据，对搬运装卸的货物进行特征分析，形成详细的货物物流特征分析表，如表5.2所示。

表5.2　货物物流特征分析

商 品 识 别				单元商品尺寸			单元商品物流特征				商品影响特征			运输
名称	类别	编号	最小单元	长	宽	高	重量	外形	状态	防损级别	数量	时间	特征	工具

值得提出的是，表5.2的数据是商品的物流数据，也是商品的外包装或运载包装数据。

③ 家电商品入库上架的路线分析。根据站台和仓库的平面布局，结合货物特征，设计货物的最佳搬运路线，形成货物搬运路线表，如表5.3所示。

表5.3　货物搬运路线

商 品 识 别		路 线 要 求			物流活动及需求				标定	作业	设
名称	编号	起点	路程	终点	物流量	数量需求	管理需求	时间需求	等级	方法	备

根据表5.3绘制搬运的平面路线图。

④ 各个点的搬运装卸方法设计。根据表5.2和5.3的数据分析，结合搬运装卸的设备和人力资源，设计货物的搬运装卸方法。根据公司仓储现有的设备，可采用的方法有人工作业法、机械化作业法、半机械化作业法、半自动化作业法、托盘作业法、集装箱作业法、框架作业法、重力法等。例如，对于小件类型的家电，直接采用半自动化方法，通过自动管道进入货架；而对于冰箱之类的家电，采用半机械化作业法，使用吊车和人工结合搬运。将设计的方法在表5.3中列出。

⑤ 搬运卸载设备的选择。根据货物搬运路线表中采用的作业方法，按设备的用途、应用条件和技术指标，合理选择设备。其合理的依据是在安全作业前提下既满足现场作业，又能控制作业费用。将选择的设备在表5.3中列出。

在选择设备时，还要参考设备技术人员的意见，选择最合适的设备。

⑥ 制作详细方案，评价并优化方案。根据以上数据分析，制作详细的搬运装卸方案，在方案中说明每条路线上的各种货物的搬运装卸方法，说明和搬运装卸方法有关联的如区域布置、作业计划、作业流程之类的必要变动；计算作业人员数量、设备数量和预期的作业费用；提出可能的问题节点及迅速应对的办法。

设定方案评价标准，根据评价结果提出方案改进和优化的方法，并即时优化方案。方案要经过多次评价、优化后再确定。

⑦ 搬运装卸方案的实施。按照方案，组织人力和物力，确定搬运装卸的具体时间，进行搬运装卸的具体实施。在实施过程中，要实时监测各个路线的搬运装卸状态，及时响应发生的不测，保证方案顺利实施和搬运装卸顺利完成。

以上7步可不按顺序进行，在多人合作中，需要交叉讨论制订方案。

二、任务实施心得

经过搬运装卸的物流活动，赵丹青对物流作业的认识更加深刻，也体会到物流作业的安全责任，更加坚定了自己的工作选择。

（一）搬运装卸并不是简单的扛搬抬推之类的体力劳动

赵丹青充分体会到，搬运装卸并不是之前简单理解的扛搬抬推之类的体力劳动，而是一个系统化、机械化、信息化的物流活动，是社会生产与流通的重要环节。

搬运装卸的作业效率和管理水平反映了企业的核心竞争力，特别是流通型企业。

（二）搬运装卸方案越详细越能发现问题

搬运装卸的方案设计过程是一个综合的物流系统的设计过程。设计过程中的任何环节都是预想的，在具体的实施中会出现什么问题是难以确定的。方案的设计越详细，考虑到的因素也会越多，更多的细节会把可能出现的问题显示出来。因此，方案的设计需要集设计团队和实施人员的集体智慧和经验来完成和最终确定。

（三）搬运装卸流程在具体的作业中是变化的

在方案实施中，赵丹青更深刻地体会到，无论方案多么完善，都不可能改变在具体实施中的作业变化。方案的更多细节只会进一步减少问题出现，而无法避免所有问题的出现。

而对于问题的处理，经验很重要。赵丹青亲眼看到老员工在搬运装卸中对货物的观察、路线的变动、设备的运行等具备很强的快速反应和处理的能力。所以，任务结束后，赵丹青认真地写了工作经验总结。

相关知识

一、搬运装卸

搬运是指同一场所内将物品进行水平移动为主的物流作业。

装卸是指在指定地点将物品进行垂直移动为主的物流作业。

搬运装卸是指在同一空间范围内改变物品的存放状态和空间位置的物流活动。具体包括装上、卸下、移送、拣选、分类、堆垛、入库、出库等作业活动。

实践表明，搬运装卸是生产和流通过程中的重要组成部分，是影响物流效率、决定物流技术经济效果的重要环节。

搬运装卸具有作业量大、作业不均衡、对象特殊复杂、安全性要求高等特点。所以，搬运装卸作业前要设计合理的作业方案，保证作业顺利开展。

二、搬运装卸的作业流程

搬运装卸作业质量的高低直接影响物流活动的流通效率。为保证搬运装卸作业的质量，在作业实施前要进行科学的作业流程设计。

（一）科学的作业流程设计

① 货物性质的分析。按照货物的物理形态、类别、尺寸、数量、时效和特殊性质等要求进行分类，形成详细的货物性质分析表。

② 移动路线的分析。分析仓库平面结构和货物移动路线，认真考虑移动路线的每两个关键节点间的搬运装卸作业方式，选择最佳作业方式，制作详细的搬运装卸路线图。

搬运装卸作业主要包括单价作业、集装作业和散装作业3种方式。

③ 搬运装卸设备的选择。根据移动路线图中采用的作业方法，合理选择设备类型和数量。其合理的依据是在安全作业的前提下既满足现场作业，又能控制作业费用。

搬运装卸的设备很多，各自具有不同的功能。搬运装卸设备的分类如图5.1所示。

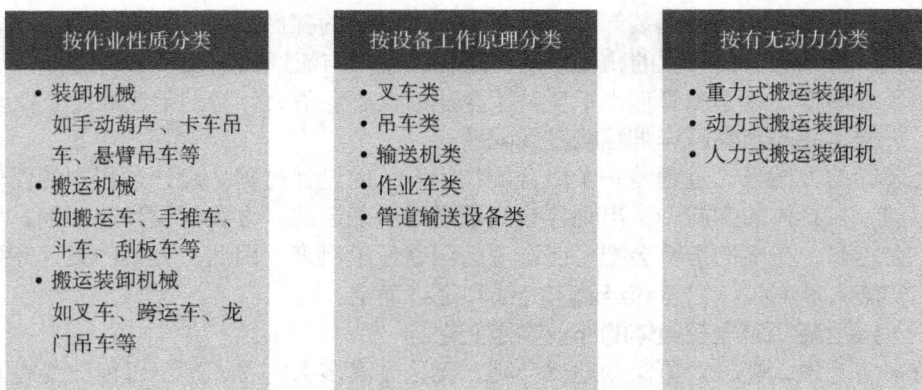

按作业性质分类	按设备工作原理分类	按有无动力分类

• 装卸机械
  如手动葫芦、卡车吊车、悬臂吊车等
• 搬运机械
  如搬运车、手推车、斗车、刮板车等
• 搬运装卸机械
  如叉车、跨运车、龙门吊车等
	• 叉车类
	• 吊车类
	• 输送机类
	• 作业车类
	• 管道输送设备类
		• 重力式搬运装卸机
		• 动力式搬运装卸机
		• 人力式搬运装卸机

图5.1 搬运装卸设备的分类

④ 搬运装卸方法的分析。根据搬运装卸的路线、作业方式和选择的设备，分别采用合理的搬运装卸方法。3种作业方式的作业法如图5.2所示。

单件作业方式	集装作业方式	散装作业方式
• 人工作业法 • 机械化作业法 • 半机械化作业法 • 半自动化作业法	• 托盘作业法 • 集装箱作业法 • 框架作业法 • 货捆作业法 • 滑板作业法 • 网袋作业法 • 刮车作业法	• 重力法 • 倾翻法 • 机械法

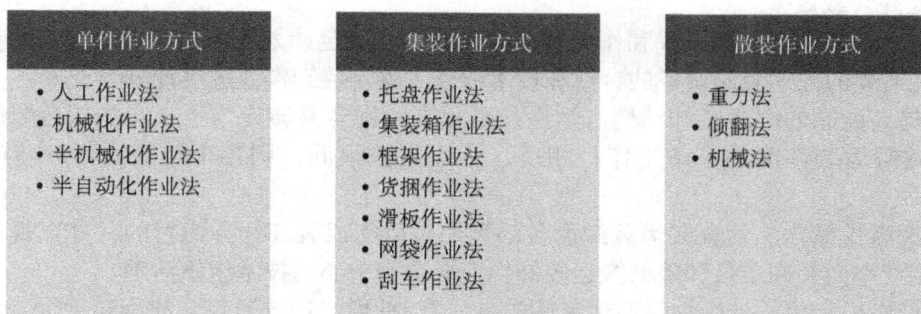

图5.2　搬运装卸作业的方法

根据以上4步分析，做出多个可选的方案。

⑤ 搬运方案的评价。首先明确评价标准，如设备是否标准化和有效使用、搬运装卸过程是否连续、搬运装卸通道是否畅通等。

通常采用优缺点比较法和因素加权法评价方案的优劣性。两种方法的使用如表5.4和5.5所示。

表5.4　优缺点比较法评价

序　号	优　缺　点	方案（0～10分）		
		A	B	C
1	（此处描述标准和考虑的因素1）			
2	（此处描述标准和考虑的因素2）			
…	…			

表5.5　因素加权法评价

序　号	因　素	权　值	方　案		
			A	B	C
1	（此处考虑因素1）	（分值）	（打分）	（打分）	（打分）
2	（此处考虑因素2）	（分值）	（打分）	（打分）	（打分）
…	…				

最后计算各个方案的总分值，得出评价结果。

⑥ 搬运方案的优化。根据方案的评价结果确定方案，并进一步详细设计和优化方案，解决方案中各环节发现的具体问题。

⑦ 搬运方案的实施。根据搬运方案实施搬运装卸的具体作业。在实施过程中，严格按照方案流程操作。

（二）达到装卸搬运合理化的措施

在作业流程中，采取以下措施可以达到搬运装卸的合理化。

① 防止和消除无效作业。可以从以下4个方面实施：

● 合理规划装卸方式和作业过程。

● 提高被装卸商品的纯度。

● 选择适当包装。

● 提高装载效率。

其中，合理规划装卸方式和作业过程应该做到：确定计划任务量，做出详细的作业规划，确定需要的搬运装卸设备的台数和技术特征，编制装卸作业进度计划。

② 提高商品的搬运装卸活性。活性指数很高，则容易转变为下一步的搬运装卸而不需过多做搬运装卸前的准备工作；相反，活性指数很低，则难于转变为下一步的搬运装卸。

③ 提高机械化。物资搬运装卸设备的运用是以完成装卸任务为目的，并以提高装卸设备的生产率、装卸质量和降低搬运装卸作业成本为中心的技术组织活动。

④ 推广组合化。处理物料搬运装卸的方法有3种形式：普通包装的物料逐个装卸，称为"分块处理"；将颗粒状物料不加小包装而原样装卸，称为"散装处理"；将物料以托盘、集装箱、集装袋为单位进行组合后装卸，称为"集装处理"。对于包装的物料，尽可能进行"集装处理"，实现单元化搬运装卸，可以充分利用机械进行操作。

知识拓展

本知识拓展主要讲述搬运装卸的分类、搬运装卸活性和活性指数，详细内容请扫描二维码。

知识拓展

业务技能训练

一、课堂训练

1. 简述搬运装卸的作业流程。

2. 选择某一类物品（如箱装电风扇）作为对象，讨论分析如何设计一个合理化的搬运装卸作业。

二、实训操作

1. 阅读以下材料。

自年初以来，面对市场货源紧张和港口竞争加剧等带来的巨大压力，宁波港集团对接国家"一带一路"战略，通过提升服务水平、深化"港航"（港口和船舶公司）合作、拓展腹地市场等有效举措，增强了物流功能，促进了业务增长，加快了"强港"进程。

宁波港集团通过加强现场管理、科学组织生产，推进服务水平新提升。6月27日，全球最大集装箱船"美慈马士基"轮首航宁波港，该船船长Larspeterjensen在接受记者采访时表示："宁波港口码头作业非常不错，效率很好！"目前，该型船舶在全世界投用了9艘，其中8艘首航选择宁波港口。

"今年以来，全球其他港口也在不断优化服务，但宁波港口始终保持着该型船舶全球挂靠港效率第一的位置。"宁波港集团有限公司总裁、宁波港股份有限公司董事长徐华江表示。同时，宁波港口也继续保持着平均15秒装卸一个集装箱的桥吊单机效率世界纪录。

凭借国际一流的服务实力，宁波港口加强与全球各大船公司、国际港口的交流合作，积极参与国际海运物流体系的结构调整，巩固了其作为国际深水枢纽港和21世纪海上丝绸之路重要节点的地位。上半年，宁波港集团调整了50多条集装箱国际航线，目前港口集装箱远洋干线达114条，航线总数达230条。

此外，宁波港口的矿、煤、油等基础货种运输生产也取得了良好业绩。上半年，宁波港口发挥矿石运输综合物流体系作用，提升港内外码头"组合拳"优势，完成矿石接卸量超2 800万吨，同比增长超15%。原油方面，宁波港口强化原油码头、储罐的集群效应，增强"原油中转一条龙"服务品牌优势，上半年完成原油接卸量超2 700万吨，同时，港口煤炭、液化品等货种的吞吐量亦保持高位运行。

根据以上材料，结合搬运装卸的基础知识，分析宁波港"平均15秒装卸一个集装箱"的原因。

2. 查找自身所在地区的工业园区，选择其中一个生产型企业，实地考察该企业运输部的搬运装卸作业活动，记录并分析搬运装卸的作业流程，提出该企业搬运装卸作业存在的问题及解决建议。

任务二　运输方式与规模经济、距离经济

知识要点：
- 运输方式的划分。
- 规模经济。
- 距离经济。

技能要点：
- 了解不同的运输方式、规模经济、距离经济的概念。
- 掌握各种运输方式的优缺点。

任务描述与分析

一、任务描述

赵丹青所在的公司仓库之前出租了一个大型库房，里面储存了大批货物，货物已经包装，可以直接装卸出库。承租方希望出租方能够承接这批货物的出库，并运输到指定的青岛、武汉和广州3个城市。

但公司不具备物流运输的设备和条件，决定和承租方商定运输由第三方物流完成，公司负责运输组织控制。

那么，公司如何选择运输方式，以最低的成本、最安全的方式、最快的速度完成运输业务？公司要求流通部3天内做出一份有关运输的调查报告。赵丹青加入到了这次工作任务中。

二、任务分析

很明显，此次任务需要赵丹青所在的团队拿出最真实的数据，为运输方式的选择提供充分的依据和支持。为此，赵丹青要明确以下3个方向性的内容：

① 调查的目的是了解当前运输环境下各种运输方式的情况，通过数据分析做出最佳运输方式的选择，为承租方节约运输成本。在这种情况下，承租方才会委托公司负责本次运输任务。同时，为公司带来利润，建立高水平运输管理的企业形象。

② 调查的内容包括从公司仓库分别到青岛、武汉和广州的5种运输方式的具体成本、运输时间、运输质量的保证程度，未来一个月的气候环境，以及到3个目的城市的货物特征。

③ 调查的途径包括通过网上实时地图寻找路线，通过气象网站了解气候环境变化，通过仓储信息系统获取货物特征，通过洽谈获得运输成本的变化范围，通过运输案例预测运输时间和运输质量的保证程度。

任务实施与心得

一、任务实施

紧扣调查目的，通过多种途径完成调查内容的数据和描述，形成一份详细的、可分析的调查报告。

① 充分了解承租方的运输需求。特别是承租方对运输时间的控制，对货物质量的最大承受能力，以及双方的运输责任和赔偿。

② 通过官方气象网站获得公司仓库城市，3个目的城市，以及运输路线经过的城市的气候变化，包括气温、风级、雨量、雾或霾等气候要素。

③ 通过仓储信息系统获取分别到3个城市的货物特征，包括货物总量、货物批次、货物尺寸、货物重量、货物运输要求等数据。

④ 通过官方网站上的实时地图，绘制运输路线，确定运输工具。

⑤ 由于公司运能有限，此次任务需要运输合作方加入。通过与可能的合作方洽谈，了解运输成本的可控范围，了解合作方过去的运输订单，确定合作方的运输能力和水平。

⑥ 制定调查报告信息表，如表5.6所示。

表5.6　调查报告信息

目的地	运输方式	路线	气候	运输工具	货物特征				运输成本	准时达到	防损能力	合作方
					货物批次	货物尺寸	货物重量	运输要求				
青岛	公路											
	铁路											
	河路											
	海路											
	航空											
武汉	公路											
	铁路											
	河路											
	海路											
	航空											
广州	公路											
	铁路											
	河路											
	海路											
	航空											

调查报告信息越详细越利于做出正确的运输决策，即实现合理化运输。

二、任务实施心得

通过对这次运输方式的调查，赵丹青充分认识到物流调查内容的具体性、调查方式方法的多选性、调查途径的多样性、调查态度的严谨性，熟悉了调查的实际操作业务。

通过调查工作，赵丹青加深了对专业知识，如运输成本、运输质量、合理化运输、运输的影响因素等的理解，并且在实战中熟练掌握了运输理论知识在具体工作实践中的应用，以及具体运输环境下的应变能力。

通过调查工作，赵丹青更加体会到运输基础数据对业务的重要性。没有基础数据作为支撑，业务的选择和开展将很盲目，不利于达到运输的安全性要求。

相关知识

一、运输

运输是指用设备和工具，将物品从一地点向另一地点运送的物流活动。具体包括集货、分配、搬运、在途、中转、卸下、分散等一系列操作。它的目的是以改变物品的空间位置实现物品流通。

运输是物流系统的大动脉，能够创造货物的空间效用和时间效用，扩大货物的市场范围，平衡货物的社会流通，促进社会分工。

运输和搬运的最大区别在于，运输是在不同区域间的大范围活动，而搬运是在同一区域内的小范围活动。

二、运输方式

运输方式是指完成运输所需的手段、方法与形式，具体是为完成运输任务而采取一定性质、类别的技术装备和一定的管理手段。

运输方式根据不同的划分依据有不同的分类。

按运营主体划分为自营运输、经营性运输和公共运输。

按运输范围划分为干线运输、支线运输、二次运输和厂内运输。

按运输协作程度划分为一般运输、联合运输和多式联运。

按运输中途是否换装划分为直达运输和中转运输。

按运输设备及运输工具划分为公路运输、铁路运输、水路运输、航空运输和管道运输。电子商务物流行业中通常根据此种方式划分，下面进行详细介绍。

（一）公路运输

公路运输是指主要使用汽车或其他辅助车辆在公路上进行货物运输的一种方式。公路运输主要承担近距离、小批量的货运，以及水运、铁路运输难以到达地区的长途、大批量货运及铁路、水运难以发挥优势的短途运输。随着货运市场的扩大，近年来，在有铁路、水运的地区，较远距离的大批量运输也开始使用公路运输。公路运输的经济里程在200千米以内。

公路运输的优点是灵活性强，可以满足用户的多种要求，易于因地制宜，对收到站设施要求不高；公路建设期短，投资较低；可以采取"门到门"的运输形式，而不需要转运或反复搬运装卸。

公路运输的缺点是运输单位小，不适合大量运输，长距离运输运费较高。

（二）铁路运输

铁路运输是指使用铁路列车运送货物的一种运输方式。铁路运输主要承担长距离、大批量的货运，是在干线运输中起主力运输作用的运输形式，在没有水运条件的地区，几乎所有大批量货运都依靠铁路。铁路运输的经济里程一般在200千米以上。

铁路运输的优点是运输速度快，高速铁路运行时速可达到200～350千米/小时；运输能力大，能承运大批量的货物，是大宗货物通用的运输选择；运输成本低，单位运输成本比公路运输和航空运输低得多，如果考虑搬运装卸费用，甚至低于内河水路运输。

铁路运输的缺点是灵活性低，只能在固定线路上实现运输，还需要其他运输手段的配合和衔接。

（三）水路运输

水路运输是指使用船舶运送货物的一种运输方式。水路运输主要承担长距离、大批量的货运，是在干线运输中起主力作用的运输形式。在内河及沿海，小型水上运输工具担任补充及衔接大批量干线水路运输的任务。

水路运输有沿海运输、近海运输、远洋运输和内河运输4种形式。

沿海运输是指使用船舶通过大陆附近沿海航道运送货物的一种方式，一般使用中、小型船舶。

近海运输是指使用船舶通过大陆邻近国家或地区海上航道运送货物的一种方式，视航程远近可使用中型船舶或小型船舶。

远洋运输是指使用船舶跨大洋的长途运输的一种方式，主要依靠运量大的大型船舶。

内河运输是指使用船舶在陆地内的江、河、湖、川等水路进行运输的一种方式，主要使用中小型船舶。

水路运输的优点是运输成本低、批量大、距离远，适合宽大、质量重的货物。

水路运输的缺点是运输速度较慢、港口的装卸费用较高，不适合短距离运输，航行受天气影响较大。

（四）航空运输

航空运输是指使用飞机或其他航空器进行运输的一种形式。航空运输主要适合运载价值高、运费承担能力很强的货物及紧急需要的物资，如贵重设备零部件、高档物品、救灾抢险物资等。

航空运输的优点是速度快，不受地形的限制，在陆上交通达不到的地区可依靠航空运输，在紧急状态下也可依靠航空运输。

航空运输的缺点是运输成本高，受货物重量的限制。

（五）管道运输

管道运输是指利用管道设备输送气体、液体和粉状固体的一种运输方式。管道运输依靠物质在管道内顺着压力方向循环移动实现。和其他运输方式的重要区别在于，管道设备是静止不动的。

管道运输的优点是可避免散失、丢失等损失，也不存在无效运输问题，运输量大，适合于大量且连续不断运送的物质。

管道运输的缺点是运输设备建设投资大、周期长，对运输货物有特定要求和限制，功能单一，灵活性差。

运输方式的选择和运输管理要遵循规模经济和距离经济两个基本原理的指导。

三、规模经济

规模经济理论是经济学的基本理论之一。规模经济理论是指在某一特定时期内，企业产品绝对量增加时，其单位成本下降，即扩大经营规模可以降低平均成本，从而提高利润水平。这一理论结合到物流运输业被赋予了新的应用意义。

在运输业，规模经济是指随着运输货物规模的增长，每单位货物的运输成本将会降低。

运输规模经济的存在是因为转移单位货物相关的固定费用（包括装卸费用、运输工具费用、设备费用、人力费用及管理费用等）可以按整批货物量分摊，批量越大，固定费用分摊后越小。

规模经济使得货物的批量运输显得合理。比如，整车运输要比零担运输的单位成本低。

四、距离经济

在运输业，距离经济是指随着货物运输距离的增加，每单位距离的运输成本将会降低。

运输距离经济的存在是因为运输装卸产生的固定费用可以分摊到每单位距离的变动费用，距离越长，固定费用分摊后越小。

距离经济使得货物的直达长途运输显得合理。比如，在完成相同每吨货物每千米的运输情况下，一次运输1 000千米要比两次运输500千米的运输成本低。

知识拓展

本知识拓展主要讲述运输距离原理、运输系统现代化，详细内容请扫描二维码。

业务技能训练

一、课堂训练

1. 简述5种不同运输方式的优缺点。
2. 举例分析5种运输方式下规模经济、距离经济的实现。

二、实训操作

1. 阅读以下材料。

我国首个电商快递班列7月1日开始运行

我国首列电商快递班列于7月1日正式在上海与深圳之间运行。业内认为，这不仅对快递业产生影响，也是中国铁路市场化的新尝试。

中国快递协会表示，对快递企业铁路货运需求进行调查后，他们与中铁总公司进行了多次对接。中铁总公司按照快递企业的需求，仅用不到2个月的时间，便在北京、上海、广州、深圳四地间，为快递行业量身定制首批3对6列电商快递班列。沪深班次列车将于7

月1日随全国铁路新运行图的实施正式运行，另外两对班列的开通时间正在加紧制定。对此，有快递行业从业者表示："我们非常欢迎，也非常乐意见到铁路资源更多地投入到社会化的运输环节中，我们也期待能够跟铁路有更多的合作。"

近年来，在电商企业的物流大战中，飞机和公路运输一直是快递业间较量的主要渠道，铁路运输占比不到1%，而与公路、航空相比，铁路却有着安全、准点率高、运输量大、低碳环保等优势，在中国快递咨询网首席顾问徐勇看来，电商班次列车的开通，对快递业和铁路行业都是利好。徐勇认为，它对快递公司是一个利好，因为现在的快递公司更多地采用干线运输、车辆运输，采用铁路运输的方式可以节省很多成本。另外就是此举让铁路在市场化改革当中更加贴近市场，这是一个标志。

思考：根据以上材料，结合运输的有关知识，请分析铁路运输加入快递业对电子商务快递物流的影响。

2. 阅读以下科技信息。

美拟建立无人机快递系统，可便捷运输任何货物

据英国每日邮报报道，目前，美国一家公司称，不久将建立一个庞大的国际无人机运输网络，能够送递任何物体，其中包括邮件和药物等。

Matternet公司现已在海地和多米尼加共和国测试了无人机网络，它们能够携载2千克物体飞行9.7千米。该公司希望进一步扩张计划，来替换当前的快递网络，并建立一个无人机配件全球供应系统，为这些自控飞行器提供保障。同时，还计划建立充电基站，使无人机可以沿途降落进行充电。

该公司希望这个无人机快递网络用于乡村地区或者未建立便捷交通道路的国家，Matternet公司CEO安德里亚斯·拉普托普洛斯（Andreas Raptopoulos）说："以最简单的方法来描述我们的成果，就是在发展中国家对比无人机起飞后的移动通信能力。我们希望以类似的方法跨越传统运输模式，通过无人机将各种货物送递到相对隔离偏远的地区。"同时，公司还有一个宏伟的计划，拉普托普洛斯称，我们正在使用无人机网络建立下一代运输范例。

未来潜在的应用还包括对相对隔离地区送递药物，对贫困乡村提供食物供应，对遭受自然灾害的隔离地区提供重要物资等。

如果最初测试获得成功，将建立一个城市规模的无人机快递网络，到时无人机在空中飞行，实现货物的送递。Matternet公司认为，未来无人机网络的成本将大幅降低。该公司对非洲莱索托首都马塞卢进行分析，提出在该城市建立50个基站和150架无人机的"快递系统"仅需要90万美元。

以上述材料作为指引，通过网络调查方式，撰写一份主题为"电子商务行业运输方式的发展过程"的调查报告。

任务三　合理化运输

知识要点：
● 运输的成本。
● 运输的质量。

技能要点：
● 了解运输成本和运输质量的内容。
● 掌握合理化运输的组织管理。

任务描述与分析

一、任务描述

在任务二的基础上，根据调查报告，通过计算分析，设计一个合理化运输的方案，目标是以最低的成本、最安全的方式、最快捷的速度将承租方的货物运输到指定的青岛、武汉和广州3个城市。

二、任务分析

设计合理化运输方案的过程是一个计算分析、管理决策的过程。

运输的调查报告是计算分析的对象，这已在前面的任务中完成。

方案的管理决策除了依据调查报告的计算分析结果，还需要具备专业的运输管理知识和实践经验。

在此，赵丹青需要深入理解和掌握运输合理化的含义、形式、作用及影响要素，理解运输成本和运输质量对运输的意义，掌握降低运输成本和保证运输质量的措施，要掌握常见的不合理运输的形式。在丰富的知识背景和详细的调查数据分析的条件下，做出的方案决策才能趋于合理。

任务实施与心得

一、任务实施

由于赵丹青全程参与了运输调查报告的制订工作，对调查报告已然很熟悉了。他缺少的是管理决策的经验和姿态。所以，他从以下4个步骤入手：

① 深入进行运输管理知识的理论学习，包括运输合理化的含义、形式、作用及影响要素，进一步理解运输成本的划分和计算，以及降低运输成本的措施，理解运输质量的范围和保证措施。总之是全面掌握运输合理化的综合知识。

② 除理解运输合理化的形式外，也要全面理解不合理运输的形式，通过对比加深对运输管理的理解。

③ 查找十几个规模、运输量、运输环境与本公司类似的案例，分析案例的全部内容，借鉴案例的成功经验，吸取案例的失败教训，以案例分析的形式弥补自身经验欠缺的

弱点。

④ 综合分析案例，修改、优化和完善方案，确定最终实施方案。

二、任务实施心得

此次任务消耗的时间不比运输调查耗时短，甚至更长。

当方案决策落地时，赵丹青更加体会到运输管理决策的深层意义，认识到对物流运输知识的系统掌握对提升管理决策能力的重要性。

经过这次管理决策，赵丹青发现自己关于运输管理的理论知识更扎实了，实践经验更丰富了，觉得运输管理工作很有意义和价值。

相关知识

一、运输成本

运输成本是单位运输成本的简称，是指单位运输产品分摊的运输费用支出，也可以理解为完成单位运输产品的运输支出。

在一定时间内完成一定客货运输量的全部费用支出，称为该期运输总成本。

（一）运输成本的构成

运输成本由3个部分组成，分别是固定设施成本、移动设备成本和运营成本。

① 固定设施成本是指固定运输设施的所有投资成本。除了起初的投资建设，固定设施成本还包括养护、维修及其他相关使用成本。

② 移动设备成本是指运输过程中使用到的可移动的运输工具产生的折旧费用。可移动的载运工具包括铁路机车车辆、各类卡车、公共汽车、小汽车、各类客货船舶和飞机等。运输工具的使用寿命通常按年或行驶里程来计算。

③ 运营成本是指运输过程中涉及的人力工资及能源消耗的费用。运输工作量越大，能源消耗越大，运营成本越高。

根据运输成本支出范围，运输成本的内容一般有：办理货物运输的费用，运输准备工作和车、船运行中的费用，运输生产单位固定资产的折旧费和维持保养费用，运输生产单位的间接生产费、服务费和管理费。

（二）降低运输成本的措施

降低运输成本可采取以下措施：

① 减少运输环节。运输是物流活动过程中的一个主要环节，涉及装卸、搬运、流通等多种环节，增加不少成本。因此，对有条件直运的，应尽可能采取直运，由产地直运到销地或用户，减少运输环节。

② 合理选择运输方式。运输方式的经济性、迅速性、安全性和便捷性之间存在着相互制约的关系。因此，在目前多种运输方式并存的情况下，必须注意根据不同货物的特点及对物流时效的要求，对运输方式所具有的功能特征进行综合评价，以做出合理运输方式的策略选择。

③ 制订最优运输计划。在企业到消费地的单位运费、运输距离及各企业的生产能力和消费量都已确定的情况下，可用线性规划技术来解决运输的组织问题。如果企业的生产量发生变化，生产费用函数是非线性的，就应使用非线性规划来解决。属于线性规划类型

的运输问题，常用的方法有单纯形法和表上作业法。

④ 注意运输形式。采用零担凑整、集装箱、捎脚回空运输等方法，扩大每次运输批量，减少运输次数。采用合装整车运输是降低运输成本的有效途径。合装整车运输的基本做法有：零担货物拼整车直达运输，零担货物拼整车接力直达或中转分运，整车分拆和整车零担等。

⑤ 提高货物装载量。改进商品包装，压缩宽松的商品体积并积极改善车辆的装载技术和装载方法，可以运输更多的货物。提高装载率的基本思路是：一方面要最大限度地利用车辆载重吨位；另一方面要充分使用车辆装载容积。

具体的做法包括组织轻重配装；对于体大笨重、不易装卸又容易碰撞致损的货物（如自行车、科学仪器等），可采取解体运输。

二、运输质量

（一）运输质量的内容

运输质量是指货物运输的安全和服务质量。运输质量的客观依据是用户的合理需要，评价标准在于用户的满意程度。运输质量的内容包括运输货物质量、运输服务质量和运输工作质量。

① 运输货物质量是指满足货主对货物的特定需求的一种特性。它反映了顾客在物质方面的需求。

② 运输服务质量是指在运输过程中，能满足顾客精神、文化需求的一种特性。它反映了顾客在精神方面的需求。

③ 运输工作质量是指运输过程中所涉及的各种设施、设备、制度、规范、文化等符合有关质量要求的一种特性。它是运输产品质量和运输服务质量的保障。

（二）影响运输质量的因素

影响物流运输质量的因素包括以下几点。

① 物流运输参与者，包括参与者技术熟练程度、对质量意义的认识、身体状况和工作精力等。

② 运输工具，包括运输工具的技术状况和日常维护状况、单位修理能力及备件供应等。

③ 运输线路，包括线路的不同等级、平坦度、坚固程度、陡坡、障碍物及交通流量、交通设施等。

④ 环境，包括人流、车流、气候自然变化等。

⑤ 运行条件和操作方法，包括运输组织、操作技术水平、安全运行管理、由运送对象的特性和要求所决定的各项影响因素等。

运输质量的管理主要是控制这5个影响因素的变化，掌握这些因素变化与运输质量的内在联系，运用其规律改善各个因素及其组织，提高运输质量。

（三）提高运输质量的措施

提高运输质量的措施包括以下几点：

① 在管理方面，改变传统的分散管理模式，提高运输人员质量意识，加强相互协调。积极开展物流标准和质量管理工作，健全责任制，完善运输质量管理工作的评价体系。运用先进的准时制生产管理和全面质量管理的新思想、新理论，形成运输质量管理的特色。

② 在技术方面，采用现代化信息技术，实现物流信息化，建立质量管理系统。采用合理的包装材料，积极推进集装化运输、储存、搬运装卸作业。提高运输作业标准化、机械化、自动化程度。综合规划物流系统，实现运输现代化作业。通过定性分析，确定合理的运输及流向，提高运输服务质量。在物流运输、搬运、装卸、配送、用户服务等物流活动中采用科学的方法和现代化技术，提高运输工作质量。充实完善评价运输质量的指标体系，持续改进运输质量控制管理方法。

三、运输合理化

运输合理化是指从物流系统的总体目标出发，按照货物流通规律，运用系统理论、系统工程原理和方法，合理利用各种运输方式，选择合理的运输路线和运输工具，以最短的路径、最少的环节、最快的速度和最少的劳动消耗，顺利组织货物的运输与配送。

（一）合理化运输形式

合理化运输有以下4个主要形式：

① 分区产销平衡。分区产销平衡是指在组织物流活动时，对某些产品使其在一定的生产区域固定于一定的消费区，实行这一办法对于加强产、供、运、销的计划性，消除过远运输、迂回运输、对流运输等不合理运输，充分利用地方资源，促进生产合理布局，节约运力，降低物流成本都有十分重要的意义。

② 直达运输。直达运输是指在组织运输过程中跨过商业、物资仓库或其他中间环节，把货物从出发地直接一步到位运到销地或用户手中，减少中间环节。随着市场经济的发展，企业为了降低流通费用，采用直达运输的比例在迅速提高，这对减少物流中间环节，提高物流效益和生产经营效益都有重要作用。

③ 提高技术"装载量"。这种办法可以最大限度地利用运载工具的装载吨位和装载容积，提高运输能力和车辆的运量。主要方法有实行分单体运输、组织轻重配装、提高堆码技术、合装整车（零担）、拼装整车中转分运等。

④ 推进综合运输方式。精心规划、统筹兼顾，大力发展综合运输体系，推进联合运输方式，可以增强运输生产能力，缓解交通运输紧张的痼疾。多年来，我国交通运输出现不平衡情况，有的线路运输压力过大，有的线路运力发挥不够，有的运输方式严重超负荷。而实现综合运输体系将改变这一协调不平衡的状况，大幅度提高运输能力，按照各种运输方式的技术经济特征建立合理的运输结构，扬其所长避其所短，以最大程度地提高合理化运输水平，提高运输效率和经济效益。

（二）合理化运输的作用

运输合理化有以下4个主要作用：

① 合理组织货物运输可以使物质产品迅速地从生产地向消费地转移，加速资金的周转，促进社会再生产过程的顺利进行，保持国民经济稳定、健康的发展。

② 货物的合理运输能节约运输费用，降低物流成本。物流过程的合理运输，就是通过运输方式、运输工具和运输路线的选择，进行运输方案的优化，实现运输合理化。运输合理化必然会缩短运输里程，提高运输工具的效率，从而达到节约运输费用、降低物流成本的目的。

③ 合理的运输缩短了运输时间，加快了物流速度。合理组织运输活动，可使被运输的货物在途时间尽可能缩短，实现及时到货，因而可以降低库存商品的数量，实现加快物流速度的目的。

④ 运输合理化可以节约运力，缓解运力紧张的状况，还能节约能源。运输合理化可以克服许多不合理的运输现象，提高货物的通过能力，合理利用运输能力。同时，降低运输中的能源消耗，提高能源利用率。

（三）运输合理化的决定性影响因素

运输合理化的决定性影响因素包括以下5个方面：

① 运输距离。在运输中，运输时间、货损、运费、运输工具周转等运输技术经济指标，都与运输距离有一定关系，运输距离的长短是运输是否合理的一个最基本因素。缩短运输距离是运输合理化的根本。

② 运输环节。每增加一次运输，不但会增加起运的运费和总运费，而且要增加运输的附属活动，如搬运、装卸、包装等，由此各项运输技术经济指标也会下降。

③ 运输工具。对运输工具进行优化选择，根据运输工具的特点进行各种运输作业，最大程度地发挥运输工具的优势作用，是运输合理化的重要一环。

④ 运输时间。运输是物流过程中耗时较多的环节，特别是远程运输，运输时间占全部物流时间的绝大部分，因此运输时间的缩短对整个物流时间的缩短有决定性的作用。

⑤ 运输费用。降低运输费用，无论对货主还是对物流经营企业来讲，都是运输合理化的一个重要目标。

知识拓展

本知识拓展主要讲述不合理运输和多式联运，详细内容请扫描二维码。

业务技能训练

一、课堂训练

1. 分别简述运输成本和运输质量的内容。
2. 阅读以下材料。

顺丰推出快递化物流服务"物流普运"，发力普货运输市场

顺丰近期推出快递化物流服务"物流普运"，进军普货运输市场。深圳天马微电子股份有限公司等大型企业已与其达成合作。顺丰公关部更透露，新业务推出不足半月，其普货周发件量已增长超过20%。

顺丰3月中旬推出"物流普运"业务，旨在满足客户同一目的地批量发货需求。产品主要针对20千克以上的大货，并能够为货主提供保价、代收货款等多项增值服务。这也标志着顺丰正式发力普货运输市场。

与快递业务定位相似，顺丰普货运输依旧打"高端牌"，定价1～7.5元/千克，单票最低收费为120～150元。但可以像快递一样为货主提供"门到门"服务，并通过定时定点集散中转模式，保证物流普运时效，邻近省份2～4天，偏远地区4～6天。

记者获悉，在深圳地区，顺丰普运业务已"斩获"天马微电子股份有限公司等大型企业。该公司是三星、华为、中兴等企业的供货商。天马微电子公司负责人表示，顺丰不仅发车频次高还不需要提前预订，"相当于以零担的货物量享受到整车物流的服务"。此

外，"门到门""送货上楼"等服务，在物流业内也比较新颖并具有吸引力。

在"物流普运"正式上线前，顺丰曾在全国44个城市试点开展普货运输业务，而在全国铺开后，不到半个月的时间里，顺丰普货周发件量增长已经超过两成。张裕葡萄酿酒股份有限公司、小狗电器（北京）有限公司等知名企业，目前也在和顺丰进行业务洽谈。

值得一提的是，顺丰早期曾表态只做快递、小件，不做重活，甚至坊间传言其一度拒绝来自摩托罗拉的"肥单"，而现在却突然发力普货运输市场。对此，顺丰公关部相关负责人解释，顺丰希望不断顺应市场发展，满足客户多元化需求，拓展业务板块，积极向"物流超市"转型，致力于提供一站式物流解决方案。

物流业界对此的解读是，在成为民营快递的"领头羊"后，顺丰已不再局限于快递业务，而是要向综合物流服务商转型，提升自己的供应链管理能力。

根据以上材料，谈谈你对"物流普运"的理解，并讨论分析"物流普运"这种物流运输新形式的合理性。

二、实训操作

阅读以下材料。

延吉货运中心为化肥运输开辟绿色通道

随着春耕季节的临近，化肥源源不断地运抵地处边疆地区的延吉货运中心管内各货场。

吉林省延边朝鲜族自治州盛产优质水稻，是特色有机大米的主要产区。1月过后，延吉货运中心便开始了市场调查。货运营销小组成员深入走访吸引区内的农资经销企业，了解化肥到达的数量、时间和发运方向等，为快装、快卸做好人力和物力准备。

为确保到达的化肥第一时间交付，该中心开辟了绿色通道，采取优先取送对位、优先配备劳力、优先组织外运等措施，管内各货场和专用线24小时开放。中心主管运输的副总经理每天与各营业室负责人对话；调度室根据货运调度信息管理系统，全程跟踪化肥到达情况；各营业室科学安排装卸机具和劳力，提高装卸车效率。针对货位紧张的情况，各营业室组织企业分散发货，让化肥错峰到达。管内6家联营车队积极配合，确保及时腾空卸车货位。

进入2月份，几场大雪相继来袭。为防止化肥湿损，该中心准备了充足的塑料膜和防湿篷布，并腾空部分仓库临时储存化肥。卸车时，货运员全程监督，装卸人员轻拿轻放、堆码整齐，保证包装完好。

① 根据以上材料，请陈述延吉货运中心做了哪些运输合理化的准备。

② 结合运输的有关知识，请分析运输合理化的作用。

項目六

电子商务配送与配送中心

任务一　配送合理化

知识要点：
- 配送的概念及分类。
- 合理化可采取的做法。
- 商务物流配送的特点、模式及选择。

技能要点：
- 掌握配送合理化的判断标志和不合理化的形式。
- 运用节约里程法。
- 节约里程法的优缺点及改进建议。

任务描述与分析

一、任务描述

① 宝洁公司是广州配送中心较大的客户之一，其配送的城市和货运量如表6.1所示。赵丹青调查其配送情况，现在以广州配送中心为例来说明有装载限制的车辆调度的优化方法。公司客户分布在全国各地，这里主要以广东省内7家客户及省外一家特殊客户的一次配送为例。

表6.1　城市和货运量

城市（i）	东莞	江门	惠州	阳江	汕尾	揭阳	汕头	漳州
货运量（Q_i）	4.3	1.8	0.7	2.2	3.6	3.6	1.6	2

② 广州配送中心为这次配送提供了3种车型，载重量分别为2吨、5吨和8吨，不同车型的运输单价不一样，具体见运输单价表（见表6.2）。配送中心的配送是对外协商提供车辆，因此汽车的数量没有限制。

表6.2　运输单价

车辆载重/吨	2	5	8
运价/（元/千米）	2.4	2.7	3.65

二、任务分析

作为电子商务物流人才，在开展工作中，实施配送合理化任务，必须掌握配送不合理的表现形式和配送合理化的判断标准。如果企业要节约物流成本，就要掌握进行合理化配送可采取的方法，特别是合理化配送中的关键，即配送路线优化中的节约里程法。针对本任务，我们用节约里程法让企业做到最大化地节约物流配送成本，具体如下：

① 求出各城市之间的距离。

② 计算连接城市间同一路线上的距离节约值。

③ 确定初始方案的运输路线及运输费用。

④ 对路线进行一次或多次优化（视情况而定），得出车辆调度最优结果。

⑤ 按照相关车型和载重量的要求，确定一条最优路线。重复以上优化步骤，得出最终配送计划。

⑥ 最终方案的确定。

任务实施与心得

一、任务实施

① 各城市之间的距离如表6.3所示。

表6.3 各城市之间的距离

	广州								
东莞	50	东莞							
江门	53	84	江门						
惠州	116	64	152	惠州					
阳江	173	214	136	278	阳江				
汕尾	221	165	231	107	351	汕尾			
揭阳	333	265	338	278	478	126	揭阳		
汕头	344	295	370	235	491	144	35	汕头	
漳州	478	418	492	355	629	289	165	158	漳州

② 计算连接城市到同一路线上的距离节约值，具体如表6.4所示。

表6.4 运输路线节约里程

	东莞							
江门	19	江门						
惠州	102	17	惠州					
阳江	9	90	11	阳江				
汕尾	106	43	230	43	汕尾			
揭阳	118	48	171	28	428	揭阳		
汕头	99	27	225	26	421	642	汕头	
漳州	233	39	239	22	410	646	664	漳州

③ 确定初始方案的运输路线及运输费用，现安排4辆2吨、4辆5吨的车给每个客户送货。运输路线及运输费用如表6.5所示。

表6.5　运输路线及运输费用

运 输 路 线	车型/吨	距离/千米	单价/（元/千米）	运费/元
广州—东莞	5	50	2.7	135
广州—江门	2	53	2.4	127.2
广州—惠州	2	116	2.4	278.4
广州—阳江	5	173	2.7	467.1
广州—汕尾	5	221	2.7	596.7
广州—揭阳	5	333	2.7	899.1
广州—汕头	2	344	2.4	825.6
广州—漳州	2	478	2.4	1 147.2
合　计		1 768		4 476.3

④ 进行路线第一次优化，如表6.6、6.7所示。

表6.6　各城市之间的连接值

货运量/吨		广州								
4.3	东莞	2	东莞							
1.8	江门	2	0	江门						
0.7	惠州	2	0	0	惠州					
2.2	阳江	2	0	0	0	阳江				
3.6	汕尾	2	0	0	0	0	汕尾			
3.6	揭阳	2	0	0	0	0	0	揭阳		
3.6	汕头	2	0	0	0	0	0	0	汕头	
3.6	漳州	2	0	0	0	0	0	0	1	漳州

注：0表示不连接，1表示网点之间连接，2表示和配送中心连接。

表6.7　第一次修改后的车辆调度结果

运 输 路 线	车型/吨	距离/千米	单价/（元/千米）	运费/元
广州—东莞	5	50	2.7	135
广州—江门	2	53	2.4	127.2
广州—惠州	2	116	2.4	278.4
广州—阳江	5	173	2.7	467.1
广州—汕尾	5	221	2.7	596.7
广州—揭阳	5	333	2.7	899.1
广州—汕头—漳州	5	502	2.7	1 355.4
合　计		1 148		3 858.9

⑤ 继续进行路线优化，如表6.8 ~ 6.10所示。

表6.8　优化后各城市之间的连接值

货运量/吨		广州								
4.3	东莞	2	东莞							
1.8	江门	2	0	江门						
0.7	惠州	2	0	0	惠州					
2.2	阳江	2	0	0	0	阳江				
3.6	汕尾	2	0	0	0	0	汕尾			
7.2	揭阳	2	0	0	0	0	0	揭阳		
7.2	汕头	2	0	0	0	0	0	1	汕头	
7.2	漳州	2	0	0	0	0	0	1	1	漳州

注：0表示不连接，1表示网点之间连接，2表示和配送中心连接。

表6.9　第二次修改后的车辆调度结果

运 输 路 线	车型/吨	距离/千米	单价/（元/千米）	运费/元
广州—东莞	5	50	2.7	135
广州—江门	2	53	2.4	127.2
广州—惠州	2	116	2.4	278.4
广州—阳江	5	173	2.7	467.1
广州—汕尾	5	221	2.7	596.7
广州—揭阳—汕头—漳州	8	526	3.65	1 919.19
合　　计		1 139		3 523.59

表6.10　最终优化后的各城市之间的连接值

货运量/吨		广州								
4.3	东莞	2	东莞							
1.8	江门	2	0	江门						
7.9	惠州	2	1	0	惠州					
2.2	阳江	2	0	0	0	阳江				
3.6	汕尾	2	0	0	0	0	汕尾			
7.9	揭阳	2	0	0	1	0	0	揭阳		
7.9	汕头	2	0	0	0	0	0	1	汕头	
7.9	漳州	2	0	0	0	0	0	1	1	漳州

注：0表示不连接，1表示网点之间连接，2表示和配送中心连接。

从表中可以看出，广州—惠州—揭阳—汕头—漳州路线上的总货运量达到7.9吨，再连接任一个城市都将使货运量超过最高限制（8吨），则不能继续配载，所以可以首先确定的是这一条路线。然后剩下的东莞、江门、阳江和汕尾重复以上的优化步骤，得到最终配送计划。

⑥ 最终方案的确定，如表6.11、6.12所示。

表6.11　最终确定的各城市之间的连接值

货运量/吨		广州							
4.3	东莞	2	东莞						
4	江门	2	0	江门					
7.9	惠州	2	1	0	惠州				
4	阳江	2	0	1	0	阳江			
3.6	汕尾	2	0	0	0	0	汕尾		
7.2	揭阳	2	0	0	1	0	0	揭阳	
7.2	汕头	2	0	0	0	0	0	1	汕头	
7.2	漳州	2	0	0	0	0	0	1	1	漳州

注：0表示不连接，1表示网点之间连接，2表示和配送中心连接。

表6.12　最终修改后的车辆调度结果

运 输 路 线	车型/吨	距离/千米	单价/（元/千米）	运费/元
广州—东莞	5	50	2.7	135
广州—江门—阳江	5	189	2.7	510.3
广州—汕尾	5	221	2.7	596.7
广州—惠州—揭阳—汕头—漳州	8	587	3.65	2 142.55
合　计		1 047		3 384.55

通过对比初始方案与最终方案可知，通过优化可节约里程1 768−1 047=721（千米），节约成本4 476.3−3 384.55=1 091.75（元），仅8家客户的一次配送就节约了物流配送成本1 091.75元。

二、实施心得

（一）节约里程法的优缺点及改进建议

节约里程法的优点是简便、易行，一方面体现出优化运输过程，与一般方法相比缩短了运输路程；另一方面体现了物流配送网络的优势，实现了企业物流活动的整合，而且思路简单清晰，便于执行。

节约里程法的缺点是利用此法选择配送路线过于强调节约路程，而没有考虑行程中的时间因素，在许多情况下，时间因素在物流配送成本与服务质量中扮演着更重要的角色。利用节约里程法选择配送路线不能对客户的需求进行灵活多变的处理。由于现代消费者的需求倾向于个性化，引起企业的生产、销售和配送也越来越倾向于小批量、多品种、多批次。而节约里程法更适合需求稳定或需求时间不紧迫的情况，这显然不能满足现代多变的市场环境。

节约里程法的改进建议是在对配送路线选择决策时，通常考虑较优的原则。比如，通过深入了解客户，加强与客户的信息交流，根据客户需求的时间变化对其进行分类，以增加配送的灵活性；路线决策过程中实施多路线同步决策并综合考虑路程长短、时间因素等来进行改进。

（二）节约里程法的意义

通过精心设计的最佳路线依次将货物送到客户手中，这样既保证按时按量将用户的货物及时送达，又节约了车辆，节省了费用，缓解了交通紧张的压力，并减少了运输对环境造成的污染。从这里我们不难明白，中国的物流行业是一座金山，只有利用先进的管理方法，不断提高效率，才可能大幅降低整体业务成本。

相关知识

一、配送概述

配送是物流活动中一种非单一的业务形式，与商流、物流、资金流紧密结合，主要包括商流活动、物流活动和资金流活动，是包括了物流活动中大多数必要因素的一种业务形式。从物流来讲，配送几乎包括了所有的物流功能要素，是物流的一个缩影，或是在某小范围中物流全部活动的体现。一般的配送集装卸、包装、保管、运输于一身，通过这一系列活动完成配送任务。

配送将货物送达目的地。特殊的配送则还要以加工活动为支撑，所以包括的方面更广。但是，配送的主体活动与一般运输却有不同，一般运输是长距离货物运送及保管，而配送则是相对短距离运送及分拣配货。分拣配货是配送的独特要求，也是配送中有特点的活动。以送货为目的的配送则是最后实现客户需求的主要手段，从这一主要手段出发，常常将配送简化地看成运输中的一种。

从商流来讲，配送和物流的不同之处在于，物流是商物分离的产物，而配送则是商物合一的产物，配送本身就是一种商业形式。虽然配送具体实施时，也有以商物分离形式实现的，但从配送的发展趋势看，商流与物流越来越紧密地结合，是配送成功的重要保障。

二、不合理配送的表现形式

对于配送的决策优劣，不能简单论之，也很难有一个绝对的标准。例如，企业效益是配送的重要衡量标志，但是，在决策时常常考虑各个因素，有时要做赔本买卖。所以，配送的决策是全面、综合决策。在决策时要避免由于不合理配送所造成的损失，但有时某些不合理现象是伴生的，要追求大的合理，就可能派生出小的不合理。因此，这里只单独论述不合理配送的表现形式，但要防止绝对化。

（一）资源筹措的不合理

配送是指较大批量筹措资源，通过筹措资源的规模效益来降低资源筹措成本，使配送资源筹措成本低于用户自己筹措资源的成本，从而取得优势。如果不是集中多个用户需要进行批量筹措资源，而仅仅是为某一两户代购代筹，对用户来讲，一般情况下就不仅不能降低资源筹措费，相反却要多支付一笔配送企业的代筹代办费，因而是不合理的。资源筹措不合理还有其他表现形式，如配送量计划不准，资源数量筹措不符合需求，在资源筹措时不考虑建立与资源供应者之间长期稳定的供需关系等。

（二）库存决策不合理

配送应充分利用集中库存总量低于各用户分散库存总量，从而大大节约社会财富，同时降低用户实际平均分摊库存负担。因此，配送企业必须依靠科学管理来实现一个低总量的库存，否则就会出现仅仅是库存转移，而未解决库存降低的不合理的现象。配送企业库存决策不合理还表现为储存量不足，不能保证随机需求，失去了应有的市场。

（三）价格不合理

总的来讲，配送的价格应低于不实行配送而由用户自己进货时的产品购买价格加上自己提货、运输、进货的成本总和，这样才会使用户有利可图。有时候，由于配送有较高服务水平，价格稍高用户也是可以接受的，但这不能是普遍的原则。如果配送价格普遍高于用户自己的进货价格，损伤了用户利益，就是一种不合理表现。价格制定得过低，使配送企业处于无利或亏损状态下运行，会损伤销售者，也是不合理的。

（四）配送与直达的决策不合理

一般的配送总是增加了环节，但是这个环节的增加可降低用户平均库存水平，因此不但抵消了增加环节的支出，而且还能取得剩余效益。但是如果用户使用批量大，可以直接通过社会物流系统均衡批量进货，较之通过配送中转送货可能更节约费用，所以，在这种情况下，不直接进货而通过配送就属于不合理范畴。

（五）送货中的不合理运输

配送与用户自提比较，尤其对于多个小用户来讲，可以集中配装一车送几家，这比一家一户自提可大大节省运力和运费。如果不能利用这一优势，仍然是一户一送，而车辆达不到满载（即配送过多过频时会出现这种情况），就属于不合理。此外，不合理运输若干表现形式在配送中都可能出现，会使配送变得不合理。

（六）经营观念不合理

在配送实施中，有许多是经营观念不合理，使配送优势无从发挥，相反却损坏了配送的形象。这是在开展配送时尤其需要注意克服的不合理现象。例如，配送企业利用配送手段，向用户转嫁资金、库存困难，在库存过大时，强迫用户接货，以缓解自己的库存压力；在资金紧张时，长期占用用户资金；在资源紧张时，将用户委托资源挪作他用来从中获利等。

三、配送合理化的判断标志

对于配送合理化与否的判断，是配送决策系统的重要内容。目前国内外尚无一定的技术经济指标体系和判断方法，按一般认识，以下若干标志是应当纳入的。

（一）库存标志

库存是判断配送合理与否的重要标志。具体指标有以下两个方面：

① 库存总量。在一个配送系统中，库存是指从分散于各个用户转移给配送中心实行一定程度的集中库存。在实行配送后，配送中心库存数量加上各用户在实行配送后库存数量之和应低于实行配送前各用户库存量之和。

② 库存周转。由于配送企业的调剂作用，以低库存保持高的供应能力，库存周转一般总是快于原来各企业库存周转。此外，从各个用户角度判断，各用户在实行配送前后的库存周转比较，也是判断合理与否的标志。

（二）资金标志

总的来讲，实行配送应有利于资金占用降低及资金运用的科学化。具体判断标志如下：

① 资金总量。用于资源筹措所占用的流动资金总量，随储备总量的下降及供应方式的改变必然有一个较大的降低。

② 资金周转。从资金运用来讲，由于整个节奏加快、资金充分发挥作用，同样数量资金过去需要较长时期才能满足一定供应要求，配送之后，在较短时期内就能达到此目的。所以，资金周转是否加快是衡量配送合理与否的标志之一。

③ 资金投向的改变。资金分散投入还是集中投入，是资金调控能力的重要反映。实行配送后，资金应当从分散投入改为集中投入，以此增加调控作用。

（三）成本和效益

总效益、宏观效益、微观效益、资源筹措成本都是判断配送合理化程度的重要标志。对于不同的配送方式，可以有不同的判断侧重点。例如，配送企业、用户都是各自独立、以利润为中心的企业，则不但要看配送的总效益，还要看对社会的宏观效益及两个企业的微观效益，不顾及任何一方都必然出现不合理。又例如，如果配送是由用户集团自己组织的，配送主要强调保证能力和服务性，那么，效益主要从总效益、宏观效益和用户集团企业的微观效益来判断，不必过多顾及配送企业的微观效益。由于总效益及宏观效益难以计量，在实际判断时，常以按国家政策进行经营、完成国家税收及配送企业与用户的微观效益来判断。

对于配送企业而言，在满足用户要求，即投入确定了的情况下，企业利润反映配送合理化程度。对于用户企业而言，在保证供应水平或提高供应水平（产出一定）前提下，供应成本的降低，反映了配送的合理化程度。

（四）供应保证标志

实行配送，各用户的最大担心是害怕供应保证程度降低，这并不简单是个心态问题，更是可能要承担风险的实际问题。配送的重要一点是必须提高而不是降低对用户的供应保证能力，才算合理。供应保证能力可以从以下方面判断：

① 缺货次数。实行配送后，缺货次数必须下降才算合理。

② 配送企业集中库存量。对每一个用户来讲，其数量所形成的保证供应能力高于配送前单个企业保证程度。

③ 即时配送的能力及速度。即时配送的能力及速度是用户出现特殊情况的特殊供应保障方式，这一能力必须高于未实行配送前用户紧急进货能力及速度才算合理。

特别需要强调一点，配送企业的供应保障能力是一个科学、合理的概念，而不是无限的概念。具体来讲，如果供应保障能力过高，超过了实际的需要，也属于不合理。所以追求供应保障能力的合理化也是有限度的。

（五）社会运力节约标志

末端运输是目前运能、运力使用不合理，浪费较大的领域，因而人们寄希望于配送来解决这个问题。这也成了配送合理化的重要标志。运力使用的合理化是依靠送货运力的规划和整个配送系统的合理流程及与社会运输系统合理衔接实现的。送货运力的规划是任何配送中心都需要花力气解决的问题，可以简化判断如下：社会车辆总数减少，而承运量增加；社会车辆空驶减少；一家一户自营运输减少，社会化运输增加。

（六）用户企业仓库、供应、进货人力物力节约标志

配送的重要作用是以配送代劳用户。因此，实行配送后，各用户库存量、仓库面积、仓库管理人员减少为合理，用于订货、接货、供应的人减少为合理。真正解除了用户的后顾之忧，配送的合理化程度才可以说达到高水平了。

（七）物流合理化标志

配送必须有利于物流合理。这可以从以下几方面判断：是否降低了物流费用；是否减

少了物流损失；是否加快了物流速度；是否发挥了各种物流方式的最优效果；是否有效衔接了干线运输和末端运输；是否不增加实际的物流中转次数；是否采用了先进的管理方法及技术手段。物流合理化的问题是配送要解决的大问题，也是衡量配送本身的重要标志。

四、配送合理化可采取的做法

国内外推行配送合理化，有一些可供借鉴的办法，简单介绍如下。

（一）推行一定综合程度的专业化配送

通过采用专业设备、设施及操作程序，取得较好的配送效果，并降低配送过分综合化的复杂程度及难度，从而追求配送合理化。

（二）推行加工配送

通过加工和配送结合，充分利用本来应有的这次中转，而不增加新的中转求得配送合理化。同时，加工借助于配送，加工目的更明确，和用户联系更紧密，更能避免盲目性。这二者有机结合，投入不增加太多却可追求两个优势、两个效益，是配送合理化的重要经验。

（三）推行共同配送

通过共同配送可以以最近的路程、最低的配送成本完成配送，从而达到合理化。

（四）实行送取结合

配送企业与用户建立稳定、密切的协作关系，配送企业不仅成为用户的供应代理人，而且承担用户储存据点的作用，甚至成为产品代销人。在配送时，将用户所需的物资送到，再将该用户生产的产品用同一车运回，这种产品也成了配送中心的配送产品之一，或者作为代存代储，免去了生产企业库存包袱。这种方式送取结合，使运力充分利用，也使配送企业功能有更大的发挥，从而达到合理化。

（五）推行准时配送系统

准时配送是配送合理化的重要内容。配送做到了准时，用户才有资源把握，可以放心地实施低库存或零库存，可以有效地安排接货的人力、物力，以追求最高的工作效率。另外，保证供应能力，也取决于准时供应。从国外的经验看，准时供应配送系统是现在许多配送企业追求配送合理化的重要手段。

（六）推行即时配送

作为计划配送的应急手段，即时配送是最终解除用户企业断供之忧、大幅度提高供应保证能力的重要手段。即时配送是配送企业快速反应能力的具体化，是配送企业能力的体现。即时配送成本较高，但它是整个配送合理化的重要保证手段。此外，用户实行零库存，即时配送也是重要保证手段。

五、配送路线优化

为达到高效率配送，做到时间最少、距离最短、成本最低，必然要求选择最佳的配送路线和车辆的综合调度。下面介绍节约里程法。

（一）节约里程法的基本思想

如配送中心同时向多位客户开展配送，而每位客户的送货量都不能满足配送车运输满载，这时候就宜采用拼装送货。送货时，由一辆车装载所有客户的货物，沿着一条精心设计的最佳路线一次性将货物送到各位客户手中，这样既保证按时按量将用户需要的货物及时送达，又节约了车辆，节省了费用，缓解了交通紧张的压力，并减少了运输对环境造成的污染。这种配送方法就是节约里程法。

（二）节约里程法的基本原理

设Q为配送中心，分别向A和B两个客户配送货物，Q至A和B的直线运输距离分别为$S1$和$S2$。

比较简单的方法是分别用两辆汽车对两个客户各自往返送货，则运输总距离为$S=2(S1+S2)$。

如果改用一辆车巡回送货（这辆车能承担两个用户的需要量），则运输总距离为$S=S1+S2+S3$，其中，$S3$为A、B之间的运输距离。

比较两个方案，后一种方案比前一种方案节约运输里程$\triangle S=S1+S2-S3$。

（三）节约里程法应用原则和注意事项

节约里程法的应用原则是在约束条件下追求利润最大化。为了使利润最大，可以通过使路程尽量缩短、运力运用适当、运送准确性高来实现。约束条件也就是应该注意的事项，其具体内容如下：

① 客户的需要，即客户对配送数量、质量、时间的要求。

② 交通和道路情况。

③ 收货站的停留时间。

④ 运载工具的载重量和容积要求及配送中心的配送能力。

知识拓展

本知识拓展主要讲述配送的分类、电子商务物流配送的特点、电子商务物流配送的模式及选择，详细内容请扫描二维码。

业务技能训练

已知配送中心P_0向5个用户P_j配送货物，其配送路线网络、配送中心与用户的距离以及用户之间的距离如图6.1所示，配送中心有3台2吨卡车和2台4吨卡车两种车辆可供使用。利用节约里程法制订最优的配送方案。

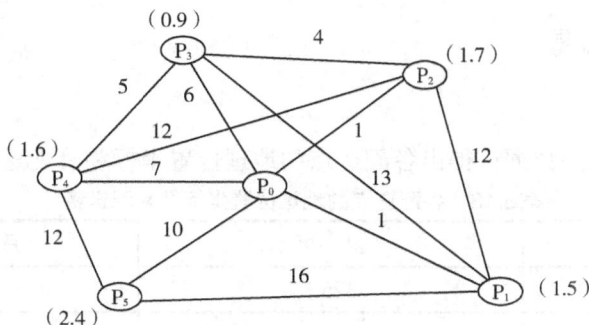

图6.1　节约里程法例题用图

任务二　配送中心的规划设计

知识要点：
- 配送中心的设计原则、规划要素、规模的确定。
- 选址应考虑的因素、原则、决策的程序。
- 配送中心的分类、设施、功能及作业流程。

技能要点：
- 掌握加权因素分析法、CFLP方法、重心法。
- 熟练运用重心法进行选址。
- 熟悉重心法的计算原理。

任务描述与分析

一、任务描述

赵丹青所在公司下属的电子商务公司要在武汉市建立一个地区级中央配送中心，要求该配送中心能够覆盖武汉市5个配送分点。根据公司提供的各配送分点的坐标及每个月的配送量数据，结合武汉市的实际情况，找出地区级中央配送中心的最佳位置。

二、任务分析

看似一个简单的选址规划问题，在实际工作中要考虑的因素却很多。本任务主要从3个方面考虑：

① 找出各配送分点的坐标及其与地区中心的距离和每个月的配送量数据。

② 要计算出理论上地区级中央配送中心的地理坐标。

③ 再根据实际情况实地考察，结合选址的原则、主要影响因素等确定地区级中央配送中心的位置。

任务实施与心得

一、任务实施

① 根据公司提供的数据，得出各配送点的地理位置坐标和月配送量，如表6.13所示。

表6.13　各配送点的地理位置坐标及月配送量

位　置	坐　标	月配送量/TEU
第一配送点	(325,75)	1 500
第二配送点	(400,150)	250
第三配送点	(450,350)	450
第四配送点	(350,400)	350
第五配送点	(25,450)	450

② 根据表6.13画出地理位置坐标，如图6.2所示。

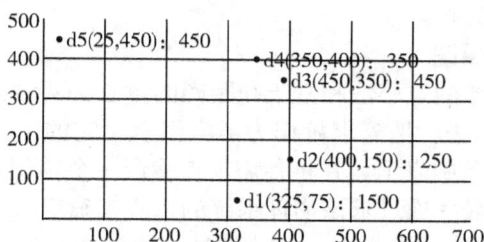

图6.2　地理位置坐标

③ 用重心法选址计算。

$X_0 = (325 \times 1\,500 + 400 \times 250 + 450 \times 450 + 350 \times 350 + 25 \times 450) \div$

$\qquad (1\,500 + 250 + 450 + 350 + 450) = 307.9$

$Y_0 = (75 \times 1\,500 + 150 \times 250 + 350 \times 450 + 400 \times 350 + 450 \times 450) \div$

$\qquad (1\,500 + 250 + 450 + 350 + 450) = 216.7$

因此，该地区级中央配送中心的坐标为(307.9,216.7)。

④ 根据实际情况实地考察，结合选址的原则、主要影响因素等确定地区级中央配送中心的位置。

二、实施心得

（一）物流中心选址的原则

不同的物流系统对物流中心的选址要求不同，但总体来说物流中心的选址应遵从以下原则：充分考虑服务对象的分布、经济发展中心、各种交通方式重叠和交会、物流资源较优、土地开发资源较好、有利于整个物流网络的优化、有利于各类节点的合理分工和协调配合、地区管理及人才资源较好的地区。

（二）物流中心选址的主要影响因素

物流中心选址的影响因素可分为外部因素和内部因素两个方面。

外部因素包括以下几点：

① 土地的可得性和成本。由于一般物流中心规划占地面积都较大，所以在选址时必须考虑能否在备选区域得到足够面积的土地。同时，由于土地的稀缺性，所以地价的高低将直接影响物流中心的选址以及网点布局。这些都是选址时必须注意的。

② 交通的便利性。运输成本在物流中心运营成本中所占的比例很高，所以在物流中心选址时，必须考虑对外运输渠道的便利性，以及未来交通与邻近地区的发展状况等因素。

③ 政治及经济因素。在物流选址时应综合考虑那些政治稳定、政策优惠、税收合理的国家或地区。

④ 劳动力因素。物流中心属于劳动密集型作业，所以存在对一定量劳动力资源的依赖；同时，随着机械化、信息化水平的提高，对劳动力素质的要求也提高了。所以在选址时，还必须考虑劳动力的来源、技术水平、工作习惯、工资水平等因素。

⑤ 货品供应和需求等市场因素。原材料与货品的来源、数量、用户对象的分布、需求层次和需求量等因素，也会影响物流中心的选址。

企业的内部因素往往是物流中心选址决策考虑的主要因素。首先，物流中心的选址决策要与企业的发展战略相适应。其次，物流中心的选址和数量受到企业的产品特点、销售区域、营销策略等因素的影响。

（三）重心法的计算原理

重心法包括基于需求量的重心法和基于吨距离的重心法两种方法。

① 基于需求量的重心法。把需求量作为考察因素，它的主要步骤是首先将一个经济区域内的各需求点在坐标系中表示，并将各需求点看成一个物理系统，然后将各需求点的需求量视为物体的质量，最后通过求该物理系统的重心来确定物流中心的最佳坐落点。

② 基于吨距离的重心法。因是单一设施选址，物流中心的建设以及运营成本均可以视为固定不变的，而运输费用随距离和货运量而变化，所以可以考虑在不同地点设置的物流中心因距各用户距离变化和需求量而引起的运输费用变化，找出使运输总费用最小的点，并将其作为最佳选址点。

（四）重心法的优缺点

优点：计算简单，数据容易搜集，容易理解，一般不需要对物流系统进行整体评估。

缺点：该方法假设运费随距离呈线性变化，而实际上运费常常是随距离增大而递减。该方法没有考虑现实的地理条件。

相关知识

一、配送中心的设计原则

配送中心一旦建成就很难改变，所以，在规划设计时，必须切实掌握以下4项基本设计原则。

（一）系统工程原则

配送中心的工程包括收货、验货、搬运、储存、装卸、分拣、配货、送货、信息处理以及供应商、连锁商场等，设计时，要考虑各个作业之间的协调均衡。追求整体优化是应该遵守的一个重要原则。

（二）价值工程原则

在激烈的市场竞争中，对配送的准点及时和缺货率低等方面要求越来越高。在满足服务高质量的同时，又必须考虑物流成本，特别是建设配送中心耗资太大，必须对建设项目进行可行性研究，并进行多个方案的技术、经济比较，以求最大的企业效益和社会效益。

（三）管理科学化的原则

近年来，配送中心均广泛采用电子计算机进行物流管理和信息处理，大大加速了商品的流转，提高了经济效益和现代化管理水平；同时，要合理地选择、组织、使用各种先进物流机械、自动化设备，以充分发挥配送中心多功能、高效率的特点。

（四）发展的原则

规划配送中心时，无论是建筑物、信息处理系统的设计，还是机械设备的选择，都要考虑到有较强的应变能力，以适应物流量的扩大、经营范围的拓展。在规划设计第一期时，应将第二期工程纳入总体规划，并充分考虑到扩建时业务工作的需要。

（五）人本原则

配送中心作业地点的设计，实际是人机环境的综合设计，要考虑创造一个良好、舒适的工作环境。

二、配送中心的规划要素

配送中心的规划要素就是影响配送中心系统规划的基础数据和背景资料，主要包括如下几个方面：

E——entry，指配送的对象或客户。

I——item，指配送货品的种类。

Q——quantity，指配送货品的数量或库存量。

R——route，指配送的通路。

S——service，指物流服务水平。

T——time，指物流的交货时间。

C——cost，指配送货品的价值或建造的预算。

（一）配送的对象或客户——E

配送中心的服务对象或客户不同，配送中心的订单形态和出货形态就会有很大不同。例如，为生产线提供准时制生产配送服务的配送中心和为分销商提供服务的配送中心，其分拣作业的计划、订单传输方式、配送过程的组织会有很大的区别；而同是销售领域的配送中心，面向批发商的配送和面向零售商的配送，其出货量的大小和出货的形态也有很大不同。

（二）配送的货品种类——I

配送中心所处理的货品品项数差异性非常大，多则上万种，如书籍、医药及汽车零件等配送中心；少则数百种甚至数十种，如制造商型的配送中心。由于品项数的不同，其复杂性与困难性也有所不同。例如，所处理的货品品项数为10 000种的配送中心与处理货品品项数为1 000种的配送中心是完全不同的，其货品的储位安排也完全不同。

另外，在配送中心所处理的货品种类不同，其特性也完全不同。例如，目前比较常见的配送货品有食品、日用品、药品、家电、3C货物、服饰、化妆品、汽车零件及书籍等货物。它们分别有其货品的特性，要求配送中心的厂房硬件及物流设备的选择也完全不同。例如，食品及日用品的进出货量较大，而3C货物的货品尺寸大小差异性非常大，家电货物的尺寸较大。

（三）货品的配送数量或库存量——Q

这里的Q包含两个方面的含义：一是配送中心的出货数量，二是配送中心的库存量。

货品的出货数量的多少和随时间的变化趋势会直接影响到配送中心的作业能力和设备的配置。例如，一些季节性波动、年节的高峰等问题，都会引起出货量的变动。

配送中心的库存量和库存周期将影响到配送中心的面积和空间的需求，因此应对库存量和库存周期进行详细的分析。一般进口商型的配送中心因进口船期的原因，必须拥有较长时间的库存量（约2个月以上）；而流通型的配送中心，则完全不需要考虑库存量，但必须注意分货的空间及效率。

（四）物流通路——R

物流通路与配送中心的规划也有很大的关系。常见的几种通路模式如下：

① 工厂→配送中心→经销商→零售商→消费者。

② 工厂→经销商→配送中心→零售商→消费者。

③ 工厂→配送中心→零售商→消费者。

④ 工厂→配送中心→消费者。

因此，规划配送中心之前首先必须了解物流通路的类型，然后根据配送中心在物流通路中的位置和上下游客户的特点进行规划，才不会造成失败的案例。

（五）物流的服务水平——S

一般企业建设配送中心的一个重要目的就是提高企业的物流服务水平，但物流服务水平的高低恰恰与物流成本成正比，也就是物流服务品质愈高则其成本也愈高。但是，站在客户的立场，希望以最经济的成本得到最佳的服务。所以，原则上物流的服务水准，应该是合理的物流成本下的服务品质，也就是物流成本不会比竞争对手高，而物流的服务水准比他高一点即可。物流服务水平的主要指标包括订货交货时间、货品缺货率、增值服务能力等。应该针对客户的需求，制订一个合理的服务水准。

（六）物流的交货时间——T

在物流服务品质中交货时间非常重要，因为交货时间太长或不准时都会严重影响零售商的业务，因此交货时间的长短与守时成为物流业者重要的评估项目。

所谓物流的交货时间是指从客户下订单开始，订单处理、库存检查、理货、流通加工、装车及配送到达客户手上的这一段时间；物流的交货时间依厂商服务水准的不同，可分为2小时、12小时、24小时、2天、3天、1星期6种。同样的物流交货时间愈短则其成本也会愈高，因此最好的水准约为12~24小时，稍微比竞争对手好一点，成本又不会增加。

（七）配送货品的价值或建造的预算——C

在配送中心规划时除了考虑以上的基本要素外，还应该注意研究配送货品的价值和建造预算。首先，配送货品的价值与物流成本有很密切的关系，因为在物流的成本计算方法中，往往会计算它所占货品的比例。因此，如果货品的单价高其百分比相对会比较低，则客户比较能够负担得起；如果货品的单价低其百分比相对会比较高，则客户会感觉负担比较高。另外，配送中心的建造费用预算也会直接影响到配送中心的规模和自动化水准，没有足够的建设投资，所有理想的规划都是无法实现的。

三、配送中心规模的确定

配送中心的总体设计是在物流系统设计的基础上进行的。由于配送中心有收货验货、库存保管、拣选、分拣、流通加工、信息处理以及采购组货源等多种功能，配送中心的总体设计首先要确定总体的规模。进行总体设计时，要根据业务量、业务性质、内容、作业要求确定总体规模。

（一）预测物流量

物流量预测包括历年业务经营的大量原始数据分析，以及根据企业发展的规划和目标进行的预测。在确定配送中心的能力时，要考虑商品的库存周转率、最大库存水平。通常以备用商品品种作为前提，根据商品数量的ABC分析，做到A类商品备齐率为100%，B类商品为95%，C类商品为90%，由此来研究、确定配送中心的平均储存量和最大储存量。

（二）确定单位面积的作业量定额

根据规范和经验，可以确定单位面积的作业量定额，从而确定各项物流活动所需的作业场所面积。例如，储存型仓库较流通型仓库的保管效率高，即使使用叉车托盘作业，储存型仓库的走道面积占仓库面积的30%以下，而流通型仓库往往要占到50%。同时，应避免一味追求储存率高而造成理货场堵塞、作业混杂等现象，以至无法达到配送中心要求周转快、出货迅速的目标。根据实践经验，配送中心各作业区的单位面积作业量定额如表6.14所示。

表6.14　分区作业量

作业区名称	单位面积作业量/（吨/平方米）
收货验货作业区	0.2 ~ 0.3
分拣作业区	0.2 ~ 0.3
储存保管作业区	0.7 ~ 0.9
配送理货作业区	0.2 ~ 0.3

（三）确定配送中心的占地面积

一般来说，辅助生产建筑面积占配送中心建筑面积的5% ~ 8%；另外，办公、生活用品占地面积占配送中心的5%左右。在考虑作业区的占地面积后，配送中心总的建筑面积便可大体确定，根据城市规划部门对建筑覆盖率和建筑容积率的规定，可基本上估算出配送中心的占地面积。

四、配送中心的选址

配送中心选址是指以提高物流系统的经济效益和社会效益为目标，根据供货状况、需求分布、运输条件、自然环境等因素，用系统工程的方法，对配送中心的地理位置进行决策的过程，对物流系统的合理化具有决定性的意义。

当一个物流系统中需要设置多个配送中心时，不仅要确定配送中心的位置，还要对配送中心的数量、规模、服务范围等进行决策，以建立一个服务好、效率高、费用低的物流网络系统为目标，这常称为网点布局。

（一）配送中心选址应考虑的因素

影响物流配送中心选址的因素繁多，下面7个方面是评价物流配送中心选址合理与否必须重点考虑的因素：

① 客户分布。配送中心是为客户服务的，首先要考虑客户分布。对于商业配送中心来说，其客户主要是超市和零售店，分布在城市内人口较密集的地区。为提高服务水平，同时也要考虑其他条件的影响。配送中心通常设置在城市边缘地区。

② 供应商分布。配送中心靠近供应商，货源供给的可靠性高，库存可以减少。但供应商一般离需求地比较远，也比较分散。配送中心靠近客户，对降低运输成本是有利的，因为进货的批量大。

③ 交通条件。交通条件是影响配送成本和物流效率的重要因素，特别是大宗物资的配送，因此配送中心应尽可能靠近交通通道，如高速公路、铁路货运站、港口、空港等。

④ 土地条件（可得性、土地成本）。配送中心需要占用一定数量的土地，用地必须符合国家的土地政策和城市规划。土地成本也是影响物流成本的重要因素。

⑤ 人力资源因素。配送中心需要不同层次的人员，一般操作属劳动密集型作业形态，用人较多，其工资待遇应与当地工作水平相适应，因此配送中心选址应考虑员工来源和人工成本。

⑥ 地区或城市规划。配送中心规划属于地区或城市规划的一部分，必须符合城市规划的要求，包括布局、用地，以及与其他行业规划的协调。

⑦ 自然条件。配送中心需要存放货物，自然环境中的湿度、盐分、降雨量、台风、地震、河川等都会产生风险，也会影响物流成本。

（二）物流配送中心选址的原则

配送中心的选址必须在一定的原则下进行，只有遵循并利用这些原则，才能使配送中心的选址更加科学与合理。通常应遵循以下几个原则：

① 适应性原则。配送中心的选址必须与国家以及省市的区域经济发展方针、政策相适应，与国家物流资源分布和需求分布相适应，与国民经济和社会发展相适应。

② 协调性原则。配送中心的选址应将国家的物流网络作为一个大系统来考虑，使配送中心的设施设备在地域分布、物流作业生产力、技术水平等方面互相协调。

③ 经济性原则。配送中心的发展过程中，有关选址的费用主要包括建设费用以及经营费用两个部分。配送中心的选址定在市区还是郊区，其未来物流辅助设施的建设规模以及建设费用、物流运输费用等是不同的，选址时应当以总的费用最低作为经济性原则。

④ 战略性原则。配送中心的选址应具有战略眼光，一是要考虑全局，二是要考虑长远，局部要服从全局，目前利益要服从长远利益，既要考虑目前的实际需要，又要考虑日后发展的可能。

（三）配送中心选址决策的程序

物流配送中心选址决策包括几个层次的筛选，是一个逐步缩小范围、逐渐具体化的选择过程。主要包括以下几个步骤：

① 搜集、整理历史资料。通过对历史资料的搜集和整理，可以获得关于物流系统现状的认识，以确定物流配送中心服务对象的需求条件，并初步确定物流配送中心的选址原则。

② 确定备选地址。在进行物流配送中心位置选择时，首先要根据上述各影响因素进行定性分析和慎重评估，大致确定出几个备选地址。备选地址的选择是否恰当，将直接影响到后续对最优方案的确定。

③ 优化备选地址。在备选地址确定后，下一步要做的是更详细地考察若干具体地点。

④ 优化结果复查。由于在定量分析中主要考察对选址产生影响的经济性因素，所以，如果直接应用定量模型得出的结果在实际中不一定行得通，要在这一步骤把非经济性因素考虑进去，看优化结果是否具有现实可行性。

⑤ 确定最终方案。如果优化结果通过复查，即可将优化方案作为最终方案。如果没有通过复查，则重新返回第二步，进行备选地址筛选、优化备选地址、复查等一系列步骤，直至最终得到结果。

（四）配送中心选址的方法

配送中心选址的方法直接关系着一个配送中心从规划到建设再到运营的成功与否，对配送中心的选址起着至关重要的作用。配送中心的选址方法主要有3种。

1. 加权因素分析法

加权因素分析法是常用的选址方法中使用最为广泛的一种。因为它以简单易懂的模式将各种不同因素综合。加权因素分析法的具体步骤如下：

① 决定一组相关的选址因素。

② 对每一因素赋予一个权重以反映这个因素在所有权重中的重要性；每一因素的分值根据权重来确定，权重则要根据成本的标准差来确定，是一种满足数理统计的科学分配方法，而不是根据成本值来确定。

③ 对所有因素的打分设定一个共同的取值范围，一般是1～10，或1～100。

④ 对每一个备选地址，根据所有因素按设定范围打分。

⑤ 用各个因素的得分与相应的权重相乘，并把所有因素的加权值相加，得出每一个备选地址的最终得分值。

⑥ 选择具有最高总得分值的地址作为最佳的选址。

2. CFLP方法

CFLP（Capacitated Facility Location Problem）方法是一种启发式方法。启发式方法与最优化方法的最大不同是它不是精确式算法，不能保证给出的解决方案是最优的，但只要处理得当，获得的可行解与最优解是非常接近的。而且启发式算法相对最优化方法计算简单，求解速度快。所以在实际应用中，启发式方法是仅次于最优化方法的选址方法。

3. 重心法

重心法是利用求平面物体重心的原理求物流系统中配送中心的设置位置而得名的，是一种精确解析方法，适用于单中心选址问题。单中心选址问题中，存储费用已不是主要因素，运输费用则是主要考虑的因素。由配送中心向多个用户配送货物，仅考虑发货的配送费用时适于采用重心法。配送中心到客户的运输费用等于货物运输量与两点之间运输距离以及运输费率的乘积。

（五）配送中心选址的意义

作为物流配送枢纽的配送中心，要发挥其枢纽的作用首先必须选择最优的位置来建设。选择合理的位置对于充分发挥配送中心的作用以及优化物流配送体系等有着重要的意义。配送中心选址属企业战略层的决策问题，对物流系统的合理化具有决定性的意义。配送中心选址合理与否会直接影响到配送系统的服务水平、作业效率和经济效益。所以配送中心选址的目标是：服务好、效率高、费用低。其意义主要表现在以下几个方面：

① 可以提高对门店商品的供应保证程度。

② 可以降低配送成本，提高经济效益。

③ 可以使门店实现低库存或零库存。

④ 可以完善运输及整个物流配送系统。

总之，物流中心的合理选址是物流系统中具有战略意义的投资决策问题，选址是否合理，对整个系统的物流合理化和商品流通的社会效益有着决定性的影响。

五、配送中心的设施

（一）建筑物

从装卸货物的效率看，建筑物最好是平房建筑，采用大跨度钢筋混凝土框架结构。而在城市，由于土地紧张和受地价限制，采用多层建筑的情况较多。对建筑费用影响较大的因素有地面负荷强度、天棚高度、立柱间隔距离等。还有，设施内部配置的保管机器、装卸机器的多少，也对建筑费用有较大的影响。

（二）地面负荷强度

地面负荷强度是由保管货物的种类、比重、货物码垛高度和使用的装卸机械等决定的。一般地面负荷强度规定如下：

平房建筑物：平均每平方米负荷2.5～3.0吨。

多层建筑物：一层平均每平方米负荷2.5～3.0吨；二层平均每平方米负荷2.0～2.5吨。三层以上每平方米负荷1.5～2.0吨。多层建筑物二层以上的地面负荷是指通过建筑物墙体而由地基支撑的负荷。因而，随着建筑物层次的增多，各层地面承载的能力是逐渐减小的。当然，在确定地面承受能力时，不仅要考虑地面上货物的重量，还要考虑所用机械工具的重量及机械工作时货物的短时冲击力。

（三）天花板高度

天花板高度是指在全部装满货物时货物的计划堆放高度，或者是在考虑最下层货物所能承受的压力时，堆放货物的高度加上剩余空间的总高度。在有托盘作业时，还要考虑叉车的扬程高度及装卸货物的剩余高度。一般情况下，托盘货物的高度为1 200～1 700毫米，其中以1 300～1 400毫米高度的最多。总之，天花板高度不能一概而论。通常平房建筑的天花板高度为5.5～7米。多层建筑物的天花板高度多数情况是：一层5.5～6.5米，二层5～6米，三层5～5.5米。

天花板高度对于建筑费用的影响很大，因此，事先要充分研究作业的种类和内容，确定好合适的天花板高度。

（四）立柱间隔距离

柱子间隔不当，会使作业效率和保管能力下降，因而要充分研究建筑物的构造及经济性，以求出适宜的柱子间融距离。一般柱子间隔距离为7～10米（在建筑物前面可停放大型货车2辆、小型货车3辆）。

（五）建筑物的通道

通道是根据搬运方法、车辆出入频度和作业路线等确定的。建筑物内部通道的设置与内部设施的功能、效率、空间使用费等因素有关，所以，应根据货物的品种和批量的大小，以及所选定机器的出入频度和时间间隔等因素来决定通道的宽度和条数（有单向通道和往返通道两种）。通道配置的方案应在充分比较研究的基础上确定。

通道宽度的标准大致如下：人0.5米，手推车1米，叉车（直角装载时）、重型平衡叉车3.5～4.0米，伸长货叉型叉车2.5～3.0米，侧面货叉型叉车1.7～2.0米。

（六）货车停车场

通常，各种车辆都必须有停车场。车辆停止时占用的面积如下：

15吨重拖挂车　　　60平方米
10～11.5吨货车　　45平方米
6～8吨货车　　　　35平方米
3～4吨货车　　　　25平方米

然而，很多车辆停在一起时，各车辆之间一般情况需要有超出通过1个人的距离（0.5～1.0米）。例如，宽2.5米、长9米的8吨车，与邻车的间隔为1米时，其必要的停车空间面积为(2.5米＋1米)×(9米＋1米)＝35平方米，是车体实际投影面积（2.5米×9米＝22.5平方米）的1.56倍。

另外，日常装卸货物时，所占用的停车空间与上述车辆处于静止状态时不同。为了确保货车装卸作业，应留有必要的侧面通道，或者在货车前方留有一定宽度的通道，使货车作业时可以前进和后退。其标准可用下列公式求出。

① 与站台或设施成直角停车（纵向）时，

车辆前方通道宽度＝车体全长×[1＋车体宽÷（车体宽＋与邻车距离）]＋α

一般相邻车的间隔距离为0.5～1米，α表示剩余空间。

② 与站台或设施平行停车（横向），用叉车进行托盘作业时，

车体侧面通道宽度＝车体宽＋叉车直角装载作业时通道宽度＋一个托盘的临时放置空间＋α

知识拓展

本知识拓展主要讲述配送中心的分类、作用、功能与作业流程，详细内容请扫描二维码。

业务技能训练

某配送中心每年需要从P_1地运来水果，从P_2地运来蔬菜，从P_3地运来乳制品，从P_4地运来日用百货，各地与某城市中心的距离和每年的材料运量如表6.15所示。

表6.15　各处与某城市中心配送要素

产品供应地	P_1		P_2		P_3		P_4	
坐标	x_1	y_1	x_2	y_2	x_3	y_3	x_4	y_4
距离市中心坐标距离/千米	30	80	70	70	30	30	60	30
年运输量/吨	2 200		1 800		1 500		2 500	

根据表6.15中数据，使用重心法确定配送中心地址。

项目七

电子商务供应链管理

任务一　电子商务供应链设计与风险管理

知识要点：
- 供应链及供应链管理的概念。
- 供应链设计原则。
- 供应链设计过程。
- 供应链风险管理。

技能要点：
- 掌握供应链设计的步骤及原则。
- 熟悉企业进行供应链风险管理的流程。

任务描述与分析

一、任务描述

供应链是从生产和流通的角度来说的一个概念，涉及的是产品或服务提供给最终用户的上下游的经营活动。它可能是增值的，也可能是不增值的。例如，一个企业要办实业B，就必然向上游厂商购买原材料A，然后经过加工做成产品，把产品卖给下游厂商C或消费者等，这样三者之间就组成了一条供应链。这个链条以这个实业企业为核心，它可能赚钱，也可能赔钱，但不管怎样，它的产品构成了流通。这有点类似于"草—兔子—狼"的食物链关系，没有了其中任何一方，另外两方都不能长久地生存下去。所以，供应链体现了企业间内在的相互依存关系。如果把供应链上的3家企业作为整体来看，如果B忽视了与A和C之间的相互依存关系，即使注重自身发展，大力发展高质量的产品，而A的原材料供给不到位，或C的销售能力跟不上，也会间接影响B的发展，这就可以说B在这个供应链中整体效率不高。

二、任务分析

从上面的描述可以知道，供应链就是将供应商、制造商、分销商、零售商，直到最终用户连成一个整体的功能网链结构。要形成有效的价值链，最重要的是做好供应链设计。电子商务模式的出现可以为企业实施供应链管理提供有力的信息技术支持和广阔的活动舞台。电子商务和供应链管理在实践中有互相结合、互相渗透的趋势。

任务实施与心得

一、任务实施

供应链设计过程是一个分析问题、提出方案的过程。分析问题就是指分析企业的优势和劣势，分析企业面临的竞争环境，从而找出建立有效供应链的机会，同时分析供应链上因不适应电子商务环境而对供应链的目标构成威胁的因素，通过企业状况与环境匹配，得出建立高效灵活供应链的解决方案。电子商务环境下供应链的设计可通过以下8个步骤进行：

① 分析市场竞争环境。这里的竞争环境指微观环境。在电子商务环境下，企业的微观竞争环境已发生了很大的变化。分析市场竞争的过程要向卖主、用户和竞争者进行调查，以确认用户的需求和因卖主、用户、竞争者产生的压力。通过分析，可以找到供应链面临的机会和威胁，掌握顾客和市场的脉搏。

② 分析供应链的现状。主要分析现有供应链上的供需状况，目的在于找出现在供应链中不适应电子商务环境要求的要素，研究供应链开发的方向，分析总结企业存在的问题及影响供应链设计的阻力等因素。

③ 提出供应链设计项目。因为供应链设计是个十分复杂的过程，在确定设计之前要做好充分的准备，包括资金、技术、人员、设备、时间等，通过针对现状及企业存在的问题分析提出供应链设计项目，分析其必要性，以免造成浪费。

④ 建立供应链设计目标。供应链的主要设计目标在于获得高用户服务水平和低运营成本之间的平衡（它们之间往往有冲突），同时还包括进入新市场、开发新产品、开发新的分销渠道、改善售后服务水平、提高用户满意程度和降低库存成本等目标。

⑤ 分析供应链的组成。提出供应链组成的基本框架，供应链中的成员组成分析主要包括制造工厂、设备、工艺和供应商、制造商、分销商、零售商及用户的选择与定位，以及确定选择与评价的标准。

⑥ 分析和评价供应链可行性。这既是策略或改善技术的推荐清单，又是开发和实现供应链管理的第一步。主要是在可行性分析的基础上，结合本企业的实际情况为开发供应链提出技术选择建议和支持。这也是个决策的过程，如果认为方案可行，就可进行下面的设计；如果不可行，就要进行重新设计。

⑦ 设计和创建供应链。主要解决以下问题：供应链的成员组成（供应商、设备、工厂、分销中心的选择与定位）；原材料的来源，包括供应商、流量、价格、运输等；生产设计，包括需求预测及生产什么产品、生产能力、生产作业计划、成本控制和库存管理等；分销任务与能力设计；信息管理系统设计；物流管理系统设计等。

⑧ 检验和实施供应链。供应链设计完成后，应通过一定的方法、技术进行测试，看其是否可以持续满足客户递送的时间、产品数量等方面的要求及快速响应关键客户的需求，以提高供应链的响应性和服务质量。如果不行，返回重新设计。如果不存在什么问题，就可实施供应链。

供应链设计步骤模型如图7.1所示。

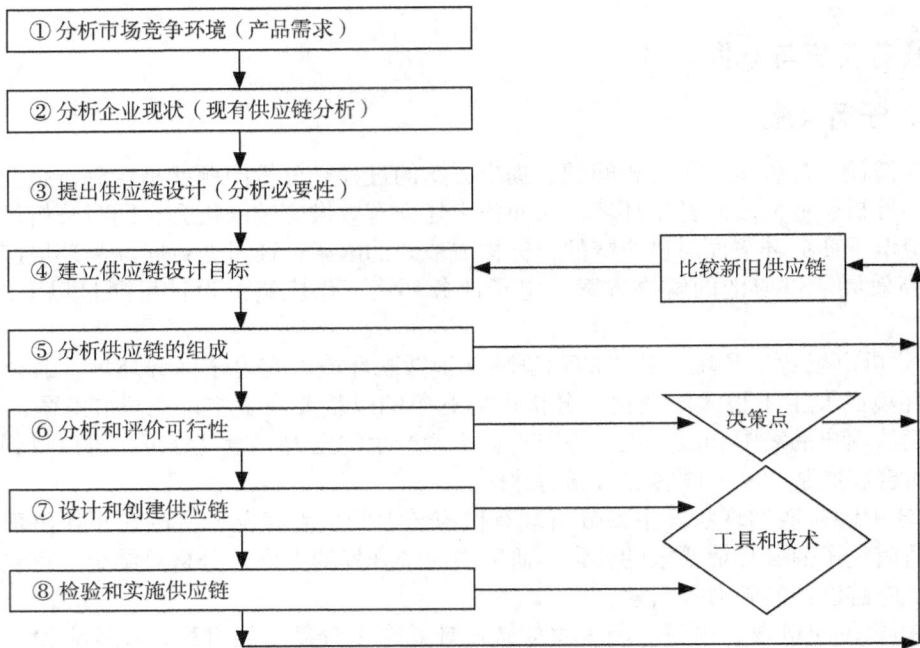

图7.1　供应链设计步骤模型

二、任务实施心得

在遵循上述基本过程的基础上，还应该考虑供应链系统中内外要素的制约，特别要注意以下几个问题：①供应链设计是一个开放的、螺旋上升的过程，不可能一次设计就解决所有问题，要在实施过程中不断发现问题、解决问题。②在产品开发初期设计供应链。产品设计是供应链管理的一个重要因素，在产品设计的时候就应该同时考虑供应链的结构问题，以获得最大化的潜在利益。③充分考虑环境因素，除了电子商务这一商务环境要素外，供应链的环境因素还包括政治、经济、文化等，在设计供应链时必须综合考虑这些宏观环境要素。④电子商务环境下产生了各种先进的制造模式，这些模式一方面为供应链设计方案的选择提供了宽泛的技术条件，另一方面客观上推动供应链不断进行创新和重构。

相关知识

一、供应链的概念

供应链（Supply Chain，SC）的概念在20世纪80年代末提出，近年来随着全球制造（Global Manufacturing）的出现，在制造业管理中得到普遍应用，成为一种新的管理模式。

我国在2001年发布实施的《物流术语》国家标准（GB/T 18354—2001）中对供应链的定义为：生产及流通过程中，涉及将产品或服务提供给最终用户活动的上游及下游企业所形成的网络结构。根据上述定义，可将供应链的结构用图7.2来表示。

从图7.1供应链的网络结构可以看出，供应链是围绕核心企业（可以是制造商，也可以是零售商等）展开的，每个成员企业是供应链上的一个节点，成员企业之间是一种供给与需求的关系，这种关系决定了供应链具有动态性、复杂性、交叉性及需求导向性等特征。节点企业在需求信息的驱动下和信息共享的基础上，通过供应链的职能分工与合作（生产、分销、零售等），以资金流、物流、信息流和商流为媒介实现整个供应链的不断增值。

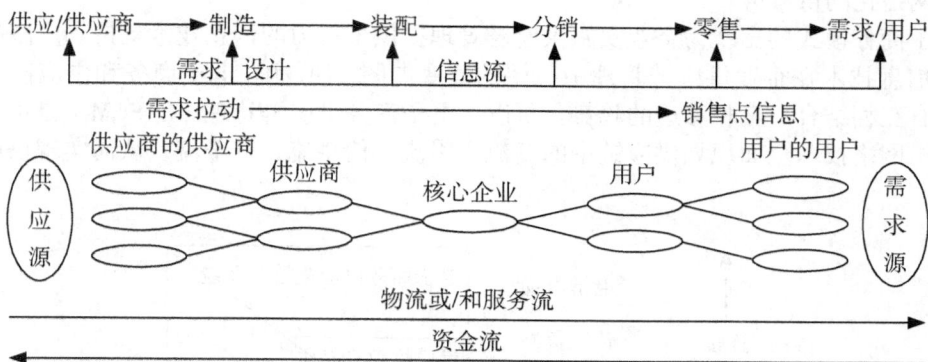

图7.2 供应链网络结构

二、供应链管理的概念

供应链管理（Supply Chain Management，SCM）是对供应链涉及的全部活动进行计划、组织、协调与控制（GB/T 18354—2006）。在企业的活动中，供应链是客观存在的，它以"链"的形式将制造商、零售商、客户和供应商连接在一起，形成一条不可分割的、能共享技术和资源的业务流程。当然也包括企业的内部物流过程（指将采购的原材料和收到的零部件，通过生产的转换和销售等过程传递到制造企业用户的过程）。供应链管理要求建立一种机制，用以协调位于供应链上的所有供应商、制造商、分销商等资源，以最低的成本和最小的时延向最终用户交付合格的产品或服务。

供应链管理主要涉及4个范围：供应、生产作业、物流、需求。供应链管理是以同步化、集成化生产计划为指导，以各种技术为支持，尤其以Internet/Intranet为载体，围绕供应、生产作业、物流和满足需求来实施的。供应链管理涉及的范围如图7.3所示。

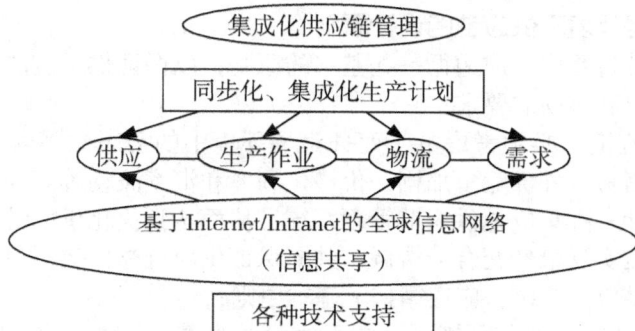

图7.3 供应链管理涉及的范围

三、电子商务供应链管理

20世纪90年代以来，随着信息技术的飞速发展与经济发展的日益自由化和全球化，电子商务在各个行业都得到了长足的发展。在电子商务环境下，企业的管理模式从基于单个企业的管理模式发展到了基于扩展企业的管理模式，要解决的主要问题也转变成了供应链管理，即如何有效地整合、集成和利用由多个企业所提供的信息。此时，企业要想在竞争中取得优势，最好的办法就是把电子商务和供应链管理结合起来，通过网络建立起自己电子化、网络化的供应链。

电子商务模式的出现为企业实施供应链管理提供了有力的信息技术支持和广阔的活动舞台。信息技术在企业供应链管理中应用的演变如图7.4所示。电子商务和供应链管理在实践中有互相结合、互相渗透的趋势。所以，电子商务供应链管理（E-SCM）是指主要利用计算机网络技术全面规划供应链中的商流、物流、信息流、资金流，从而实现供应链的最优化。

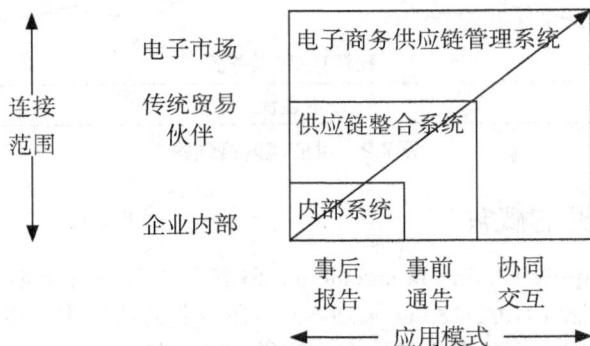

图7.4　信息技术在企业供应链管理中应用的演变

四、电子商务供应链设计

企业推行供应链管理必然面临电子商务这一环境因素，电子商务为供应链管理创造了新机会。电子商务环境对供应链管理提出了新挑战。供应链管理必须根据电子商务环境做出相应调整、重构设计。

在供应链的设计过程中，应遵循一些基本的原则，以保证供应链的设计能够满足供应链管理思想实施和贯彻的要求。

（一）电子商务环境下供应链的设计原则

在供应链的设计过程中，应遵循一些基本的原则，以保证供应链的设计能够满足供应链管理思想得以实施和贯彻的要求。

设计有效的供应链，必须考虑电子商务市场环境中的动态性因素，包括市场需求多变，产品寿命周期缩短，外部竞争加剧，价格、利率和汇率波动等。为了适应这种多变的市场环境，需要设计一种集成化供应链管理系统，从而达到优化供应链管理的功能，使供应链各链节、各功能实现最佳配合与协调，共同保证供应链整体效益最大化的目标。设计集成化的电子商务供应链系统，应遵循如下基本原则：

① 柔性原则。在电子商务环境下，由于消费者的需求千变万化，顾客要求的服务水平越来越高，供应链系统必须适应这种特点，这就要求供应链包括生产制造系统、产品设计和研发系统、物流后勤系统在内的各个环节具有很强的灵活性，能对需求的变化做出快速的反应。

② 简洁原则。电子商务要求企业具有灵活快速响应市场的能力，因而简洁性成为供应链的一个重要原则，供应链的每个节点都应是简洁而有活力的，能实现业务流程电子商务环境下供应链管理研究的快速组合。例如，供应商的选择就应该少而精，以有利于减少采购成本，实施JIT（Just In Time，准时制）采购和准时生产。

③ 优化原则。电子商务环境下的市场竞争更加激烈，因此供应链的各个节点的选择更应该遵循强—强联合的原则，每个企业只需集中精力于各自的核心业务过程。这些具有核心业务的独立制造单元具有自我组织、自我优化、面向目标、动态运行和充满活力的特点，能够实现供应链业务的快速重组。

④ 协调原则。电子商务环境下，供应链业绩好坏取决于供应链合作伙伴关系是否和谐。电子商务具有更强的协同处理功能，供应链系统的设计必须考虑是否充分发挥了系统成员和子系统的能动性、创造性及系统与环境的总体协调性，只有和谐而协调的系统才能发挥最佳的效能。

⑤ 战略原则。供应链建模应有战略性观点，通过战略的观点考虑减少不确定的影响。从供应链的战略管理角度考虑，供应链的设计必须体现供应链的长期目标，与供应链的长期战略相匹配，要能预见到企业未来的发展环境的变化。供应链的系统结构发展应和企业的战略规划保持一致，在企业的战略指导下进行。

⑥ 创新原则。创新是企业发展的灵魂，没有创新性思维，就不可能有创新的管理模式。电子商务环境快速多变的特点要求在供应链的设计过程中遵循创新原则。要生成一个创新的供应链系统，就要敢于打破各种陈旧的思想框架，用新的角度、新的视野审视原有的管理模式和体系，进行大胆的改革。

（二）基于电子商务的供应链重构策略

供应链设计方案确定后，接下来就是把设计的方案付诸实施，也即对现有的供应链进行重构。供应链重构是一个非常复杂的过程，牵涉到很多管理细节问题，供应链上每一个不适应电子商务要求的环节都是重构的对象。其中涉及面多、影响较大的主要包括以下3个方面：组织重构、流程重构、资源重组。

1. 组织重构

组织重构是供应链重构的重要方面，它为供应链的有效运行建立起支撑的"骨架"，提供组织和制度保障。供应链的组织架构反映了供应链上的权利关系和联系方式，同时也决定了信息在供应链上的传递方式。组织架构的好坏将影响到供应链上最活跃的因素——人的积极性和能力的最大发挥，所以说它关系到供应链实施的成败。电子商务环境对供应链的组织架构提出了更高的要求，要求供应链具有快速反应能力。供应链的组织架构应该适应这种特点。电子商务环境下的供应链组织重构应该从以下几个方面进行：

① 职能机构扁平网络化。传统的组织结构是金字塔形的垂直结构，包括决策层、职能层和执行层，指令和信息是逐级单向传递的，指令由上到下，原始信息由下到上。传统的组织结构具有很大的弊端，表现为决策速度慢、信息容易失真和供应链的反应灵敏度低，不适应电子商务环境的要求。所以，在供应链重构中要用扁平化、网络化的组织结构来代替这种金字塔形结构。扁平化的组织要求减少不增值的管理层次，各级之间形成一种双向互动的关系，职能之间进行网络化的连接，信息在组织中呈网络化传递，从信息源同时向其他各部门发散。在这样的组织中更多地采用项目团队和矩阵结构的组织方式，具有很大的柔性，能够适应电子商务快速响应的需要。

② 进行适当的分权。分权就是高级管理人员把部分决策权分给低级的管理人员，更

多地让员工参与决策。在电子商务环境下，供应链面临的市场环境和顾客需求瞬息万变，供应链需要对这种变化做出快速响应才能保持竞争力，高度的集权不能适应这种要求。因此，在供应链的组织重构中应进行充分的分权。分权能够最大限度地发挥员工的主动和积极性，增加供应链的灵活性和快速响应能力。分权的程度取决于两个方面：一是组织分权的偏好，二是员工对分权的接受程度与能力。组织分权的偏好高，分权程度就高，反之则低；员工对分权的接受程度与能力强，可以分权的程度就高，反之则低。这两者的交集就是组织的分权度。不过，在电子商务环境下，组织的分权程度受到环境的制约，有时不以组织的偏好决定，唯一的途径就是提高员工的分权接受程度和能力，让那些有能力和愿意承担责任的人来承担供应链的部分决策权力。

③ 缔造学习型组织。电子商务是科技创新的产物，是知识经济的体现，供应链上的企业要跟上电子商务时代的变化，不断地进行自我更新，就必须向学习型组织转变。学习型组织能够自我创新、自我提升，始终走在时代的前列，保持永远向上的活力，同时它具有重视知识、鼓励创新、开放思维的特点。供应链的学习型特点体现在3个层面上：一是供应链节点企业要成为学习型组织；二是节点企业之间在合作竞争关系中要相互学习；三是整条供应链向供应链外学习。在供应链的组织重构中，要从这3个方面把供应链塑造成学习型的供应链。

2. 流程重构

流程就是做事的方式，流程重构就是要改变那些不合理的做事方式，以适应电子商务供应链管理的需要。方案制定后，能不能达到预期目标，流程至关重要。传统供应链流程中表现出许多不适应电子商务环境要求的地方，表现为：流程各环节质量不统一，导致产品检验、质量监测等成本的发生；流程各环节生产能力不一致，造成大量的在制品库存和等待时间；流程物理路线设计不合理，增加了流程中运输、转移等非增值活动；流程过度复杂，减缓了物流、信息流等的流速，增加了管理和后勤系统的负担等。流程重构的策略主要有以下几种：

① 消除非增值活动。通过各环节的协调、流程路线的重新设计、提高各环节质量意识等方法，减少流程中的库存、运输转移、返工、检测等活动。例如，用 JIT 的思想设计流程，就可以大幅度减少非增值活动。

② 工作整合。流程中许多工作是可以合而为一的。工作的整合可以减少交接手续，大幅度提高效率。工作整合既可以采取几项工作由一人完成的形式，也可采取将完成几道工序的人组合成小组或团队的方式。

③ 流程改进。将生产周期长的连续式流程，以及因各工序间缺少沟通易产生生产误差甚至差错的平行式流程，改进为同步流程。同步流程的优势在于其工序在互动的情况下同时进行，不仅能缩短周期，而且通过各工序的交流，互相调整，可以及时发现问题，从而提高效率，减少浪费。

流程改造策略远不止以上几种，各企业应根据自身的具体问题，创造性地寻找适合自身的策略。但不管什么策略，有一点是相同的，那就是要加强流程网络的总体规划，使流程间彼此协调，降低内耗。

3. 资源重组

供应链重构的另一个重要方面是资源重组，电子商务环境对资源利用的广度和深度都产生了深刻的影响。传统上的企业资源是为功能服务的，随着企业行为面向过程的转变和对企业经营柔性、精简性等要求的提高，企业必须重新构造其资源配置模式以使其和过程相一致。随着企业从"以产品为中心"的模式向"以客户为中心"的模式转变，当企业向顾客承诺的交货期较短时，为了保证能够实现承诺，企业需要投入更大的物流或生产能力。供应商和客户是企业两种非常重要的资源，在资源重组中必须充分考虑这两种资源。另外，速度作为电子商务竞争的基础之一，也正变得越来越重要。所以，供应链管理也要把时间纳入企业资源管理之中。

资源重组的核心是供应商资源和客户资源的重组，要充分利用互联网进行搜索，综合评价各供应商的资本、人力、技术等方面的优势，从中挑出适合电子商务供应链战略的部分供应商，形成供应链的上游部分。同时，分析客户的需求和市场现状，确定企业的目标客户群，形成供应链的下游部分。这时，一条供应链的雏形才算完成。电子商务环境的动态性决定了这种重组的经常性，而不是一步到位的。然后，整合供应链上的资本、技术、人力和信息等资源，把各节点企业的优势资源挖掘出来，充分发挥其优势方面，形成优势互补、取长补短的局面，使有限的资源从那些弱势项目中退出，形成核心竞争力。

通过上述对电子商务环境下的供应链设计和重构，企业可建立电子商务条件下适合自己的供应链，从而改进供应链管理绩效，提高经济效益。

五、电子商务供应链风险管理

供应链管理有其非常特殊的地位，即管理的主体并不能控制供应链上所有的资源，整个供应链是一个利益共同体，但供应链上的企业毕竟是一个个独立的经营主体，有其各自的经营战略、目标市场、技术水平、运作水平及各自的企业文化等，甚至存在一个企业同属多个相互竞争的供应链的情形。所有这一切都会增加供应链运作中的不确定性，从而导致供应链管理风险的产生。供应链企业之间的合作会因为信息不对称、信息扭曲、市场不确定性及政治、经济、法律等因素的变化而导致各种风险的存在。

供应链风险管理是一种新的方法，用来捕获运营信息及财务方面的决策。供应链风险管理（SCRM）是指对供应链合作伙伴之间协调或协作风险的管理，以确保有利可图和流程的连续性，如图7.5所示。

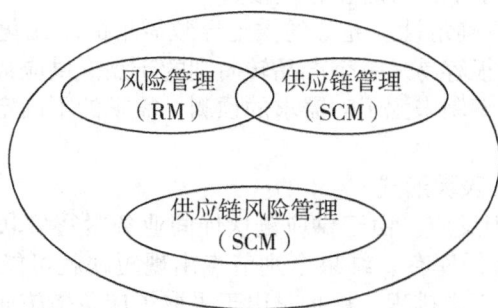

图7.5　供应链风险管理

（一）供应链的风险分析

供应链作为一个由原材料不断增值到为最终用户提供产品的过程是客观存在的，不论整个供应链由一个企业运作还是由多个企业协同运作。就单个企业而言，如果其只作为供应链上的一个节点，就极大地减少了运作整个供应链的投资风险；但就整个供应链而言，由于它是多个独立企业的联合，因此就增加了经营的不确定性。供应链上的任何一个节点出问题，都会波及整个供应链，而个别企业的经营风险，又远非别的企业能够控制。因此，供应链上的每个企业都要考虑供应链的风险。

1. 供应链风险的来源

供应链的风险来自多方面，简言之，有自然灾害这种不可抗力的因素，如地震、火灾、暴风雨雪等；也有人为因素。主要有以下几个方面：

① 独家供应商问题。供应链上出现独家供应商，采取独家供应商政策存在巨大风险，一个环节出现问题，整个链条就会崩溃。

② IT技术的缺陷会制约供应链作用的发挥，如网络传输速度、服务器的稳定性和运行速度、软件设计中的缺陷、病毒等。

③ 信息传递方面的问题。当供应链规模日益扩大、结构日趋繁复时，供应链上发生信息错误的机会也随之增多。信息传递延迟会增加供应链的风险。

④ 企业文化方面的问题。不同的企业一般具有自己独特的企业文化，这就会导致对相同问题的不同看法，从而存在分歧，影响供应链的稳定。

⑤ 经济波动的风险。经济高速增长容易导致企业原材料供应出现短缺，影响企业的正常生产，而经济萧条会使产品库存成本上升。

另外，还有其他不可预见的因素，小的如交通事故、海关堵塞、停水停电等，大的如政治因素、战争等也都影响着供应链的正常运作。

2. 供应链的不确定性

所谓不确定性，指的是这样一种情况，当引入时间因素后，事物的特征和状态不可充分、准确地被观察、测定和预见。在供应链企业之间的合作过程中，存在着各种产生内生不确定性和外生不确定性的因素。供应链的不确定性一般来自以下3个方面：

① 来自供应链环节的不确定性。造成不能按时供应的原因很多，如运输问题、供应商自身的货源问题等都会造成其在承诺的提前期内无法交货，而这种不确定性会出现在供应链环环相扣的每一个环节。

② 来自生产过程的不确定性。生产过程的不确定性主要来自于设备的故障、关键人员的临时短缺及受供应链环节影响造成的缺货停工。困难还在于供应链上的多个企业生产系统的可靠性处于不同的水平，有时还相差很大。

③ 来自客户需求的不确定性。充分的供给导致需求的多元化、消费群体的不稳定。客户有了很多的选择，就很容易从一个产品转向别的产品。供应链复杂的协调运作依靠完善的计划控制，而计划的编制来源于对需求的预测。需求的不确定性很容易造成整个供应链的混乱。

3. 供应链风险的两种表现形式

① 由短缺造成的连锁反应。由于供应链伙伴间业务紧密关联，而各个伙伴出于自身运行成本的压力，拼命降低库存，结果个别节点出现短缺就可能引起整条供应链运作中断，或扰乱整条供应链的正常排程。后果是由于采取了应急措施而成倍地提高整条供应链的运行成本，导致市场竞争力下降，甚至是由于订单延期而丢失客户。分析由于订单延期丢失客户的情况，假如短缺出现在制造环节，则分销环节成为丢失客户的直接受害者，供应商虽然没有差错，但由于订单减少，它也会无辜地承担损失。

② 虚假需求引起的连锁反应。往往由于客户端产生的一个虚假需求信号，在沿供应链的传播过程中逐渐放大，因为企业的理性反应是增大库存来消除不确定性，结果造成客户端的一点风吹草动，就使得供应链成员尤其是位于源头的成员成倍地增加库存，这种库存成本同时会降低供应链的竞争力，最终使得每个成员蒙受损失。这种效应称为"牛鞭效

应"。因此，正如美国《工业周刊》前高级编辑John Sheridan所说："你（供应链上的每个成员）必须接受这样一种观念，你的供应商的浪费就是你的浪费，你拥有整个供应链。"

（二）供应链风险管理流程

许多供应链研究者认为，在事故发生时，企业只能减小供应链风险但无法避免损失和损害。然而，供应链风险管理已经能有效地减少损失和损害。

企业进行供应链风险管理的流程如下：

① 业务现状及流程分析。业务现状及流程分析是对企业的供应链管理相关的业务活动现状和流程进行分析研究，找出当中的问题或薄弱环节。对业务活动现状和流程的分析研究通常要覆盖供应链管理中的各个主要环节。例如，计划、采购、供应商管理、物流、生产、质量管理、客户服务等，但也可以根据实际业务需要对某些专项议题进行分析。采取的分析方法包括数据搜集、数据分析、流程分析、专家和利益相关者访谈等。

② 风险的识别。风险的识别是对业务现状及流程进行分析后甄别出来的问题或薄弱环节进行风险的类型识别，其中包括对风险的来源和种类的识别。采取的方法包括风险特性描述、风险种类分析等。

③ 风险的衡量。风险的衡量是对风险所产生的损失和破坏的金额进行量化计算。在计算风险所产生的损失和破坏的金额时，可以参考公司内部的历史案例数据。如果没有则可以利用财务方法进行估值计算。

④ 风险的评估。风险的评估是对风险发生的可能性和风险大小进行评估。风险发生的可能性以百分比代表，可能性越高则百分比数值越大。风险发生的可能性可以参照公司的内部历史案例数据，也可以参考一些行业的参考值。风险大小的计算是把风险的损失金额和发生的可能性百分比值放入前面提到的公式（风险大小 = 风险引起的损失 × 风险发生的可能性）中得到结果。计算风险大小的目的在于了解各个风险对业务的影响高低，为业务决策提供重要的指引，并且在风险管理过程中有效分配资源，把重点放在重大的风险项目中。

⑤ 风险应对计划的制订。风险应对计划的制订是指对已识别的风险建立相应的减轻损失、应变和预防行动指导计划。在实际业务中，风险为零的业务是不太可能有的。但是通过一些有效的方法来减轻风险造成的损失、影响或者降低风险出现的机会是可能的。例如，一个新引进的供应商因为产出率不稳定，造成给客户交货的时间不能保证，影响客户的业务运营。如果客户能从其他供应商采购，同时适当提前采购作业窗口，以增加安全库存的水平，就能减少因为新供应商交货延迟而对业务产生影响的风险。另一个例子是供电线路设计时，重要场所往往采用双回路供电模式，也就是一组电路用作正常供电，另一组电路作为正常供电电路的备份，从而实现分散风险，降低因电力中断而带来的损失。另外，在企业里，风险应对计划的制订通常需要企业高层的参与和跨部门的协作来共同完成。

⑥ 风险应对计划的实施、监控及回顾。在风险应对计划中，有一种是业务持续计划（Business Continuity Plan）。它是指某企业或公司在发生重大事件或灾害事故时为了企业的运营得以继续而执行的应急计划。业务持续计划和风险应对计划异曲同工，都是针对风险进行预先识别和建立应对行动计划，但相比风险应对计划，业务持续计划更侧重于如何保证公司内部业务活动的持续性。

风险应对计划的实施、监控及回顾是指实施风险应对计划，对风险的发生进行监控，以及根据流程对风险应对计划进行回顾更新。应对计划的实施是降低风险引起的损失和发生几率的过程。在这个过程中，对风险的监控是必不可少的环节。要做到第一时间内掌握全球范围内突发事件和灾害的信息，企业往往要借助一些第三方的专业机构如SOS的帮助来建立一个适合企业业务需要的预警模型。另外，当市场发生变化，企业经营业务发生调整，或者风险的特征发生变化时，企业就要相应调整和修改它的风险应对计划，使其与新的市场和业务相适应。通常，企业每年对它的风险应对计划做一次回顾是基本的要求。

（三）供应链风险的防范

企业在供应链管理环境下运作风险防范的一般过程如图7.6所示。

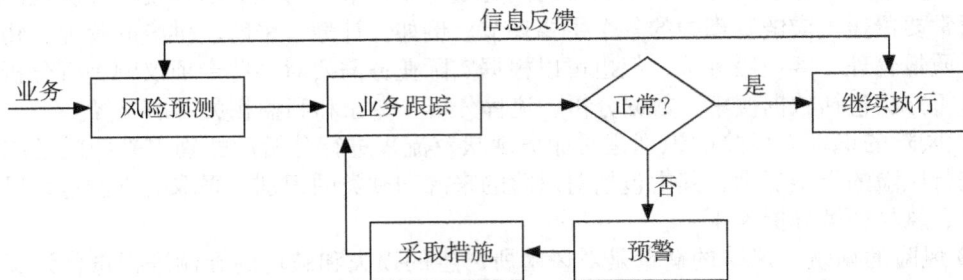

图7.6　风险防范的一般过程

针对供应链企业合作存在的各种风险及其特征，应该采取不同的防范对策。对风险的防范可以从战略层和战术层分别考虑。主要措施包括以下几点：

① 发展多种供应渠道、多地域的供应渠道，加强对供应商的情况进行跟踪评估。为确保产品供应稳定，供应链上应发展多个供应渠道，不能单单依靠某一个供应商，否则一旦该厂商出现问题，势必影响整个供应链的正常运行。同时，在对某些供应材料或产品有依赖性时，还要考虑地域风险。例如，战争会使某些地区原材料供应中断，如果没有其他地区的供应，势必造成危机。除发展多地域的多个供应商外，还要对每个供应商情况进行跟踪。如果欲与供应商建立信任、合作、开放性交流的供应链长期合作关系，必须首先分析市场竞争环境，目的在于找到针对哪些产品市场开发供应链合作关系才有效，必须知道现在的产品需求是什么，产品的类型和特征是什么，以确认用户的需求，确认是否有建立供应链合作关系的必要。如果已建立供应链合作关系，则根据需求的变化确认供应链合作关系变化的必要性。同时分析现有供应商的现状，分析、总结企业中存在的问题，对供应商的业绩、设备管理、人力资源开发、质量控制、成本控制、技术开发、用户满意度、交货协议等方面也要做充分的调查，这些很可能成为影响供应链安全的因素。一旦发现某个供应商出现问题，应及时调整供应链战略。

② 建立战略合作伙伴关系。供应链企业要实现预期的战略目标，客观上要求供应链企业进行合作，形成共享利润、共担风险的双赢局面。因此，与供应链中的其他成员企业建立紧密的合作伙伴关系，成为供应链成功运作、风险防范的一个非常重要的先决条件。建立长期的战略合作伙伴关系，首先，要求供应链的成员之间加强信任。其次，应该加强成员间信息的交流与共享。最后，建立正式的合作机制，在供应链成员间实现利益分享和风险分担。

③ 加强信息交流与共享，建立多种信息传递渠道，防范信息风险。供应链上的各企业之间的信息共享一方面可提高供应链运作的协同性和运作效率；另一方面有利于及时发

现供应链上的潜在风险，为规避风险、及早采取补救措施赢得宝贵的时间。随着经济的飞速发展，社会分工越来越细，厂家—消费者—供应商之间的关系也变得越来越复杂，各企业在供应链中起的作用越来越密切，彼此间的互动也日益加快。因此，供应链企业之间应建立库存信息、可供销售信息、订单信息、计划信息、最终客户的需求信息和历史信息、货物运输状态信息等的共享，以此让整个供应链上的企业都能敏捷、快速地反映市场需求。供应链企业之间还应通过相互之间的信息交流和沟通来消除信息扭曲，从而降低不确定性，降低风险。

④ 确立核心企业的领导地位。供应链上的各企业，由于所占有的资源不同，如具有的资金实力、研发能力、品牌价值各不同，因此不可能处于平等的地位。实际上，供应链也是围绕核心企业形成的网链，而绝不是简单地从供应链到用户的一条链。由于供应链是一个业务紧密联系的利益共同体，核心企业的领导作用有利于在整个供应链上保持强大的改进压力，从而提高了供应链的协同性和运作效率，降低因此而带来的风险。

⑤ 建立核心供应链。任何一条供应链上总是存在着一些关键资源，即那些技术含量高，在决定向最终用户所提供的质量上起关键作用及那些供不应求的资源。核心企业之所以能形成其领导地位，在很大程度上是因为它掌握了许多关键资源。如果核心企业不能掌握所有关键资源，则应强化与掌握部分关键资源的企业之间的关系，与它们结成战略伙伴，构成核心供应链，这对降低供应链的风险至关重要。尤其是当两个或多个供应链竞争同一资源时，建立和维护这种关系就显得尤为重要。不难想象，一个生产计算机的厂商不能确保CPU的正常供应，或一个汽车厂不能确保发动机的正常供应将会处于一种何等尴尬的境地。一般来说，可通过兼并、参股或互换股权来强化这种关系。

⑥ 风险的日常管理。竞争中的企业时刻面临着风险，因此对于风险的管理必须持之以恒，建立有效的风险防范体系。要建立一整套预警评价指标体系，当其中一项以上的指标偏离正常水平并超过某一"临界值"时，发出预警信号。其中，"临界值"的确定是一个难点。临界值偏离正常值太大会使预警系统在许多危机来临之前发出预警信号，而临界值偏离正常值太小则会使预警系统发出太多的错误信号。必须根据各种指标的具体分布情况，选择能使该指标错误信号比率最小的临界值。

⑦ 建立应急处理机制。供应链是多环节、多通道的一种复杂系统，很容易发生一些突发事件。供应链管理中，对突发事件的发生要有充分的准备，针对合作过程中可能发生的各种意外情况，从多方面、多层次考虑建立一定的应急系统。在预警系统做出警告后，应急系统应及时对紧急、突发的事件进行应急处理。对于一些偶然发生但破坏性大的事件，应预先制订应变措施，制订应对突发事件的工作流程，建立应对突发事件小组。这样，领导通过应急系统，可以化解供应链合作中由于各种意外情况出现的风险，减少由此带来的实际损失。

供应链上存在各种不确定性，充满了风险，但企业由于要正常生产，又不得不选择各种合作伙伴。因此，对于这种风险，企业只有采取一定的方法和措施，加强供应链上各企业的协同关系，利用整体供应的整体优势，增加供应链上各企业的获利，共同规避多企业运作的不确定性所带来的风险。

知识拓展

本知识拓展主要讲述啤酒游戏和牛鞭效应，详细内容请扫描二维码。

知识拓展

❓ 业务技能训练

一、课堂训练

1. 简要回答电子商务下供应链管理与传统供应链管理的区别。
2. 论述电子商务下供应链设计的步骤。
3. 简述供应链风险管理的流程。

二、实训操作

与同学一起玩啤酒游戏。

1. 游戏目的

使同学认识和理解供应链上信息不共享时的牛鞭效应。

2. 游戏背景

用啤酒游戏模拟简单供应链上的生产和分销系统，该游戏通常用来说明简单供应链上的牛鞭效应。

3. 游戏要求

通过该游戏，应该使同学们认识和理解供应链的牛鞭效应。实验可以手工进行，也可以使用计算机进行。如果手工进行，要准备好卡片、硬币等道具。如果使用计算机，则要准备好专门的游戏软件。

4. 游戏过程

① 准备工作：对每组同学进行分工，明确由谁扮演制造商、分销商、批发商、零售商和顾客。

② 任务讲解：教师详细说明游戏规则及游戏采用的传送单、记录单、各节点企业每周订货量对照图的使用说明、采用的表格。

③ 教师组织：教师扮演游戏的指导者，对学生在游戏过程中遇到的疑问进行讲解；组长负责整个游戏的有序进行并对游戏的结果进行整理。

④ 考核：根据游戏进行中学生填写的有关单据及各组最终在游戏中的盈利情况，总结评价每个同学的表现。

5. 游戏总结

游戏结束后，学生对模拟游戏进行总结，编写出啤酒游戏总结报告。总结报告包括内容如下。

① 游戏目的和要求。

② 游戏的结果及结果分析。

③ 本次游戏的主要收获和体会。

任务二 电子商务供应链的管理方法

知识要点：
- 快速反应。
- 有效顾客反应。
- 准时制生产。

技能要点：
- 熟悉快速反应的实施阶段和成功实施的条件。
- 掌握实现准时制生产的策略。

任务描述与分析

一、任务描述

近年来，供应链管理发展迅猛，各种各样的供应链管理方法层出不穷，其中主要的有快速反应、有效消费者回应系统、企业资源计划系统和商品品类管理等。虽然各行业的供应链管理方法的侧重点不同，但它们的实施目标是相同的，即减少供应链的不确定性和风险，从而积极地影响库存水平、生产周期、生产过程，并最终影响对顾客的服务水平。供应链管理的方法有很多种，那么结合供应链的特点采用的一些特色方法有哪些？

二、任务分析

供应链管理最终靠各种方法来实现。由于供应链管理的方法很多，这里采用案例加分析的方式来认识主要的供应链管理方法，并了解一些其他的方法。

任务实施与心得

一、任务实施

1986年，沃尔玛建立了快速反应（Quick Response，QR）系统，主要功能是进行订货业务和付款通知业务，通过电子数据交换（Electronic Data Interchange，EDI）系统发出订货明细单和受理付款通知，提高订货速度和准确性，节约相关成本。由于沃尔玛采用供货厂商管理库存和连续补货等先进的库存管理方式，不仅能使供货厂商减少本企业的库存，还能减少沃尔玛的库存，实现双方库存水平的最小化。

另外，对沃尔玛来说，QR系统省去了商品进货的业务成本，还能集中精力于销售活动。并且事先能得知供货厂商的商品促销计划和商品生产计划，以较低的价格进货，这些都为沃尔玛进行价格竞争提供了必要的条件。

QR系统是美国零售商、服装制造商和纺织品供应商的整体业务概念，目的是减少原材料到达销售点的时间和整个供应链上的库存，最大限度地提高供应链的运作效率。

QR系统其实也是一种提供商品的控制技术，使零售商与制造商或供应商之间，为了提高库存周转速度而通力合作，以满足顾客的购买需求。零售商可通过EDI将订单传送给制造商，制造商立即以最有效的方法安排生产和发货。这种快速可靠的订货反应连续不断地进行，就可加快货物周转速度，从而降低物流成本。

结合案例，请思考以下问题：

① QR出现的背景是什么？

② QR的发展阶段有几个？

二、任务实施心得

（一）快速反应出现的背景

20世纪六七十年代，美国的纺织行业面临着国外进口商品的激烈竞争。80年代初，国外进口服装占据美国市场的40%，对本地纺织服装企业形成了严重威胁。面对这种情况，企业的最初反应是，一方面寻找法律保护，要求政府和国会采取措施阻止纺织品的大量进口；另一方面，加大现代化设备投资，提高企业的生产率，但效果并不好，因此他们开始寻找新的方法。

1984年，美国服装、纺织及化纤行业的先驱们成立了一个"用国货为荣委员会"（Crafted With Pride in USA Council），该委员会的任务是为购买美国生产的纺织品和服装的消费者提供更大的利益。1985年，该委员会开始做广告，提高美国消费者对本国生产服装的信任度。同时，该委员会委托零售业咨询公司Kurt Salmon开展提高竞争力的调查。该公司调查后发现纺织产业各环节的企业都十分注重提高各自的经营效率，但是供应链整体的效率却并不高。于是纤维、纺织、服装及零售业开始寻找那些在供应链上导致高成本的活动，结果发现，供应链的长度是影响其高效运作的主要原因。

为此该咨询公司建议零售业者和纺织服装生产厂家合作，共享信息资源，建立一个快速反应系统以获得销售额增长，实现投资收益率和顾客服务的最大化，以及库存量、商品缺货、商品风险和减价最小化的目标。

快速反应是指物流企业面对多品种、小批量的买方市场，不是储备"产品"，而是准备各种"要素"，在用户提出要求时，能以最快速度抽取"要素"，及时"组装"，提供所需服务或产品。

（二）QR的发展

① 初期阶段。QR的形成主要由零售商、服装生产商和纤维生产商三方组成。当时，在美国积极推动QR的零售商主要有3家，即迪拉德百货店、J.C.朋尼公司和沃尔玛。沃尔玛是推行QR的先驱，在纤维纺织品领域，他们与休闲服装生产商塞米诺尔和面料生产商米尼肯公司组成了供应链管理体系。该体系的形成起到了良好的作用，大大提高了参与各方的经营绩效，有力地提升了相关产品的竞争力，起到了良好的带动和示范作用。

② 发展阶段，沃尔玛与行业内的其他商家一起成立"志愿跨行业通信标准"委员会。沃尔玛通过自身的QR实践，大大推动了供应链管理中各种运作体系的标准化，倡导建立了VICS委员会（Voluntary Interindustry Communications Standard Committee），并制定了行业统一的EDI标准和商品识别标准，即EDI的ANSI X12标准和UPC商品条码。1983年沃尔玛导入了销售时点信息系统（Point Of Sales，POS），并且由于当时采用了UPC条码，所以在整个行业最早实现了产业链中的信息共享，沃尔玛成为QR的主导者。由于沃尔玛的先驱性活动，不仅使美国服装产业的恶劣环境得到了改善，削减了贸易赤字，而且大大推动了QR在美国的发展，并形成了高潮，成为现代企业管理变革的主要趋势之一。

③ 成熟阶段。沃尔玛把零售店商品的进货和库存管理的职能转移给供应方（生产厂

家），由生产厂家对沃尔玛的流通库存进行管理和控制，即采用供应商管理库存方式。

相关知识

一、快速反应

随着供应链管理在零售领域的逐渐应用，供应链条上的各环节企业，无论是处于上游的供应商，还是位于下游销售终端的零售商，面对消费需求的千变万化和争夺客户资源的竞争不断加剧，都迫切需要能把供应链上各环节企业的资源进行有效整合，建立一套高效的、基于供应链管理的快速反应系统（即QR），以应对销售终端市场的需求变化，降低整个供应链的运营成本，并提高整个供应链的市场竞争力。

（一）QR的含义

QR是指在供应链中，为了实现共同的目标，通过零售商和生产厂家建立战略伙伴关系，利用EDI等信息技术，进行销售时点及订货补充等经营信息的交换，用多频度、小数量配送方式连续补充商品，用来实现销售额增长、客户服务的最佳化及库存量、商品缺货、商品风险和减价最小化的目标的物流管理系统模式。

QR是供应链管理者所采取的一系列缩短补给货物交货期的措施，是一种敏捷响应和灵活性的状态，组织追求的是按照实时的客户要求，以恰当的时间、地点和价格，为客户提供适当数量、种类和质量的产品和服务。QR是通过极大地提高灵活性和不断地缩短创新的周期，来增强响应性，该响应性以为"具有世界级别的质量、服务的新产品和成熟产品"创新市场为目标。其指导思想是，为了获得时间上的竞争优势，必须提高系统的反应速度。

QR的目的是减少原材料到销售点的时间和整个供应链上的库存，最大限度地提高供应链管理的运作效率。QR可以减少传统上按预期的顾客需求过度地储备存货的情况。QR的能力把作业的重点从根据预测和对存货储备的预期，转移到以从装运到装运的方式对顾客需求做出反应方面上来。QR也存在缺点，由于在知道货主需求和承担任务之前，存货实际上并没有发生移动，因此，必须仔细安排作业，不能存在任何缺陷。

（二）QR的实施阶段

QR的实施分为3个阶段：

① 对所有的商品单元条码化，利用EDI传输订购单文档和发票文档。

② 增加内部业务处理功能，采用EDI传输更多的文档，如发货通知、收货通知等。

③ 与贸易伙伴密切合作，采用更高级的策略，如联合补库系统等，以对客户的需求做出迅速的反应。

（三）QR的优势

① 销售额大幅度增加。应用QR系统可以降低经营成本，从而降低销售价格，增加销售。

② 商品周转率大幅度提高。应用QR系统可以减少商品库存量，并保证畅销商品的正常库存量，加快商品周转。

③ 需求预测误差大幅度减少。

（四）QR成功实施的条件

① 必须改变传统的经营方式，革新企业的经营意识和组织。企业不能局限于只依靠本企业的力量来提高经营效率的传统经营意识，要树立与供应链各方建立合作伙伴关系，努力利用各方资源来提高经营效率的现代经营意识。零售商在垂直型QR系统中起主导作用，零售店铺是垂直型QR系统的起始点。在垂直型QR系统内部，通过POS数据等销售信息和成本信息的相互公开和交换，来提高各个企业的经营效率。针对垂直型QR系统内各个企业之间的分工协作范围和形式，消除重复业务和作业，建立有效的分工协作框架。必须改变传统的事务作业的方式，利用信息技术实现事务作业无纸化和自动化。

② 必须开发和应用现代信息处理技术，这是成功进行QR活动的前提条件。现代信息技术有商品条形码技术、电子订货系统（EOS）、POS数据读取系统、EDI系统、预先发货清单技术（ASN）、电子支付系统（EFT）、供应商管理库存（VMI）、连续补充库存计划（CRP）等。

③ 必须实现信息的充分共享。必须改变传统的对企业商业信息保密的做法，在销售信息、库存信息、生产信息、成本信息等方面与合作伙伴交流分享，并在此基础上，要求各方在一起共同发现问题、分析问题和解决问题。

④ 供应方必须缩短生产周期，降低商品库存。缩短商品的生产周期（Cycle Time）。进行多品种小批量生产和多频度小数量配送，降低零售商的库存水平，提高顾客服务水平。在商品实际需要将发生时采用JIT生产方式组织生产，减少供应商自身的库存水平。

⑤ 与供应链各方建立战略伙伴关系。主要包括积极寻找和发现战略合作伙伴并在合作伙伴之间建立分工和协作关系。合作的目标既要消减库存，又要避免缺货现象的发生，还要降低商品风险，避免大幅度降价现象发生，并减少作业人员和简化事务性作业等。

（五）QR实施的效果与战略效益分析

① QR实施的效果为销售额大幅度增加，商品周转率大幅度提高，需求预测误差大幅度减少。

② 实施QR的收益分析。实施QR的收益是巨大的，远远超过其投入。它可以大量节约销售费用，这些节省不仅包括商品价格的降低，也包括管理、分销及库存等费用的大幅度减少。

二、有效客户反应

ECR（Efficient Customer Response）即有效客户反应，是1992年从美国食品杂货业发展起来的一种供应链管理策略。ECR强调供应商和零售商的合作，尤其是企业间竞争加剧和需求多样化发展的今天，产销之间迫切需要建立相互信赖、相互促进的协作关系，通过现代化的信息和手段，协调彼此的生产、经营和物流管理活动，进而在最短的时间内应对客户需求变化。ECR模式在许多国家和地区迅速推广，所覆盖的领域由原先的食品行业延伸到流行服装行业、超级市场等，其管理理念和系统方法在整个零售行业中都得到了广泛应用。

（一）ECR产生的背景和含义

1. ECR产生的背景

① 零售业态间的竞争激化。20世纪80年代末，美国食品杂货产业中出现了一些新型的零售业态，即批发俱乐部和仓储式商店，对原有的超市构成了巨大的威胁，成为食品零售市场中的主要竞争者。零售企业亟待提高的能力首先就是，在最短的时间内能对顾客的

需求做出响应，从而实现快速、差异化的服务，同时借助单品管理，提高零售企业的作业效率。在这种要求和发展目标的引导下，美国食品杂货行业开始了ECR的实践和探索，并最终形成了构筑供应链的高潮。

② 日益膨胀的促销费用和大量进货造成成本高昂、消耗增加的压力。由于市场竞争加剧，生产企业被迫降低商品价格以促销，结果生产商的负担加重，各种促销活动日益损坏了生产企业的利益。生产企业为了将损失降低到最小程度，并保持持续不断增长的销售，只有不断扩大新产品的生产，通过广泛的产品线来弥补大量促销造成的损失，而这又造成企业之间无差异竞争情况加剧，同时使零售企业的进货和商品管理成本加大。由于ECR能够有效地解决上述问题，避免无效商品的生产、经营，通过确定商品的培育、经营提高产销双方的效率，所以美国ECR吸引了大量生产企业的加入。

③ 构建新型的供应链管理体系的需要。ECR在美国推行过程中还有一个背景和特点是值得人们注意的，即当时随着产销合作或供应链构筑的呼声越来越高，特别是QR和战略联盟的日益发展，生产企业与零售商直接交易的现象越来越普遍，与此同时，批发业则日益萎缩，产销之间都开始在交易中排除批发商环节。但是在ECR的推行过程中，并不是盲目地排斥批发商，而是在重新认识批发商重要性的同时，通过批发商经营体系的改造和现代经营制度的建立，将其有机地纳入到供应链体系的构筑中。

2. ECR的含义

ECR是由生产厂家、批发商和零售商等供应链节点组成各方相互协调和合作，更好、更快并以更低的成本满足消费者需要的供应链管理系统。ECR的优点在于供应链各方为了提高消费者满意度这个共同的目标进行合作，分享信息和诀窍。ECR是一种把以前处于分离状态的供应链联系在一起以满足消费者需要的工具。

（二）ECR的特征和应用原则

1. ECR的特征

① 管理意识的创新。传统产销双方的交易关系是一种此消彼长的对立型关系，即交易各方以对自己有利的买卖条件进行交易，简单地说，是一种赢输型关系。ECR要求产销双方的交易关系是一种合作伙伴关系，即交易各方通过相互协调合作，实现以较低的成本向消费者提供更高价值服务的目标，在此基础上追求双方的利益，简单地说，是一种双赢型关系。

② 供应链整体协调。传统流通活动缺乏效率的主要原因在于，厂家、批发商和零售商之间存在企业间联系的非效率性；同理，企业内部采购、生产、销售和物流等部门之间存在着部门间联系的非效率性。传统的组织以部门或职能为中心进行经营活动，以各个部门或职能的效益最大化为目标。这样虽然能够提高各个部门或职能的效率，但容易引起部门或职能间的摩擦。同样，传统的业务流程中各个企业以各自企业的效益最大化为目标。这样虽然能够提高各个企业的经营效率，但容易引起企业间的利益摩擦。ECR要求各部门、各职能及各企业之间放下隔阂，进行跨部门、跨职能和跨企业的管理和协调，使商品流和信息流在企业内和供应链内畅通地流动。

③ 涉及范围广。ECR所涉及的范围包括零售业、批发业和制造业等相关的多个行业。为最大限度地发挥ECR所具有的优势，必须对关联的行业进行分析研究，对组成供应链的各类企业进行管理和协调。

2. ECR的应用原则

① ECR的目的是以低成本向消费者提供高价值服务。

② ECR要求供需双方关系必须从传统的赢—输型交易关系向双赢型联盟伙伴关系转化，需要企业的最高管理层对本企业的组织文化和经营习惯进行改革，使供需双方关系转化为双赢型联盟伙伴关系成为可能。

③ 及时准确的信息在有效地进行市场营销、生产制造、物流运送等决策方面起重要作用。ECR要求利用行业EDI系统在组成供应链的企业间交换和分享信息。

④ ECR要求从生产线末端的包装作业开始到消费者获得商品为止的整个商品移动过程产生最大的附加价值，使消费者在需要的时间能及时获得所需要的商品。

⑤ ECR为了提高供应链整体的效果（如降低成本、减少库存、提高商品的价值等），要求建立共同的成果评价体系，在供应链范围内进行公平的利益分配。

（三）ECR系统的构建

1. 营销技术

① 商品类别管理（Category Management）。商品类别管理是以商品类别为管理单位，寻求整个商品类别全体收益最大化。企业对经营的所有商品按类别进行分类，确定或评价每一个类别商品的功能、作用、收益性、成长性等指标。在此基础上，综合考虑各类商品的库存水平和货架展示等因素，制订商品品种计划，对整个商品类别进行管理，以便在提高消费者服务水平的同时增加企业的销售额和收益水平。商品类别管理的基础是对商品进行分类。

② 店铺空间管理（Space Management）。店铺空间管理是对店铺的空间安排、各类商品的展示比例、商品在货架上的布置等进行最优化管理。在ECR系统中，店铺空间管理和商品类别管理同时进行，相互作用。在综合店铺管理中，对于该店铺的所有类别的商品进行货架展示面积的分配，对于每个类别下的不同品种的商品进行货架展示面积分配和展示布置，以便提高单位营业面积的销售额和单位营业面积的收益率。

2. 物流技术

物流技术是指物流活动中所采用的自然科学与社会科学方面的理论、方法，以及设施、设备、装置与工艺的总称。物流技术可概括为硬技术和软技术两个方面。物流硬技术是指组织物资实物流动所涉及的各种机械设备、运输工具、站场设施及服务于物流的电子计算机、通信网络设备等方面的技术。物流软技术是指组成高效率的物流系统而使用的系统工程技术、价值工程技术、配送技术等。ECR系统要求及时配送和顺畅流动，实现这一要求的方法有连续库存补充计划（CRP）、自动订货（CAO）、预先发货通知（ASN）、供应商管理库存（VMI）、直接转拨（cross-docking）、店铺直送（DSD）。

3. 信息技术

电子数据交换（EDI）和销售时点信息（POS）。

4. 组织革新技术

在企业内部的组织革新方面，需要把采购、生产、物流、销售等按职能划分的组织形式改变为以商品流程为基本职能的横向组织形式。在供应链企业间要建立双赢型的合作伙伴关系。

（四）ECR的战略和实施前提

1. ECR的战略

ECR活动是一个过程，这个过程主要由贯穿供应链各方的4个核心过程组成，因此，ECR的战略也应集中在这4个领域，即有效新产品开发与市场投入、有效促销活动、有效店铺空间安排和有效商品补充。ECR的四大要素的前3种，目前主要还停留在理论研究阶段，而谈论最多的是有效商品补充。

2. ECR的实施前提。

① 为变革创造氛围。对大多数组织来说，改变对供应商或客户的内部认知过程，即从敌对态度转变为将其视为同盟的过程，将比ECR的其他相关步骤更困难、时间花费更长。创造ECR的最佳氛围首先需要进行内部教育以及通信技术和设施的改善，同时也需要采取新的工作措施和回报系统。但公司或组织必须首先具备言行一致的强有力的高层组织领导。

② 选择初期ECR同盟伙伴。对于大多数刚刚实施ECR的公司来说，建议成立2～4个初期同盟，每个同盟都应首先召开一次会议，来自各个职能区域的高级同盟代表将对ECR及怎样启动ECR进行讨论。成立2～3个联合任务组，专门致力于已证明可取得巨大效益的项目，如提高货车的装卸效率、减少损毁、由卖方控制的连续补货。以上计划的成功将增强公司的信誉和信心。经验证明：往往要花上9～12个月的努力，才能赢得足够的信任和信心，才能在开放的、非敌对的环境中探讨许多重要问题。

③ 开发信息技术投资项目支持ECR。虽然在不大的信息技术投资的情况下就可获得ECR的许多利益，但是具有很强的信息技术能力的公司要比其他公司更具竞争优势。

（五）QR与ECR的比较

1. QR与ECR的差异

ECR是杂货业供应商和销售商为消除系统中不必要的成本和费用，给客户带来更大的效益而进行密切合作的一种策略。ECR的主要目标是降低供应链各个环节的成本。这与QR的主要目标是对客户的需求做出快速反应不同。主要是因为杂货业经营的产品多数是功能性产品，服装业经营的产品多属创新型产品。所以对于食品行业来说，改革的重点是效率和成本，对于服装业来说，重点是补货和订货的速度，目的是最大限度地消除缺货，并且只在商品需求时才去采购。

2. ECR和QR的共同点

① 共同的外部变化。竞争加剧，零售商必须生存并保持客户的忠诚度。零售商和供应商之间发生了变化。

② 共同的目标。都以用最低的成本向消费者提供他们所需的商品，以提高整个供应链效率为目标。

③ 共同的策略。都重视供应链的核心业务，对业务进行重新设计，以消除资源的浪费。但QR解决的是出货问题，而ECR注重的是过量库存的问题。

④ 共同的误区。错误地认为QR与ECR属于技术层面的问题。

三、准时制生产

（一）准时制生产产生的背景

准时制生产（JIT）是由日本丰田汽车公司首先创立并且推行的先进生产方式，也叫"丰田生产方式"。其主要的思想就是按照用户的订货要求，以必要的原料、在必要的时间和地点生产出必要的产品，既减少了制造过程中的种种浪费，提高了效率，又使系统增强了对客户订货的应变能力，因此被视为当今制造业中最理想且最具有生命力的生产系统之一。

20世纪70年代中期以后，伴随着日本丰田汽车公司在世界市场竞争中的节节胜利，众多的西方企业界人士和管理学家开始探索日本企业成功的秘密，因而准时制生产方式被当作日本企业成功的秘诀受到广泛的关注。生产系统如果真正运行在准时制生产方式的状态下，它的库存就被减至最小的程度，因此准时制生产又被称为"零库存"管理。

在整个80年代，零库存管理代表了一种生产管理的时尚，但也招来了不少非议。有人认为零库存是不可能实现的；有人批评说，追求零库存会把企业推向全面停产的灾难边缘。面对成功的诱惑与失败的危险，许多企业举棋不定，犹豫不决，不敢轻易涉足准时制生产。产生这种情况的原因很简单：企业对准时制生产及其支持条件认识不足，观念陈旧。因而是否采用准时制生产及如何采用，便成了企业领导和管理者共同关心的问题。

（二）准时制生产的含义

准时制生产是指在所需要的时刻，按所需要的数量生产所需要的产品（或零部件）的生产模式，其目的是加速半成品的流转，将产品的积压降到最低的限度，从而提高企业的生产效益。

准时制生产是一种全方位的系统管理工程，像一根无形的链条调度并牵动着企业的各项工作按计划安排的进程顺利地实施，因而又称为一种"拉动"式的生产模式。它与大批量生产的福特模式生产线方式有很大的不同，后者是在每一道工序一次生产一大批零件，并将其在中间仓库或半成品库中存放一段时间，然后再运送到下一道工序；而准时制生产以市场需求为依据，采用拉动式的生产模式，准时地组织各个环节进行生产，既不超量，也不超前，以总装配拉动总成、总配，以总成拉动零件加工，以零件加工拉动毛坯生产，以主机厂拉动配套厂生产。在生产过程中，工序间的零件是小批量流动，甚至是单件流动的，在工序间基本上不存在积压或者完全没有堆积的半成品。

（三）准时制生产的核心思想

在JIT生产方式倡导以前，世界汽车生产企业包括丰田公司均采取福特式的"总动员生产方式"，即一半时间、人员和设备、流水线等待零件，另一半时间等零件一运到，全体人员总动员，紧急生产产品。这种方式造成了生产过程中的物流不合理现象，尤以库存积压和短缺为特征，生产线或者不开机，或者开机后就大量生产，导致了严重的资源浪费。丰田公司的JIT采取的是多品种少批量、短周期的生产方式，实现了消除库存、优化生产物流、减少浪费的目的。

JIT生产方式的基本思想可概括为"在需要的时候，按需要的量生产所需的产品"。JIT生产方式的核心是追求一种无库存或使库存达到最小的生产系统，为此而开发了包括"看板"在内的一系列具体方法，并逐渐形成了一套独具特色的生产经营体系。

JIT生产方式以准时生产为出发点，首先暴露出生产过量和其他方面的浪费，然后对设备、人员等进行淘汰、调整，达到降低成本、简化计划和提高控制的目的。在生产现场控制技术方面，JIT生产方式的基本原则是在正确的时间，生产正确数量的零件或产品。它将传统生产过程中前道工序向后道工序送货，改为后道工序根据"看板"向前道工序取货，看板系统是JIT生产现场控制技术的核心，但JIT不仅仅是看板管理。

（四）准时制生产的实现目标

JIT生产方式将获取最大利润作为企业经营的最终目标，将降低成本作为基本目标。在福特时代，降低成本主要是依靠单一品种的规模生产来实现的。但是在多品种中小批量生产的情况下，这一方法是行不通的。因此，JIT生产方式力图通过彻底消除浪费来达到这一目标。所谓浪费，在JIT生产方式的起源地丰田汽车公司，被定义为"只使成本增加的生产诸因素"，也就是说，不会带来任何附加价值的诸因素。任何活动对于产出没有直接的效益便被视为浪费。其中，最主要的有生产过剩（即库存）所引起的浪费，搬运的动作、机器准备、存货、不良品的重新加工等都被看作浪费；同时，在JIT的生产方式下，浪费的产生通常被认为是由不良的管理造成的，如大量原物料的存在可能便是由于供应商管理不良造成的。因此，为了消除这些浪费，就相应地产生了适量生产、弹性配置作业人数及保证质量这样3个子目录。

（五）准时制生产的基本原则

① 物流准时原则。要求在需要的时间段内，一般指15分钟至30分钟内，所有的物料按照需要的规格、规定的质量水平和需要的数量，按规定的方式送到生产现场，或在指定的地点能提取物料。

② 管理的准时原则。要求在管理过程中，能够按照管理的需要，遵照管理规定的要求，搜集、分析、处理和应用所需的信息和数据，并作为指令来进行生产控制。

③ 财务的准时原则。要求在需要的时候，及时按照需要的金额调拨并运用所需的周转资金，保证企业的财务开支适应生产运行的需求。

④ 销售的准时原则。要求在市场需求的供货时间内，组织货源和安排生产，按照订单或合同要求的品种和数量销售和交付产品，满足顾客的需求。

⑤ 准时生产原则。企业通过实施劳动组织柔性化来坚持多机床操作和多工序管理的生产方式，通过培训使操作工掌握一专多能的技艺，形成一支适应性强、技术水平高和富有创造性的工作团队，以保证各项特殊要求的生产任务能出色和按时完成。并且在生产组织上实行工序间"一个流"的原则或成品/半成品储备量逐年下降的原则，最终实现"零库存"的管理目标。同时，生产准备工作和生产调度也必须适应多品种混流生产的要求，实现柔性化生产。

准时制生产的主要内容可以归纳为融七大管理为一体的生产模式，即"六种管理方法"和"一种管理体制"的综合。"六种管理方法"是生产管理、质量控制、劳动组织、工具管理、设备管理和现场5S管理。"一种管理体制"是指"三为"的现场管理体制——以生产现场为中心、以生产工人为主体和以车间主任为领导核心的现场生产组织管理模式，实现生产体系的高效运转和现场问题的迅速解决。

（六）实现准时制生产的策略

① 转变观念，从零出发考虑问题。仓库以前被认为具备的是仓储的职能，靠仓库来保证生产。现在把物料的流速作为评价仓库职能的重要指标。从供应链管理的角度看，只有每一个环节全部流通起来，才能提高整个供应链的反应速度，达到零库存资金占用。虽然零库存是一种理想状态，在现实中只能无限接近，很难真正实现，但不能因为其难以实现就不予重视，甚至一笑了之或者放弃。库存将许多矛盾掩盖，使"小问题"逐渐演变成"大问题"，而通过不断地降低库存可以暴露问题。以零库存为目标，是实现准时制生产的前提。

② 作为系统来掌握。由于物流系统的各功能之间存在着"二律背反"的关系，即追求一方，必须舍弃另一方。例如，追求保管的合理性，必然牺牲运输的合理性。确切地说，就是一方成本降低而另一方成本增加。因此要实现现实意义上的准时制生产，必须将物流的各项功能作为一个整体即系统来考虑。

③ 从接受订单入手。采用JIT生产的最大目标就是实现零库存，没有订单的生产就是生产库存。在新经济时代，如果仍然按照计划生产，而这个计划又不是市场需要的，不是用户的订单，那就是生产库存。从接受订单开始的库存多少，决定于物流的服务水平。根据接受顾客订货后几天内必须送到的订货条件决定库存量。例如，上午订货，下午必须送

到，则必须增加库存量；如果第二天送到也行，则可相应减少库存量。

按订单生产要求在企业内部库存实施JIT配送管理，主要是为企业内部各个产品的生产线进行零部件管理，对离开生产线的成品进行保管和配送管理。准时制配送管理突出两点，一是实现零库存，二是保证24小时的快速反应，保证生产线正常运转。

④ 采用准时制采购。原材料和外购件的库存往往占用大量的资金，因此消除它是实行准时制生产方式实现零库存的重要一步。但它相对在制品的库存更复杂，因为它不仅取决于企业内部，更依赖于供应企业和物资运输部门。采用准时制采购策略就是要在保证供货质量的前提下，按生产计划及时供货。这就要求企业与有关的保障供应商建立长期的互惠互利的新型关系。

⑤ 信息技术的支持。物流信息系统被视为物流的灵魂，它不仅在大量产成品的及时销售与配送中发挥着巨大作用，而且在生产线物流、供应商管理及信息交换以保证零部件准时配送中起到了举足轻重的作用。

知识拓展

本知识拓展主要讲述供应商管理库存和看板管理，详细内容请扫描二维码。

业务技能训练

一、课堂训练

（一）案例分析

雀巢与家乐福的ECR管理

雀巢公司是世界最大的食品公司，总部位于瑞士威伟市（Vevey），由亨利·雀巢（Henri Nestle）于1867年创立，目前在全球范围内拥有200多家子公司、500多家工厂，员工总数约有22万名，其产品行销80多个国家和地区，主要产品涵盖婴幼儿食品、乳制品及营养品类、饮料类、冰淇淋、冷冻食品及厨房调理食品类、巧克力及糖果类、宠物食品类与药品类等。雀巢公司自1983年进入中国台湾，1987年开始进入中国内地以来，业务发展迅速。家乐福公司是世界第二大连锁零售集团，于1959年在法国设立，全球有9 061家店，24万名员工。截至2003年3月，在中国内地拥有33家店，在中国台湾拥有28家店，业绩也在不断攀升。

雀巢公司和家乐福公司均在ECR的推动上下了很大的力气。从1999年开始，两家公司在ECR方面计划进行更密切的合作，于是在中国台湾等地的分公司开始进行供应商管理库存（Vender Management Inventory，VMI）示范计划，并希望将相关成果在各自的公司内推广。

中国台湾的雀巢公司从1999年10月开始，积极与家乐福公司合作，建立VMI示范计划的整体运作机制，总目标是增加商品的供应率，降低家乐福公司库存天数，缩短订货前置时间及降低双方物流作业成本。具体指标包括：雀巢公司对家乐福物流中心的产品到货率达90%，家乐福物流中心对零售店面的产品到货率达95%，家乐福物流中心库存天数下降至预设标准，以及家乐福公司对雀巢公司的建议订货单修改率下降至10%等具体目标。

　　另外，雀巢公司也希望将新建立的模式扩展至其他销售渠道上加以运用，以加强掌控能力并获得更大规模效益，而家乐福公司也会与更多的重点供应商进行相关合作。在经费的投入上，家乐福公司主要是在EDI系统建设上的花费，雀巢公司除了EDI系统建设外，还引进了一套VMI系统。

　　雀巢公司在家乐福公司及其他国家雀巢公司的建议下，充分考虑系统需求特性后，最后选用了Infule的EWR的产品。雀巢公司除了建设一套VMI运作系统与方式外，在具体目标方面也达成了显著成果：雀巢公司对家乐福物流中心的产品到货率由原来的80%左右提升到95%；家乐福物流中心对零售店面的产品到货率也由70%左右提升至90%左右，而且仍在继续改善中；库存天数由原来的25天左右下降至目标值以下；订单修改率也由60%～70%下降至10%以下。

　　而对雀巢公司来说最大的收获却是在与家乐福公司合作的关系上。过去与家乐福公司是单向的买卖关系，家乐福公司享受着大客户的种种优惠，雀巢公司则尽力推出自己的产品，这样，彼此都忽略了真正的市场需求，从而导致卖得好的商品经常缺货，而不畅销的商品却库存积压。经过这次合作，双方有了更多的相互了解，也有了共同解决问题的意愿，并使原本各项问题的症结点一一浮现，这对从根本上提高供应链的整体效率非常有利。而同时，雀巢公司也开始考虑将VMI系统运用到其他销售渠道。

（二）案例点评

　　要推动ECR的落实，需要把握以下几个关键点才能有预期成效。

　　① 一把手是推进ECR的前提。ECR首先是经营理念的转变。在ECR的推动过程中，如果没有一把手自上而下地关注、发动和督促，在供应商和零售商之间长期以来形成的惯性无法打破，ECR的理念再好，也将成为一个不可实现的目标。

　　② 团队精神不可或缺。在ECR的实施与运用过程中，往往因供应商与零售商的价格对立关系及系统和运作方式的不同，而很难有具体的合作。供应商和零售商彼此的执行人员均习惯于过去的买卖关系，难以产生对等和互相信任的态度，并且由于参与VMI示范计划的大部分人员没有完整的相关知识与实务经验，再加上彼此既有的运用方式的显著差异，大大增加了VMI示范计划执行的复杂与困难程度。在这个漫长的发展过程中，双方参与人员的团队精神便成了ECR实施过程中至关重要的一个因素。雀巢公司和家乐福公司的VMI示范计划参与人员同样经历了一个团队的形成过程，在历经了沉默、争吵与对立等过程之后，直到彼此有共同的认知与分享意愿，参与人员彼此互相学习。正是由于逐步发挥作用的团队精神，才使得雀巢公司和家乐福公司最终能从该项目中获益。

　　③ 信息技术的运用要面向经营核心。如果信息技术的运用和电子商务只是将既有的作业电子化与自动化，它能带来的意义只限于作业成本的减少。唯有面向经营的本质发挥作用，才能使公司产生较大幅度的效益提升，对流通业而言这种本质改善就是ECR。雀巢公司与家乐福公司的VMI示范计划就是其中的一种应用，透过经营模式的改变而逐步改善库存和供货效率。从供应链的角度看，ECR更可能影响整个后端的工厂制造与前端店面之间生产与库存效率的提升。然而，所有这些工作中最难的是创造合作的氛围，唯有上下游双方均有宏观的思考，愿意共同合作，才会有进步的可能。雀巢公司与家乐福公司的合作计划虽然还有很长的路要走，但给出了一个很好的示范。

二、实训操作

1. 训练情景

在供应链设计上，很多人只知道不同行业、不同公司可能需要不同类型的供应链。但他们没有意识到，一个企业内部由于业务不同可能需要不同的供应链，而现代企业拥有多项业务已经是一种普遍现象。如果想要在竞争中获得优势地位，就必须考虑如何为自己的各项产品设计出合适的供应链。

2. 训练操作

调查你所在地具有一定规模、供应链管理优秀的零售企业，写出调查报告。

3. 训练目的

① 了解该零售企业的供应链管理现状和采用的供应链管理方法。

② 分析该零售企业的供应链管理设计的独特之处。

项目八
采购与供应商管理

任务一　采购方法与流程

知识要点：
- 电子商务采购方法。
- 电子商务采购流程。
- 电子商务采购方式。

技能要点：
- 熟悉电子商务采购流程。
- 掌握电子商务采购实施步骤。

任务描述与分析

一、任务描述

沃克利照明公司目前由于其拥有完美设计的产品，而销售量急剧增长。公司对配件的采购需求越来越大，但生产部门经常出现配件供货短缺的情况，因而公司很难保持足够的库存，产生了缺货并造成了在客户中信誉的下降。如果你被任命为采购组长，你将如何对采购工作进行改进？

二、任务分析

在现代企业的管理中，采购在企业的发展过程中显得越来越重要。一般情况下，企业产品的成本中采购部分占了较大的比例。因此，零部件及原材料采购的成功在一定程度上影响着企业的竞争力大小，所以采购与采购管理已经成为企业竞争优势的来源之一。

任务实施与心得

一、任务实施

作为沃克利照明公司采购组长，建议从以下8个方面进行采购工作的改进：
① 对所需采购物料进行ABC分析，确定每种物料的采购策略。
② 根据生产部门需求制订合适的采购计划。
③ 根据企业的发展战略，制订相应的采购战略。
④ 建立供应商绩效考核指标，对现有的供应商进行评估和认证，优化供应库，寻找

新的供应商。

⑤ 优化采购流程，采用电子采购或JIT采购。

⑥ 建立采购质量认证体系，保证采购过程质量。

⑦ 建立绩效考核制度。

⑧ 与表现良好的供应商建立战略伙伴关系。

二、任务实施心得

采购管理的重要性表现在以下几个方面：

① 保障供应，保障企业正常生产和经营，降低缺货风险。很显然，物资供应是物资生产的前提条件，生产所需要的原材料、设备和工具都要由物资采购来提供，没有采购就没有生产条件，没有物资供应就不可能进行生产。

② 采购供应的物资质量好坏直接决定了本企业生产产品的质量高低。能不能生产出合格的产品，一定程度上取决于物资采购所提供的原材料以及设备工具的质量好坏。

③ 采购成本构成了企业的生产和经营成本的主体部分。采购的成本包括采购费用、购买费用、进货费用、仓储费用、流动资金占用费用以及管理费用等。采购的成本太高，将大大降低物资生产的经济效益，甚至造成亏损，致使企业生产和经营陷入困境。

④ 采购是企业和资源市场的关系接口，是企业外部供应链的操作点。只有通过物资采购部门人员与供应商的接触和业务交流，才能把企业与供应商联结起来，形成一种相互支持、相互配合的关系。待条件成熟以后，可以组织成一种供应链关系，从而使企业在管理、效益方面都登上一个崭新的台阶。

⑤ 采购是企业与市场的信息接口。物资采购人员虽然主要和资源市场打交道，但是资源市场和销售市场是交融混杂在一起的，都处在大市场环境之中。所以，物资采购人员也和市场打交道，比较容易获得市场信息，是企业的市场信息接口，可以为企业及时提供各种各样的市场信息，供企业进行管理决策参考。

⑥ 采购是企业科学管理的开端。企业物资供应是直接和生产相联系的。物资供应模式往往会在很大程度上影响生产模式。如果实行准时采购制度，则企业的生产方式实行类似丰田公司的"看板生产方式"，企业的生产流程、物料搬运方式都要做很大的变动。如果实行供应链采购，需要实行供应商管理库存、多频次小批量补充货物的方式，这也将大大改变企业的生产方式和物料搬运方式。所以，如果物资采购提供一种科学的供应模式，必然要求生产方式、物料搬运方式都做出相应的变动，共同构成一种科学管理模式。

相关知识

一、采购管理的概念

采购管理（Procurement Management）是指计划下达、采购单生成、采购单执行、到货接收、检验入库、采购发票搜集到采购结算的采购活动全过程，对采购过程中物流运动的各个环节状态进行严密的跟踪、监督，实现对企业采购活动执行过程的科学管理。现代管理将采购管理的职能划分为3类，即保障供应、供应链及信息管理。

二、电子商务采购的概念

（一）电子商务采购的含义

电子商务采购是在电子商务环境下的采购模式，也就是网上采购。通过建立电子商务交易平台，发布采购信息，或主动在网上寻找供应商、寻找产品，然后通过网上洽谈、比价、竞价实现网上订货，甚至网上支付货款，最后通过网下的物流过程进行货物的配送，完成整个交易过程。

电子商务采购为采购提供了一个全天候、全透明、超时空的采购环境，即365天×24小时的采购环境。该方式实现了采购信息的公开化，扩大了采购市场的范围，缩短了供需距离，避免了人为因素的干扰，简化了采购流程，减少了采购时间，降低了采购成本，提高了采购效率，大大降低了库存，使采购交易双方易于形成战略伙伴关系。从某种角度来说，电子商务采购是企业的战略管理创新，是政府遏制腐败的一剂良药。

（二）电子商务采购的特点

① 公开性。因为电子商务采购是在网上进行的，因特网具有公开性的特点，全世界都可以看到采购方的招标公告，谁都可以前来投标，所以采购具有公开性。

② 广泛性。网络没有边界，所有的供应商都可以向采购方投标，采购方也可以调查所有的供应商。

③ 交互性。电子商务采购过程中，采购方与供应商可以通过电子邮件或聊天方式进行信息交流，既方便又迅速，而且成本较低。

④ 低成本。网上操作可以大量节省人工业务环节，省人、省时间、省工作量，总成本最小。

⑤ 高速度。网上信息传输速度快。

⑥ 高效率。

（三）电子商务采购的模式

采购直接影响着企业的生产经营过程、效益，并构成竞争力的重要方面。电子商务采购是一种适应时代发展的先进采购模式，具有公开、透明、快捷和低成本等特点，能够有效地避免采购过程中的腐败和风险，提高采购效率。

采购作为满足社会需求的一种重要手段，对整个社会的生产与生活产生了极其重要的影响。对企业来说，采购直接影响着生产经营过程、效益，并构成竞争力的重要方面。采购也会带来很大的经济风险，存在着所谓的采购黑洞，控制这些漏洞是摆在现代企业面前的一项重要任务。传统的采购模式存在下列问题：采购、供应双方为了各自利益互相封锁消息，进行非对称信息博弈，采购很容易发展成为一种盲目行为；供需关系一般为临时或短期行为，竞争多于合作，容易造成双输后果；信息交流不畅，无法对供应商产品质量、交货期进行跟踪；响应用户需求的能力不足，无法面对快速变化的市场；利益驱动造成暗箱操作，舍好求次、舍贱求贵、舍近求远，成为产生腐败的温床；设计部门、生产部门与采购部门联系脱节，造成库存积压，占用大量流动资金。

电子商务采购作为一种新的采购模式，充分利用了现代网络的开放性、信息的多样性、交易的快捷性和低成本等特点，可以有效地解决企业和政府所面临的这些问题。

（四）电子商务采购的优势

① 有利于扩大供应商范围，提高采购效率，降低采购成本，产生规模效益。由于电子商务面对的是全球市场，可以突破传统采购模式的局限，从货比三家到货比多家，在比

质比价的基础上找到满意的供应商，大幅度降低采购成本；由于不需要出差，可以大大降低采购费用；通过网站信息的共享，可以节省纸张，实现无纸化办公，大大提高采购效率。

② 有利于提高采购的透明度，实现采购过程的公开、公平、公正，杜绝采购过程中的腐败。由于电子商务是一种不谋面的交易，通过将采购信息、采购流程在网站公开，避免交易双方有关人员的私下接触，由计算机根据设定标准自动完成供应商的选择，有利于实现实时监控，避免采购中的黑幕交易，使采购更透明、更规范。

③ 有利于实现采购业务程序标准化。电子商务采购是在对业务流程进行优化的基础上进行的，必须按软件规定的标准流程进行，可以规范采购行为，规范采购市场，有利于建立一种良好的经济环境和社会环境，大大减少采购过程的随意性。

④ 满足企业即时化生产和柔性化制造的需要，缩短采购周期，使生产企业由"为库存而采购"转变为"为订单而采购"。为了满足不断变化的市场需求，企业必须具有针对市场变化的快速反应能力，通过电子商务网站可以快速搜集用户订单信息，然后进行生产计划安排，根据生产需求进行物资采购或及时补货，即时响应用户需求，降低库存，提高物流速度和库存周转率。

⑤ 实现采购管理向供应链管理的转变。由于现代企业的竞争不再是单个企业之间的竞争，而是供应链与供应链之间的竞争，因此要求供需双方建立起长期的、互利的、信息共享的合作关系。而电子商务采购模式可以使参与采购的供需双方进入供应链，从以往的"输赢关系"变为"双赢关系"。采购方可以及时将数量、质量、服务、交货期等信息通过商务网站或EDI方式传送给供应方，并根据生产需求及时调整采购计划，使供方严格按要求提供产品与服务，实现准时化采购和生产，降低整个供应链的总成本。

⑥ 实现本地化采购向全球化采购的转变。由于世界经济的一体化，全球化采购成为企业降低成本的一种必然选择，其基本模式就是应用电子商务进行采购。1999年以来，跨国公司陆续把发展物资采购电子商务工作列入了企业发展战略目标。英国石油公司、埃克森美孚等14家国际石油公司联合组建了一个全球性的电子商务采购平台，以消除物资采购、供应链管理低效率的影响。通用、福特、戴姆勒—克莱斯勒3家汽车公司建立了全球最大的汽车专用采购平台，其每年的采购金额高达2 500亿美元。国内石油化工行业的中石油、中石化、中海油，钢铁行业中的宝钢等企业都在实施网上采购，并取得了明显的经济效益。目前，通过电子商务建立全球采购系统，联结国内外两个资源市场，已成为标准化的商业行为。

⑦ 有利于信息的沟通，促进采购管理定量化、科学化，为决策提供更多、更准确、更及时的信息，使决策依据更充分。

三、电子商务采购流程

电子商务采购程序主要包括采购前的准备工作、采购中供需双方的磋商、合同的制定与执行、交付与清算等环节。

（一）采购前的准备工作

对于采购商来说，采购前的准备过程就是向供应商进行宣传和获取有效信息的过程。在网络环境条件下，供应商积极地把自己产品的信息资源（如产品价格、质量、公司状况、技术支持等）在网上发布，企业则随时上网查询并掌握自己所需要的商品信息资源。双方推拉互动，共同完成商品信息的供需实现过程。在网络环境中，信息的交流通常通过登录和浏览对方的网站和主页完成，其速度和效率是传统方式所无法比拟的。采购前的信息交流主要是企业对供应商的产品价格和质量进行了解。因此，价格在很大程度上决定着采购决策。

（二）供需双方的磋商

在网络环境下，传统采购磋商的单据交换可以演变为记录、文件或报文在网络中的传输。各种网络工具和专用数据交换协议自动地保证了网络传递的准确性和安全可靠性。企业一旦选择了合适并能保证最佳产品质量、最合理价格、最优质服务的供应商，就可以在网上与其进行磋商、谈判。各种商贸单据、文件（如价目表、报价表、询盘、发盘、订单、订购单应答、订购单变更要求、运输说明、发货通知、付款通知、发票等）在网络交易中都变成了标准的报文形式，减少了漏洞和失误，规范了整个采购过程。

（三）合同的制定与执行

磋商过程完成之后，需要以法律文书的形式将磋商的结果确定下来，以监督合同的履行，因此双方必须以书面形式签订采购合同。这样一方面可以杜绝采购过程中的不规范行为，另一方面也可以避免因无效合同引起的经济纠纷。因为网络协议和网络商务信息工具能够保证所有采购磋商文件的准确性和安全可靠性，所以双方都可以通过磋商文件来约束采购行为和执行磋商的结果。

（四）支付与清算过程

采购完成以后，货物入库，企业要与供应商进行支付与结算活动。企业支付供应商采购价款的方式目前主要有两大类：一类是电子货币类，包括电子现金、电子钱包和电子信用卡等；另一类是电子支票类，如电子支票、电子汇款、电子划款等。前者主要用于企业与供应商之间的小额支付，比较简单；后者主要用于企业与供应商之间的大额资金结算，比较复杂。

四、电子商务采购实施步骤

① 进行采购分析与策划，对现有采购流程进行优化，制订出适宜网上交易的标准采购流程。

② 建立网站。这是进行电子商务采购的基础平台，要按照采购标准流程来组织页面。可以通过虚拟主机、主机托管、自建主机等方式来建立网站，特别是加入一些有实力的采购网站，通过它们的专业服务，可以享受到非常丰富的供求信息，事半功倍。

③ 采购单位通过互联网发布招标采购信息（即发布招标书或招标公告），详细说明对物料的要求，包括质量、数量、时间、地点，以及对供应商的资质要求等。也可以通过搜索引擎寻找供应商，主动向他们发送电子邮件，对所购物料进行询价，广泛搜集报价信息。

④ 供应商登录采购单位网站，进行网上资料填写和报价。

⑤ 对供应商进行初步筛选，搜集投标书或进行贸易洽谈。

⑥ 网上评标，由程序按设定的标准进行自动选择或由评标小组进行分析评比选择。

⑦ 在网上公布中标单位和价格，如有必要对供应商进行实地考察后签订采购合同。

⑧ 采购实施。中标单位按采购订单通过运输交付货物，采购单位支付货款，处理有关善后事宜。按照供应链管理思想，供需双方需要进行战略合作，实现信息的共享。采购单位可以通过网络了解供应单位的物料质量及供应情况，供应单位可以随时掌握所供物料在采购单位中的库存情况及采购单位的生产变化需求，以便及时补货，实现准时化生产和

采购。

电子商务采购是一种非常有前途的采购模式，它主要依赖于电子商务技术的发展和物流技术的提高，依赖于人们思想观念和管理理念的改变。我国目前已经有不少企业及政府采用了网上采购的方式，对降低采购成本、提高采购效率、杜绝采购腐败起到了十分积极的作用，因此应该大力提倡这一新的采购方式。

五、电子商务采购方式

电子商务的方式多种多样，因此电子商务采购也有多种形式。目前，国际流行的网上采购数据传送途径主要包括以下几种形式：电子商务网站招标；人工向供应商打电话或发送书面文件、传真订购；向供应商发送电子邮件订单；向供应商的站点提交订单；与供应商的ERP系统进行集成；电子交易平台等。对它们可以进行以下3种分类。

（一）按利用计算机网络的程度分类

① 完全网上采购，即完全通过网上电子商务采购完成采购的全部活动（除运输配送）。

② 网上和网下相结合采购，即在网上完成部分采购活动，如发布采购消息、招标公告等，而其他活动如采购谈判、供应商调查、交易支付等则在网下进行。

（二）按采购主体分类

① 自己网上采购，即企业自己建立网站，进行电子商务采购活动。

② 代理网上采购，即不是自己建立网站，而是利用别人的网站进行电子商务采购。

（三）按网上采购的方式分类

1. 网上查询采购

网上查询采购，即由采购商自己登录网站，在网上寻找供应商和所需要的产品而进行的网上采购。

2. 网上招标采购

网上招标采购，即采购商只在网上发布招标公告，由供应商主动来投标而进行的采购活动。

网上查询采购的一般过程步骤如下：

① 确定需求。

② 上网。

③ 查询供应商。

④ 查询商品，调查供应商。

⑤ 与选定的供应商接洽，进行采购谈判。

⑥ 签订合同。

⑦ 采购实施。

网上招标采购的一般过程步骤如下：

① 建立企业内部网，建立管理信息系统，实现业务数据的计算机管理。建立企业的电子商务网站，在电子商务网站的功能中，应当有电子商务采购的功能。

② 利用电子商务网站和企业内部网络搜集企业内部各个单位的采购申请。对企业内部的采购申请进行统计分析，对需要进行招标采购的项目进行论证，形成招标采购任务。

③ 对网上招标采购任务进行策划和计划。

④ 按照既定的采购计划程序进度实施。

六、电子商务采购模型设计

（一）采购申请模块

接受公司员工提出的产品（如办公用品、书籍或电脑零配件）或服务申请；接受企业关键原材料供应部门或生产部门提交的采购申请；接受企业ERP系统自动提交的原材料采购申请。

公司员工提交申请或供应部门手工提交申请，都应通过浏览器登录网上采购站点的页面进行，ERP系统的采购单据则可根据数据交换标准自动传递。

（二）采购审批模块

根据预设的审批规则自动审核并批准所接收到的任何申请。

对于企业内部提交并经审批通过的产品申请，直接向仓库管理系统检查库存，如果库存有则立即通知申请者领用，如果库存没有则用E-mail通知申请者"申请已批准，正在采购中"。

对于审批未获通过的申请，立即通知或邮件通知申请者"申请由于何种原因未获批准，请修改申请或重新申请"。

通过审批无法确定是否批准或否决的申请，邮件通知申请者的主管领导，由主管领导登录网上采购系统，审批申请。

对于已经通过的采购申请，一方面要邮件通知申请者，另一方面还要提交给采购管理模块。

（三）采购管理模块

采购管理模块主要有以下功能：

① 采购管理部门针对已经审批通过并且需要进行网上采购的采购任务，进行统计整理，并策划网上采购、制订采购计划，如采购程序、进度、政策、招标书规范、评标小组的策划、评价指标体系等。

② 设计招标书，发布招标公告。招标书可以比较简单，主要说明招标任务、内容和要求，招标程序、时间进度，评标原则、标准和定标方法等。招标书可以采取招标公告形式发布，也可以附在招标公告上发布。招标公告可以在企业自己的电子商务网站发布，也可以链接到某些著名的门户网站或著名的广告公司注册，这样可以扩大宣传范围。

③ 招标公告在电子商务网站发布以后，搜集各个供应商的投标，并且注意调查各个供应商的情况，进行信息沟通。

④ 建立评标小组和评标指标体系，组织评标。评标方式可以在网下，也可以在网上进行。

⑤ 公布评标结果，确定中标单位。

⑥ 与中标单位签订采购合同。

⑦ 采购活动的实施。采购活动的实施可以网上网下结合进行。网上进行信息联系，网下送货。网下进货程序和其他采购方式相同。

知识拓展

本知识拓展主要讲述招标采购、政府采购和国际采购，详细内容请扫描二维码。

知识拓展

？ 业务技能训练

一、课堂训练

1. 简述电子商务采购流程。

2. 电子商务采购的实施步骤有哪些？

3. 阅读以下材料。

除中国内地宜家的价格表现略为偏高外，在全球其他市场，宜家一直以优质低价的形象出现，这得益于宜家经济的采购策略。

宜家在为产品选择供货商时，从整体上考虑总体成本最低。即以产品运抵各中央仓库的成本作为基准，再根据每个销售区域的潜在销售量来选择供货商，同时参考质量、生产能力等其他因素。由于宜家绝大部分的销售额来自欧洲和美国，所以一般只参考产品运抵欧洲和美国中央仓库的成本。

宜家在全球拥有近2 000家供货商（其中包括宜家自有的工厂），供应商将各种材料由世界各地运抵宜家全球的中央仓库，然后从中央仓库运往各个商场进行销售。这种全球大批量集体采购方式可以取得较低的价格，挤压竞争者的生存空间。

同宜家的大批量相比，拷贝者无法以相同的低价获得原材料，产品定位要低于宜家的价格，只有偷工减料或降低生产费用，然而降低生产费用的空间不会太大。因为宜家供货厂家由于订单的数量大，其单位生产费用、管理费用已经相当低了，且宜家在价格上所加的销售费用、管理费用也不太高。如果没有足够的利润空间，拷贝也就没有了原动力，偷工减料的产品也无法长期同宜家竞争。

试分析宜家的成功采购经验有哪些？

二、实训操作

（一）实训目的

1. 学会制作招标通告。

2. 熟悉招投标采购的整个过程。

3. 能搜集整理网上采购信息。

（二）实训组织

按3人一组进行分组，每组选定一个小组长，由小组长负责安排团队实训分工，小组人员相互配合，共同完成实训任务，提高团队协作精神。

（三）实训案例

1. 招标通告的制作。招标通告的核心内容是向潜在的投标方说明招标的项目名称和简要内容。因此，招标通告必须简短、明确，能让潜在的投标方一目了然，并得到基本信息。

参考以下示例编制一份招标通告。

2020年3月份，学校从实训设备经费中拨出80万元专款用于建设一个机房，要求8月底必须完工以备学生开学后使用。现在场地已经选好，初步估计需要服务器1台、投影仪1台、电脑120台、空调2台、电脑桌椅120套、相关附件若干。现在学校面向全社会进行招标。

<table>
<tr><td colspan="2" align="center">招标通告</td></tr>
<tr><td colspan="2">_____单位，就_____设备购买进行国内公开招标，欢迎投标人参加投标。</td></tr>
<tr><td>1. 项目名称：自行拟定</td><td>2. 项目编号：</td></tr>
<tr><td>3. 招标货物名称、数量：</td><td>4. 交货时间：</td></tr>
<tr><td>5. 交货地点：</td><td>6. 招标文件发售时间及截止时间：</td></tr>
<tr><td>7. 招标文件售价及发售地点：</td><td>8. 投标开始及截止时间：</td></tr>
<tr><td>9. 投标文件递送方式及地址：</td><td>10. 开标时间及地点：</td></tr>
<tr><td>招标机构：</td><td>地　　址：</td></tr>
<tr><td>邮　　编：</td><td>电　　话：</td></tr>
<tr><td>传　　真：</td><td>电子邮箱：</td></tr>
<tr><td>联 系 人：</td><td></td></tr>
</table>

2. 网上采购实际操作（任选二题，或自拟题目）。

① 请通过阿里巴巴或者中国商贸信息网等网站寻找屏幕为7英寸、价格在200元左右MP5的供应信息，并尝试与多家供应商联系，寻求一次性购买1 000部该类MP5的报价。

② 通过互联网寻求7英寸（或其他尺寸）LCD（或TFT）液晶屏的供应商，并获得批量分别为200个、500个、1 000个的报价。

③ 通过互联网寻求4GB的DDR3内存条的供应商，尝试与多家供应商联系，并分别获得批量为1个、50个、200个的报价。

④ 通过互联网寻找任意一款婴儿纸尿裤的报价，尝试与多家供应商联系，并分别获得不同批量下（至少3个不同批量）的报价。

⑤ 通过互联网寻求任意一款标准托盘（不限材质、不限大小）的报价，尝试与多家供应商联系，并分别获得不同批量下（500个起，至少3个不同批量）的报价。

⑥ 通过互联网寻求一款跑步机的报价，尝试与多家供应商联系，并分别获得其报价。

⑦ 通过互联网寻求一款200×230平方厘米蚕丝被的报价，尝试与多家供应商联系，并分别获得其报价。

要求：均须提供网店地址或供应商的名称、地址、联系人、联系电话等，至少获得3个供应商的供应信息（3家供应商所供应的产品要相同或类似）。

（四）实训要求

1. 根据实训任务，编写一份招标通告。

2. 能利用互联网工具搜集整理网上采购信息。

任务二　供应商管理

知识要点：
- 供应商调查。
- 供应商开发。
- 供应商选择。
- 供应商关系管理。

技能要点：
- 熟悉供应商选择的方法。
- 掌握供应商评价步骤。
- 熟悉供应商评价指标体系。

任务描述与分析

一、任务描述

RHA公司是英国机械制造公司。公司新任采购主管打算制订一项有助于提高公司竞争力的采购战略。已经有10家供应商向该公司提供了报价。所有的报价者都具备制造机械零部件的能力，但他们各自具有不同的能力和优势，有的价格较低，有的擅长创新。应当采取什么样的策略，应当如何选择好的供应商，如何与10家供应商之一建立发展伙伴关系，如何保证新的采购步骤可行，这正是采购主管面临的问题。

请提出你的采购建议。

二、任务分析

供应商是指那些向买方提供产品或服务并相应收取货币作为报酬的实体，是可以为企业生产提供原材料、设备、工具及其他资源的企业。供应商管理是对供应商的了解、选择、开发、使用和控制等综合性管理工作的总称。供应商的开发和管理是整个采购体系的核心，其表现也关系到整个采购部门的业绩。一般来说，供应商开发包括的内容有：供应市场竞争分析、寻找合格供应商、潜在供应商的评估、询价和报价、合同条款的谈判、最终供应商的选择。供应商管理是在新的物流与采购经济形势下提出的管理机制。

任务实施与心得

一、任务实施

建议RHA公司从以下6个方面选择合作供应商：

① 建立供应商绩效考核指标，对现有的供应商进行评估和认证，优化供应库。

② 建立绩效考核制度。

③ 与表现良好的供应商建立战略伙伴关系。

④ 对供应商进行深入调查。

⑤ 确定供应商的选择指标。

⑥ 参考三大因素：供应商的产品价格、质量和服务。

二、任务实施心得

供应商管理是供应链采购管理中一个很重要的问题，它在实现准时化采购中有很重要的作用。

（一）从降低商品采购成本的角度

据美国先进制造研究报告，采购成本在企业总成本中占相当大的比重，对美国制造企业而言，原材料采购成本一般占产品单位成本的40%～60%，大型汽车制造企业更高。研究报告指出，采购成本所占比例将随着核心能力的集中和业务外包比例的增加而增加，因此，供应商作为供应链中的结盟企业直接关系着产品的最终成本。美国采购经理们预测，未来5年，竞争压力将迫使制造商们每年降低5%～8%的产品成本（除去通货膨胀因素）。但这仅仅依靠制造商是无法实现的，制造商必须与供应链另一生产型企业——供应商——联合才能实现产品成本的降低。

（二）从提高产品质量的角度

有研究表明，30%的质量问题是由供应商引起的。因此，提高原材料、零配件的质量是改进产品质量的有效手段。

（三）从降低库存的角度

减少库存的压力使制造商将前端库存转移到供应商身上，将后端库存转移到销售商身上，不利于合作伙伴关系的建立。供应商管理可以进行库存管理协调。

（四）从缩短交货期的角度

据统计，80%的产品交货期延长是由供应商引起的，缩短产品交货期应从源头做起。

（五）从集成供应链的角度

即将供应商放在供应链网络结构模型中考虑。供应链是由节点企业组成的，节点企业在需求信息的驱动下，通过职能分工与合作实现供应链的价值过程。从系统论的角度来看，制造资源是整个制造系统的输入，而供应商的行为和要素市场的规范与制造资源的质、量密切相关，所以供应商管理问题是制造的出发点，也是制造成败的关键之一。

（六）从提升核心能力的角度

随着企业越来越注重核心能力的培养和核心业务的开拓，从外部获取资源，通过供应商介入进行新产品开发以提升自身的核心能力的情况逐渐增多。

（七）从新产品开发的角度

据美国采购经理们预测，未来5年，新产品上市时间将缩短40%～60%，仅仅依靠制造商或核心企业的能力是远远不够的，与供应商合作已势在必行。

相关知识

一、供应商调查

供应商管理的首要工作，就是要了解供应商、了解资源市场。要了解供应商的情况，就要进行供应商调查。供应商调查是指对供应商基本资信情况进行调查，对初次接触、未经考核评价的供应商应进行供应商调查。

供应商调查在不同的阶段有不同的要求，可以分成3种：第一种是资源市场分析；第二种是供应商初步调查；第三种是供应商深入调查。

（一）资源市场分析

1. 资源市场调查的内容

① 资源市场的规模、容量、性质。例如，资源市场究竟有多大范围、有多少资源、有多少需求量，是卖方市场还是买方市场，是完全竞争市场还是垄断市场。

② 资源市场的环境。例如，市场的管理制度，法制建设，市场的规范化程度，市场的经济环境、政治环境等外部条件如何，市场的发展前景如何。

③ 资源市场中各个供应商的情况。对众多的供应商的调查资料进行分析，就可以得出资源市场自身的基本情况。例如，资源市场的生产能力、技术水平、管理水平、质量水平、价格水平、需求情况及竞争性质等。

资源市场调查的目的，就是进行资源市场分析。资源市场分析对于企业制订采购策略及产品策略、生产策略都有很重要的指导意义。

2. 资源市场分析的内容

① 要确定资源市场是紧缺型市场还是富余型市场，是垄断性市场还是竞争性市场。

② 要确定资源市场是成长型市场还是没落型市场。如果是没落型市场，则要趁早准备替换产品。

③ 要确定资源市场总的水平，并根据整个市场水平来选择合适的供应商。

（二）供应商初步调查

所谓供应商初步调查，是对供应商基本情况的调查，主要是了解供应商的名称、地址、生产能力，能提供什么产品，能提供多少，价格如何，质量如何，市场份额有多大，运输进货条件如何。

① 供应商初步调查的目的。供应商初步调查的目的，是了解供应商的一般情况。而了解供应商的一般情况的目的之一是为选择最佳供应商做准备，二是了解、掌握整个资源市场的情况。因为许多供应商基本情况的汇总就是整个资源市场的基本情况。

② 供应商初步调查的特点。供应商初步调查的特点：一是调查内容浅，只要了解一些简单的、基本的情况；二是调查面广，最好能够对资源市场中的所有供应商都有所调查、有所了解，从而能够掌握资源市场的基本情况。

③ 供应商初步调查的方法。供应商初步调查的基本方法，一般可以采用访问调查法，通过访问有关人员而获得信息。例如，可以访问供应企业的市场部有关人员，或者访问有关用户、有关市场主管人员、其他的知情人士，通过访问建立供应商卡片。

在初步供应商调查的基础上，要利用调查的资料进行供应商分析，主要目的是比较各个供应商的优势和劣势，选择适合企业需要的供应商。

④ 供应商分析的主要内容。产品的品种、规格和质量水平是否符合企业需要，价格水平如何。只有产品的品种、规格、质量水平都适合于企业，才算得上企业的可能供应商。对可能供应商有必要进行如下的分析：

企业的实力、规模如何，产品的生产能力如何，技术水平如何，管理水平如何，企业的信用度如何等。企业的信用度是指企业对客户、对银行等的诚信程度，表现为供应商对自己的承诺和义务认真履行的程度，特别是像产品质量保证、按时交货、往来账目处理等方面能够以诚相待，一丝不苟地履行自己的责任和义务。供应商相对于本企业的地理交通状况如何，进行运输方式、运输时间、运输费用分析，看运输成本是否合适。

（三）供应商深入调查

供应商深入调查，是指对经过初步调查后，准备发展为自己供应商的企业进行的更加深入仔细的考察活动。这种考察，是深入到供应商企业的生产线、各个生产工艺、质量检验环节甚至管理部门，对现有的设备工艺、生产技术、管理技术等进行考察，看看所采购的产品能不能满足本企业所应具备的生产工艺条件、质量保证体系和管理规范要求。只有通过这样深入的供应商调查，才能发现可靠的供应商，建立起比较稳定的物资采购供需关系。

进行深入的供应商调查，并不是对所有的供应商都必须进行深入调查，只是在以下情况下才需要：

① 准备发展成紧密关系的供应商。

② 寻找关键零部件产品的供应商。

如果所采购的是一种关键零部件，特别是精密度高、加工难度大、质量要求高、在本企业的产品中起核心功能作用的零部件产品，在选择供应商时就要特别小心。要对供应商进行反复、深入的考察审核。只有经过深入调查证明确实能够达到要求时，才能确定发展它为本企业的供应商。

二、供应商开发

供应商开发是指采购组织为帮助供应商提高运营绩效和供应能力以适应自身的采购需求而采取的一系列活动。供应商开发是有效降低所有权总成本的战略举措。

供应商的开发是采购体系的核心，其表现也关系到整个采购部门的业绩。一般来说，供应商开发首先要确认供应商是否有一套稳定有效的质量保证体系，然后确认供应商是否具有生产所需特定产品的设备和工艺能力。其次是成本与价格，要运用价值工程的方法对所涉及的产品进行成本分析，并通过双赢的价格谈判实现成本节约。在交付方面，要确定供应商是否拥有足够的生产能力，人力资源是否充足，有没有扩大产能的潜力。最后一点，也是非常重要的，就是供应商的售前、售后服务的记录。具体步骤如下：

① 供应市场竞争分析。分析目前市场的发展趋势是怎样的，各大供应商在市场中的定位是怎样的，从而对潜在供应商有一个大概的了解。再将所需产品按ABC分类法找出重点物资、普通物资和一般物资，根据物资重要程度决定供应商关系的紧密程度。

② 寻找潜在供应商。经过对市场的仔细分析，可以通过前面提到的供应商信息来源来寻找供应商。在这些供应商中，去除明显不适合进一步合作的供应商后，就能得出一个供应商考察名录。

③ 对供应商的实地考察。邀请质量部门和工艺工程师一起参与供应商的实地考察。他们不仅会带来专业的知识与经验，共同审核的经历也有助于公司内部的沟通和协调。

在实地考察中，应该使用统一的评分标准进行评估，并着重对其管理体系进行审核，如作业指导书等文件、质量记录等，重要的还有销售合同评审、供应商管理、培训管理、设备管理及质量管理等。考察中要及时与团队成员沟通，听取供应商的优点和不足之处，并听取供应商的解释。如果供应商有改进意向，可要求供应商提供改进措施报告，做进一步评估。

④ 对供应商的询价与报价。对合格的供应商发出询价文件，一般包括图纸和规格、样品、数量、大致采购周期、要求交付日期等细节，并要求供应商在指定的日期内完成报价。在收到报价后，要对其条款仔细分析，包括传真、电子邮件等，对其中的疑问彻底澄

清，并做相应记录。根据报价中大量的信息进行报价分析，比较不同供应商的报价，选择报价合适的供应商。

⑤ 合同谈判。对报价合适的供应商进行价格、批量产品、交货期、快速反应能力、供应商成本变动及责任赔偿等方面的谈判。每个供应商都是所在领域的专家，多听取供应商的建议往往会有意外的收获。曾有供应商主动推荐替代的原材料，如用韩国的钢材代替瑞士产品，其成本节约高达50%，而且性能完全满足要求，这是单纯依靠谈判所无法达到的降价幅度。

⑥ 确定供应商。通过策略联盟，参与设计，供应商可以有效帮助企业降低成本。还有非常重要的一个方面是隐性成本。采购周期、库存、运输等都是看不见的成本，要把有条件的供应商纳入适时送货系统，尽量减少存货，降低企业的总成本。

三、供应商选择

供应商选择是指搜寻供应源，即对市场上供应商提供的产品进行选择。

（一）供应商选择的原则

供应商选择要本着全面、具体、客观的总原则，建立和使用一个全面的供应商综合评价指标体系，对供应商做出全面、具体、客观的评价。综合考虑供应商的业绩、设备管理、人力资源开发、质量控制、成本控制、技术开发、用户满意度、交货协议等可能影响供应链合作关系的方面。许多成功企业的实践经验表明，要做到目标明确、深入细致地调查研究，全面了解每个候选供应商的情况，综合平衡、择优选用，是开发和选择供应商的基本要点。一般来说，供应商选择应遵循以下4个原则。

1. 目标定位原则

这个原则要求供应商评审人员注重对供应商进行考察的广度和深度，依据所采购商品的品质特征、采购数量和品质保证要求去选择供应商，使建立的采购渠道能够保证品质要求，减少采购风险，并有利于自己的产品打入目标市场，让客户对企业生产的产品充满信心。选择的供应商的规模、层次和采购商相当，而且采购时的购买数量不超过供应商产能的50%。反对选择全额供货的供应商，最好使同类物料的供应商数量为2～3家，并有主次供应商之分。

2. 优势互补原则

每个企业都有自己的优势和劣势，选择开发的供应商应当在经营和技术能力方面符合企业预期的要求水平，供应商在某些领域应具有比采购方更强的优势，在日后的配合中才能在一定程度上优势互补。尤其在建立关键、重要零部件的采购渠道时，更要对供应商的生产能力、技术水平、优势所在、长期供货能力等有一个清楚的把握。要清楚地知道之所以选择这家厂家而不是其他厂家作为供应商，是因为它具有其他厂家没有的某些优势。只有那些在经营理念和技术水平上符合或达到规定要求的供应商才能成为企业生产经营和日后发展的忠实和坚强的合作伙伴。

3. 择优录用原则

在选择供应商时，通常先考虑报价、质量以及相应的交货条件，但是在相同的报价及相同的交货承诺下，毫无疑问要选择那些企业形象好，可以给世界驰名企业供货的厂家作为供应商，信誉好的企业更有可能兑现曾许下的承诺。在此必须提醒的是，要综合考察、平衡利弊后择优选用。

4. 共同发展原则

如今，市场竞争越来越激烈。如果供应商不全力配合企业的发展规划，企业在实际运作中必然会受到影响。若供应商能以荣辱与共的精神来支持企业的发展，把双方的利益捆绑在一起，企业就能对市场的风云变幻做出更快、更有效的反应，并能以更具竞争力的价位争夺更大的市场份额。因此，与重要供应商发展供应链战略合作关系也是值得考虑的一种方法。

（二）供应商选择的方法

选择合乎要求的供应商，需要采用一些科学和严格的方法。选择供应商时要根据具体的情况采用合适的方法。常用的方法主要有直观判断、考核选择、招标选择和协商选择。

1. 直观判断

直观判断法是根据征询和调查所得的资料，对供应商进行大体分析，是对比评价的一种方法，也是常用的一种方法。其主观性较强，其最主要的依据是采购人员对供应商以往的业绩、质量、价格、服务等的了解程度。而选择供应商的同时也要注意以下几个问题：

① 单一供应商与多家供应商。尽可能避免单源供应，集中采购数量优势。

② 国内与国外采购。选择国内供应商价格较低，由于地域位置近可以实行"零库存"策略，而国外供应商则可以采购到国内技术无法达到的物料，提升产品自身的技术含量。

③ 直接采购与间接采购。物料采购有难易、成本有差异（关注间接的隐性成本），因此这种方法的质量取决于对供应商资料掌握得是否正确、齐全和决策者的分析判断能力与经验。虽然，它具有运作方式简单、快速、方便等优点，但是它缺乏科学性，受掌握信息详尽程度的限制，因此常用于选择企业非主要原材料的供应商。

2. 考核选择

所谓考核选择，就是在对供应商充分调查了解的基础上，再经过认真考核、分析比较后选择供应商的方法。考核选择的方法包括以下内容：

① 调查了解供应商。供应商调查可以分为初步调查和深入调查。每个阶段的调查对象都有一个供应商选择的问题，而且选择的目的和依据是不同的。

② 考察供应商。初步确定的供应商，还要在试运行阶段进行考察。试运行阶段的考察更实际、更全面、更严格，因为这是直接面对实际的生产运作。在运作过程中，就要对所有各个评价指标进行考核评估，包括产品质量合格率、准时交货率、准时交货量、交货差错率、交货破损率、价格水平、进货费用水平、信用度、配合度等的考核和评估。在单项考核评估的基础上，还要进行综合评估。综合评估就是把以上各个指标进行加权平均计算而得出一个综合结果。

③ 考核选择供应商。通过试运行阶段，得出各个供应商的综合评估成绩，基本上就可以最后确定哪些供应商可以入选，哪些供应商应被淘汰，哪些应列入候补名单。候补名单中的成员可以根据情况处理，可以入选，也可以落选。现在企业通常不会只选择一个供应商，而是选择2～3个绩效比较好的供应商作为自己的发展对象。这主要是企业担心在只有一个供应商的情况下，企业的采购活动会受制于人。但是，在选择的2～3个供应商中要有主次之分。一般可以用AB角或ABC角理论来解释：A角作为主供应商，分配较大的供应量；B角（或再加上C角）作为副供应商，分配较小的供应量。综合成绩为优的供应商担任A角，候补供应商担任B角。在运行一段时间以后，如果A角的表现有所退步而B角的表现有所进步的话，则可以把B角提升为A角，而把原来的A角降为B角。这样无形中就造成

了A角和B角之间的竞争，促使他们竞相改进产品和服务，使得采购企业获得更大的好处。

从以上分析可以看出，考核选择供应商是一个时间较长的深入细致的工作。这个工作需要采购管理部门牵头负责、全厂各个部门共同协调才能完成。当供应商选定之后，应当终止试运行期，签订正式的供应关系合同。进入正式运行期后，就开始了比较稳定正常的供需关系运作。

3. 招标选择

当采购物资数量大、供应市场竞争激烈时，可以采用招标方法来选择供应商。招标采购详见项目八任务一"知识拓展"部分的内容。

4. 协商选择

在潜在供应商较多、采购者难以抉择时，也可以采用协商选择方法，即由采购单位选出供应条件较为有利的几个供应商，同它们分别进行协商，再确定合适的供应商。和招标方法比较，协商选择方法因双方能充分协商，在商品质量、交货日期和售后服务等方面较有保证；但由于选择范围有限，不一定能得到最便宜、供应条件最有利的供应商。当采购时间紧迫、投标单位少、供应商竞争不激烈、订购物资规格和技术条件比较复杂时，协商选择方法比招标方法更为合适。

（三）供应商选择的标准

一个好的供应商的标准，最根本的就是其产品好。而产品好又表现在：产品质量好；产品价格合适；产品先进，技术含量高，发展前景好；产品货源稳定，供应有保障。这样的条件，只有那些有实力的企业才能够满足。因此，一个好的供应商需要具备以下一些条件：

① 优秀的企业领导人。有了优秀的领导人，企业才能健康稳定地发展。

② 高素质的管理人员。有了高素质、有能力的管理人员，企业的管理才有效率、充满活力。

③ 稳定的员工群体。员工的稳定能保证产品品质的稳定，员工群体流动性过大其产品品质会受到相当大的影响。

④ 良好的机器设备。有良好的机器设备，其产品品质更有保证。

⑤ 良好的技术。企业不单要有素质高的管理人员和良好的管理，还应有经验丰富、有创新力的技术人员，只有技术不断改善创新，才能使产品品质更有保障，材料成本不断下降。

⑥ 良好的管理制度。激励机制的科学，管理渠道的畅通，以及各种管理制度的健全能充分发挥人的积极性，从而保证其供应商整体是优秀的，其产品品质是优质的，其服务是一流的。

⑦ 地理位置近。供应商的地理位置对库存量有相当大的影响。如果物品单价较高，需求量又大，距离近的供应商有利于管理。采购方总是期望供应商离自己近一些，或至少要求供应商在当地建立库存。地理位置近送货时间就短，意味着紧急缺货时可以快速送到。

⑧ 可靠性高。可靠性是指供应商的信誉。在选择供应商时，应该选择一家有较高声誉、经营稳定以及财务状况良好的供应商。同时，双方应该相互信任、讲究信誉并能把这种关系保持下去。

⑨ 售后服务良好。良好的售后服务是建立和维护供需双方的战略合作伙伴关系的关键，同时，也为供需双方就产品质量等其他方面的信息交流提供了条件。

⑩ 供货提前期合理。为了应付一些紧急缺货情况的发生，供应商的供货都应当有一个合理的提前期。

⑪ 交货准确率高。供应商供应的商品的返退率要低，即交货的准确率要高。

⑫ 快速响应能力强。随着信息技术在供应链管理中的应用，供应商对客户的需求信息的响应力比传统管理下的供应商的响应力要强许多倍，从而大大提高了供应商对客户需求变化的适应能力。因此，供应商对客户信息的响应能力如何是评价供应商的一项重要因素。

（四）供应商选择的步骤

① 分析市场竞争环境（需求、必要性）。分析的目的在于找到针对哪些产品进行市场开发，供应链采购合作关系才有效；必须知道现在的产品需求是什么、产品的类型和特征是什么，以确认用户的需求，确认是否有建立采购合作关系的必要；如果已建立了采购合作关系，则要根据需求的变化确认采购合作关系变化的必要性，从而确认供应商选择的必要性。同时分析现有供应商的现状，分析、总结企业存在的问题。

② 建立供应商选择目标。企业必须确定供应商评价选择程序如何实施、信息流程如何、谁负责，而且必须建立实质性、实际的目标。其中保证产品质量、降低成本是重要目标。

③ 建立供应商评价选择标准。供应商评价选择的指标体系是企业对供应商进行选择的依据和标准。不同行业、企业、产品需求及不同环境下的供应商评价应是不一样的，但一般都涉及供应商的业绩、设备管理、人力资源开发、质量控制、价格、成本控制、技术开发、用户满意度、交货协议等可能影响供应链合作关系的方面。

④ 建立评价小组。评价小组组员以来自采购、质量、生产、工程、财务等与采购合作关系密切的部门为主，组员必须有团队合作精神，具有一定的专业技能。评价小组必须同时得到制造商企业和供应商企业最高领导层的支持。

⑤ 供应商参与。一旦企业决定实施供应商评价，评价小组必须与初步选定的供应商取得联系，以确认他们是否愿意与企业建立采购合作关系，是否有获得更高业绩水平的愿望。

企业应尽可能早地让供应商参与到评价的设计过程中来。但由于企业的力量和资源有限，只能与少数关键的供应商保持紧密的合作，所以参与的供应商应尽量少。

⑥ 选择供应商。选择供应商的一个主要工作是调查、搜集有关供应商的生产运作等全方位的信息。在搜集供应商信息的基础上，就可以利用一定的工具和技术方法进行供应商的评价，并可根据评价结果，采用一定的技术方法来选择合适的供应商。如果选择成功，则可开始与供应商建立采购合作关系；如果没有合适的供应商可选，则返回步骤2重新开始评价选择。

⑦ 实施采购合作关系。在实施采购合作关系的过程中，市场需求将不断变化，可以根据实际情况的需要及时修改供应商评价标准，或重新开始供应商评价选择。在重新选择供应商的时候，应给予旧供应商足够的时间适应变化。

四、供应商评价

供应商评价是指利用指标评价体系，对供应商供货质量、服务水平、供货价格、准时性、信用度等进行评价，为供应商的选择奠定基础。

（一）供应商评价指标体系

供应商评价主要通过以下几个指标进行。

1. 产品质量

产品质量是最重要的因素，在开始运作的一段时间内，主要加强对产品质量的检查。检查可分为两种，一种是全检，另一种是抽检。全检工作量太大，一般采用抽检的方法。质量的好坏可以用质量合格率来描述。如果在一次交货中一共抽检了 n 件，其中有 m 件是合格的，则质量合格率为 P。其公式为：

$$P = \frac{m}{n} \times 100\%$$

显然，质量合格率越高越好。有些情况下，企业采取对不合格产品进行退货的措施，这时质量合格率也可以用退货率来描述。所谓退货率，是指退货量占采购进货量的比率。如果采购进货 n 次（或件、个），其中退货 r 次（或件、个），则计算退货率的公式为：

$$退货率 = \frac{r}{n} \times 100\%$$

2. 交货期

交货期也是一个很重要的考核指标。考核交货期主要是考核供应商的准时交货率。准时交货率可以用准时交货的次数与总交货次数之比来衡量。其公式为：

$$交货准时率 = 准时交货的次数 \div 总交货次数 \times 100\%$$

3. 交货量

考核交货量主要是考核按时交货量。按时交货量可以用按时交货量率来评价。按时交货量率是指给定交货期内的实际交货量与期内应完成交货量的比率。其公式为：

$$按时交货量率 = 期内实际完成交货量 \div 期内应完成交货量 \times 100\%$$

4. 工作质量

考核工作质量，可以用交货差错率和交货破损率来描述，分别为：

$$交货差错率 = 期内交货差错量 \div 期内交货总量 \times 100\%$$
$$交货破损率 = 期内交货破损量 \div 期内交货总量 \times 100\%$$

5. 价格

价格是指供货的价格水平。考核供应商的价格水平，可以将它与市场同档次产品的平均价和最低价进行比较。分别用市场平均价格比率和市场最低价格比率来表示。其公式为：

$$平均价格比率 = (供应商的供货价格 - 市场平均价) \div 市场平均价 \times 100\%$$
$$最低价格比率 = (供应商的供货价格 - 市场最低价) \div 市场最低价 \times 100\%$$

6. 进货费用水平

供应商的进货费用水平可以用进货费用节约率来考核。其公式为：

$$进货费用节约率 = (本期进货费用 - 上期进货费用) \div 上期进货费用 \times 100\%$$

7. 信用度

信用度主要考核供应商履行自己的承诺、以诚待人、不故意拖账欠账的程度。其公式为：

$$信用度 = 1 - 期内失信的次数 \div 期内交往总次数 \times 100\%$$

8. 配合度

配合度主要考核供应商的协调精神。在和供应商相处的过程中，常常因为环境或具体情况的变化，需要调整变更工作任务，这种变更可能导致供应商工作的变更，甚至导致供应商要做出一点牺牲。这一点可以考查供应商在这些方面配合的程度。另外，如工作出现了困难，或者发生了问题，可能有时也需要配合才能解决。这时，都可以看出供应商的配合程度。考核供应商的配合度，主要靠人们的主观评分。主要找与供应商相处的员工，让他们根据这个方面的体验为供应商评分。特别典型的，可能有上报的情况。这时可以把上报或投诉的情况也作为评分依据之一。

指标的价值在于其能规范和引导行为。上述供应商管理指标体系不但能引导供应商的行为，也是评价供应管理部门绩效的重要依据。对于上面的八大指标体系，不同公司可在不同发展阶段采取相应的侧重点。具体指标上，要力求简单、实用、平衡。

（二）供应商评价的步骤

供应商的评价要经过如图8.1所示的7个步骤。

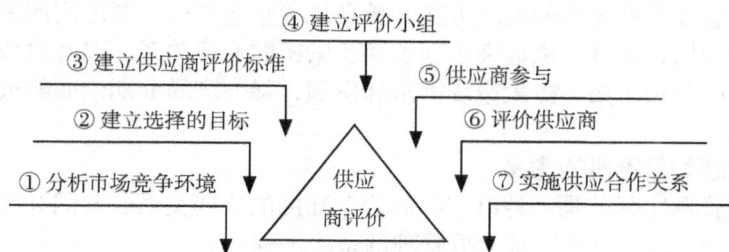

图8.1　供应商评价步骤

① 分析市场竞争环境。要想建立基于信任、合作、开放性交流的供应链长期合作关系，必须首先分析市场竞争环境，必须知道现在的产品需求、产品的类型和特征，以此来确认客户的需求，确认是否有建立供应链合作关系的必要。

② 建立选择的目标。企业必须确定供应商评价程序如何实施，而且必须建立实质性、实际的目标。供应商评价和选择不是一个简单的过程，它本身也是企业自身的一个业务流程重构过程。

③ 建立供应商评价标准。供应商评价指标体系是企业对供应商进行综合评价的依据和标准，是反映企业本身和环境所构成的复杂系统的不同属性的指标，是按隶属关系、层次结构有序组成的集合。以下几个方面可能影响供应链合作关系：

- 供应商的业绩；
- 设备管理；
- 人力资源开发；
- 质量控制；
- 成本控制；
- 技术开发；
- 客户满意度；
- 交货协议。

④ 建立评价小组。企业必须建立一个专门的小组控制和实施供应商评价，组员以来自采购、质量、生产、工程等与供应链合作关系密切的部门为主。

⑤ 供应商参与。企业决定实施供应商评价，评价小组必须与初步选定的供应商取得联系，以确认他们是否愿意与企业建立供应链合作关系，是否有获得更高业绩的愿望。所以，企业应尽可能早地让供应商参与到评价的设计过程中来。

⑥ 评价供应商。评价供应商的一个主要工作是调查、搜集有关供应商生产运作等全方位的信息。在搜集供应商信息的基础上，就可以利用一定的工具和技术方法进行供应商的评价了。

⑦ 实施供应合作关系。在实施供应链合作关系的过程中，市场需求将不断变化，企业可以根据实际情况的需要及时修改供应商评价标准，或重新开始供应商评价选择。在重新选择供应商时，应给予原有供应商以足够的时间适应变化。

五、供应商关系管理

正如当今流行的客户关系管理（Customer Relationship Management，CRM）是用来改善与客户的关系一样，供应商关系管理（Supplier Relationship Management，SRM）是用来改善与供应链上游供应商的关系的，是一种致力于实现与供应商建立和维持长久、紧密伙伴关系的管理思想和软件技术的解决方案，旨在改善企业与供应商之间的关系，围绕企业采购业务相关的领域，通过与供应商建立长期、紧密的业务关系，以及对双方资源和竞争优势的整合来共同开拓市场，扩大市场需求和份额，降低产品前期的高额成本，实现双赢的企业管理模式。

（一）供应商关系管理的含义

供应商关系管理实际上是一种以"扩展协作互助的伙伴关系、共同开拓和扩大市场份额、实现双赢"为导向的企业资源获取管理的系统工程。

（二）供应商关系管理的基本内容

1. 需求分析

准确、及时的需求分析是企业决策制订的一个先决条件，在采购方面也是如此。随着供应商队伍专业化的发展，准确及时的采购可以节省开支，取得市场上的采购优势。采购既要面对生产又要同时满足市场和客户的要求。SRM能够整合内部和外部资源，建立起高效能的组织采购，对自身业务关键性材料或者服务的需求进行战略部署，以减少日常生产运作中意想不到的问题。

2. 供应商的分类与选择

对符合公司战略的供应商进行评估，可以将供应商分成交易型、战略型和大额型。一般来讲，交易型供应商是指为数众多，但交易金额较小的供应商；战略型供应商是指公司战略发展所必需的少数几家供应商；大额型供应商指交易数额巨大，战略意义一般的供应商。供应商分类的目标是针对不同类型的供应商，制订不同的管理方法，实现有效管理。这种管理方式的转变，应该首先与各利益相关方进行充分沟通，获得支持。

供应商的评估与选择应该考察多个方面的因素，包括实力（技术、容量、竞争力等）、响应速度（销售服务、质量反应速度、对防范问题的反应及对改进工作的兴趣等）、质量管理（效率、产品设计及质量保证程序等）、时间控制（交货期的长短及交货是否准时等）、成本控制（设计费用、制造费用、维护费用及运输费用和保管费用等）。SRM可以综合考察供应商各个方面的因素，帮助企业做出准确的分类与选择。

3. 与供应商建立合作关系

确定对各类供应商采用何种关系和发展策略，可通过几个步骤来进行。首先，与战略供应商和大额型供应商在总体目标、采购类别目标、阶段性评估、信息共享和重要举措等各方面达成共识，并记录在案；其次，与各相关部门开展共同流程改进培训，发现有改进潜力的领域；再次，对每位供应商进行职责定位，明确其地位与作用；最后，双方达成建立供应商关系框架协议，明确关系目标。在这部分可以做的工作包括建立供应商的管理制度，供应商的绩效管理，供应商的合同关系管理，采购流程的设计与实施。SRM能够使采购流程透明化，提高效率和反应能力，降低周转时间，提高买卖双方的满意度。

4. 与供应商谈判和采购

根据前面各步骤的工作可以与供应商通过谈判达成协议。SRM能够帮助企业跟踪重要的供应商表现数据（如供应商资金的变化等），以备谈判之用。SRM在采购过程中还可以实现公司内部与外部的一些功能。公司内部的功能包括采购信息管理、采购人员的培训管理和绩效管理、供应商资料实时查询、内部申请及在线审批。公司外部的功能（与供应商之间的）包括在线订购、电子付款、在线招标等。

5. 供应商绩效评估

供应商绩效评估是整个供应商关系管理的重要环节。它既是对某一阶段双方合作实施效果的衡量，又是下一次供应商关系调整的基础。SRM能够帮助企业制订供应商评估流程，定期向供应商提供反馈。供应商的绩效评估流程可以从技术、质量、响应、交货、成本和合同条款履行这几个关键方面进行，还可以包括相关专家团特定的绩效评估。评估流程的目的在于给双方提供开放沟通的渠道，以提升彼此的关系。同时，供应商也可以向企业做出反馈，站在客户的角度给出他们对企业的看法。这些评估信息有助于改善彼此的业务关系，从而改善企业自身的业务运作。

（三）供应商关系管理的发展

从CRM到SRM，企业业务对外的两个最重要的出口就是广义的"买"和"卖"。在"卖"方面，企业为了使自己的产品和服务赢得市场、赢得客户，更为重视这方面的管理，更加大了在市场上的投入力度。随着这种趋势的发展，从20世纪90年代中期开始，管理软件供应商纷纷推出了CRM产品，企业也开始利用这种管理思想和这一工具来更好地开拓市场，提高客户的忠诚度，争取新客户和维护老客户。

然而，在"买"方面，与供应商的关系却一直未能引起企业的重视。也许是由于买方市场的原因，买家认为只要有购买需求，就会有卖家找上门来，就有人为其提供服务，企业无须下太多的功夫去关心与供应商之间的关系。然而，在21世纪，随着资源在全球范围内调配，企业间业务联盟的进一步发展，供应链业务紧密连接趋势越来越强，企业与供应商之间的关系变得越来越重要。当企业发现彼此的贡献可以融合成一种新能力并产生综合效益时，使得顾客的忠诚度重新建立起来，这说明企业与供应商之间的共享合作与创新很成功。这种与供应商合作创造的市场价值，是业务伙伴合作中的一个重要的问题，就像与客户之间的伙伴关系一样，与供应链上供应商之间的关系也将转变为企业间彼此合作的伙伴关系。

在20世纪80年代末的西方市场，服装行业与食品行业的供应链也在一些运作模式上共谋合作。例如，快速反应（Quick Response，QR）和有效客户响应（Efficient Consumer Response，ECR）完全改进了整个供应链的响应能力和范围质量。今天，就像与客户之间的伙伴关系一样，与供应商之间的伙伴关系转变成了彼此合作的方式，这种合作的成果足以运行整个社会。例如，当微软与英特尔结合共同发展微电脑芯片与作业系统时，他们一起改写了个人电脑工业的版图；许多零售商、分销商及制造商紧密而高效率运用高科技的伙伴关系，使得诸如从剪羊毛到挂到衣架上的成衣这样的业务过程只需很少的步骤和很短的时间，节省了原先整个过程中的不必要的程序，减少了金钱的损失。

六、电子商务供应商管理

供应商管理是对企业需用物资、产品、设备或服务的供应商进行选择准入、分级分类、绩效考核和风险管理的动态过程。该工作的开展有利于甄别合格和优秀供应商，优化采购程序，提高供应链效率，提升与供应商的合作关系，强化企业核心竞争力并有效降低采购成本。信息技术的发展对采购商与供应商之间的物流、资金流、信息流产生了革命性的影响，电子商务环境为企业提供了更便捷的信息渠道和更快速的反应机制，通过网络平台可以有效整合内外部供应商资源，提高供应商管理水平。

（一）不同环境下供应商管理的主要模式

1. 传统的供应商管理模式

在传统的理念和做法中，采购商与供应商之间没有建立特定的关系，基于业务的合作关系是松散的、随意的。在采购过程中采购商与供应商处于相互对立和竞争关系，因此合作往往不稳定。供应商管理的职能通常由采购部门承担，焦点在于产品质量和价格，通过鼓励并积极推动供应商之间的竞争来保证公司稳定的货源供应，并从竞争中获得经济利益。供应链上下游企业之间缺乏交流与合作，供应商不知道采购商的需求状况，仅凭经验和主观判断组织生产和准备货源；采购商同样不了解供应商的生产及库存情况。为降低风险，双方都倾向于增加自己的库存，挤占资金的同时还产生了大量仓储费用，对供应链各方都极为不利。

2. 基于供应链的供应商管理模式

供应链是指从供应的源头开始，经过制造商、分销商直至最终用户的一个环环相扣的链条。供应链管理的基本思想是"横向一体化"，其核心是提升企业核心竞争力。从整体上看，供应链中的物流、资金流、信息流贯穿始终，上下游企业之间的协同程度大大提高了。企业与供应商之间有着紧密的关系以及有限的合作，与数量有限的关键供应商紧密联系并进行大量和及时的沟通；建立了供应商评估系统，在供应商选择上更加侧重于质量。这种战略倾向于精简和整合供应商，建立相对稳定的战略利益同盟，逐渐减少供应商的数量，集中选择更有优势、更有实力的供应商作为合作伙伴，设计一条更优秀、更有效率的供应链。

3. 基于电子商务的供应商管理模式

随着信息化水平的提高及管理模式和体系的完善，企业普遍建立电子商务平台，建立了正式和完善的供应商选择准入体系、动态评估和评估反馈系统，在网上与供应商进行同步的双向沟通。通过建立一体化的供应链体系，可以实现供应商的在线投标和采购协同，对供应商的绩效状况进行在线评价；通过对供应商的分级分类实现重点供应商的针对性管理，使企业的价值增值活动与供应商紧密地结合在一起；通过与供应商的密切配合和沟通，使供应商参与到企业的前期技术研发和攻关活动中，实现供应商与企业的能力互补，提升供应商在企业管理和发展中的地位和作用。在供应商的选择上，一般会对供应商的信息化程度、服务水平、业务能力和技术水平等多方面进行综合评价，识别综合能力强的供应商。

（二）基于电子商务的供应商管理策略

电子商务环境下，供应商管理体系的建立可以借鉴先进的手段并直接受益于快速的评估反馈机制。从管理策略上应涵盖供应商的选择准入、分级管理、分类管理、绩效考核和风险管理等内容，将供应商的全生命周期管理理念完整地通过信息技术得以体现，从而提高企业的整体供应商管理水平。

1. 供应商的选择准入管理

企业组织供应商在统一的信息平台上进行注册并填写产品信息，根据供应商所属性质的不同可补充填写不同的资质调查问卷，从而获取企业所关心的供应商完整信息，便于对供应商的资质能力、提供产品的类别、服务的区域等进行判断，为供应商的精细化管理提供充分的信息支持。

2. 供应商的分级管理

随着电子商务环境下信息共享渠道更加多样、便捷和及时，企业通常将供应商分为战略供应商、核心供应商和一般供应商三大类，并根据企业的组织架构情况确定总部级及各二级单位级别的供应商，从而实现供应商的分级分类管理。

战略供应商可以提供企业安全稳定运行所必需的关键性物资，应实行合作关系管理；要和其建立采供高层互访机制、定期合作机制和信息共享机制，签订中长期合作协议和一揽子框架采购协议；简化商务流程，利用供应商库存实施联合储备等策略，并培育其适度规模。核心供应商可为企业提供大宗物资，且业绩较好，具有较强研发能力和履约能力，应实施伙伴关系管理。培育核心供应商群体，通过业绩引导订货，实施利用供应商库存等策略。对其他一般供应商可实施竞争关系管理，通过加强竞争、缩减中间商等途径，维护正常的业务合作关系。

总部级供应商的业务范围覆盖整个企业，应优先使用或在一定范围内强制在本企业推广，通过形成规模优势降低成本，加强与供应商的合作，提升合作等级，从而达到互利共赢的目标。各二级单位级别的供应商只限于在本单位使用，对于能够为整个企业提供产品的供应商可推荐成为总部级供应商。

供应商的分级管理有利于区别对待能力和绩效不同的供应商，将管理重点放在对企业重要性高、合作意愿强的供应商上，提高管理效率。在实现方式上，可以通过设置不同的用户权限和管理对象，在统一的信息平台上做到供应商的按级别管理，在共享信息的同时实施不同的管理策略，体现电子商务的优越性。

3. 供应商的分类管理

企业经营需要用到各类产品，按照产品的自然属性、使用范围、功能效用等方式将产品进行类别划分，并将供应商与类别关联，此即为供应商的分类管理。在管理日益精细化的要求下，供应商的分类管理提供了更为细致的纬度，为实现供应商与企业的产品物流信息共享提供了可行的管理方案。从技术手段上，企业与供应商可以使用对接的ERP系统，通过ERP系统与企业的供应商管理平台集成，对产品库存状况、技术要求、采购需求信息及投标方案进行统一管理，实现生产与采购协同。

分类管理的难点与重点是建立一套企业与供应商共同认可的分类体系并维护有效的分类数据。该分类体系体现于ERP系统及供应商管理信息平台，并可被供应商接受和使用。在日常经营活动中形成的大量业务数据要能够及时准确地反映在分类体系中，以便通过数据汇总对企业各产品类别的需求及采购状况、供应商在各类别上的分布状况进行统计分析，从而相应制订不同类别供应商的管理策略。

4. 供应商的绩效考核管理

供应商管理的重要目标之一就是不断提升供应商的绩效状况以降低企业经营成本和风险。供应商绩效评价是对过去一段时间内供应商的表现情况进行定性和定量评价，发现存在的问题并提出解决方案。经典的评价指标包括质量、成本、交货、发展潜力和管理状况，在电子商务环境下还可具体包括供应商信息化建设和应用程度、在前期新产品研发方面的投入状况、售后服务状况等内容。理想的状态是在网上建立动态考核机制，设置各项考核指标的权重，对每笔招投标业务及订单合同的执行状况进行网上评价，通过不断汇总供应商的绩效状况对供应商的级别进行调整，定期发布供应商的考核报告，强化供应商动态考核。

5. 供应商的风险管理

电子商务环境下企业的管理流程都不同程度进行了再造。由于交易环境和技术手段的不断变化，企业也面临着与供应商相关的诸多风险，如供应商的信用风险、履约风险、交易安全风险等。

在与战略供应商的业务交往中，由于企业与战略供应商之间的合作强调建立一种持久稳定的关系，因此，企业部分机密信息会与战略供应商共享，包括生产的特有技术、产品设计或者消费者信息等。这些信息的安全与保密涉及企业切身利益，需要供应商极高的信用支持。为此，要对供应商的信用风险进行特别关注，通过实施部分业务的战略联盟来消除彼此的风险。供应商的履约风险是电子商务信用最为重要的表现。由于双方不能面对面交易，对产品质量、送货状况、售后服务质量及其他承诺很难达成完全一致，因此各方应事先充分沟通并制订必要的服务条款，切实履行各自的承诺。交易安全问题是目前困扰网络发展的一个难题，网络犯罪总是与商业秘密联系在一起。企业与供应商实现网上信息共享、降低交易成本的同时，就必须正视随之而来的风险，而这也需要整个社会不断完善道德、信用和法律的交易环境。

为应对供应商的风险，既需要企业与供应商共同建立和维护良好的合作环境，也需要企业针对供应商的违规行为，坚持供应商不良表现零报告制度和供应商黑名单制度，及时通报处理不良表现的供应商，表彰表现优异的供应商，实行优胜劣汰的竞争制度。

（三）不断完善电子商务交易环境，提升供应商管理水平

电子商务环境为企业的供应商管理工作搭建了统一的交易平台，为管理工作的开展提供了更多交互信息，降低了双方的交易成本，提高了工作效率。与此同时，要求企业和供应商的信息化能力不断提升，改进传统的管理思维和模式，充分利用信息技术手段建立适应电子商务环境的供应商管理策略。

随着当前社会整体交易环境和相应法律法规的不断完善，供应商管理工作也要抓住契机，加大信息化建设力度，在综合使用技术手段和管理手段规避交易风险的保障下，将供应商的选择准入、分级分类管理、绩效考核和风险管理纳入企业整体的信息化进程，在不断实现供应商全生命周期管理的过程中提升供应商的管理水平。

知识拓展

本知识拓展主要讲述AB角制供应商管理，详细内容请扫描二维码。

知识拓展

业务技能训练

一、课堂训练

某电器公司产品的某关键部件由供应商提供。

1. 有甲、乙、丙3家供应商可供选择，在选择过程中，应对供应商的（　　　　）等进行评价。

A. 员工人数　　　　　　　　B. 质量管理体系概况

C. 主要顾客及其反馈信息　　D. 主要原材料来源

2. 在确定供应商数量时，应考虑（　　　　）因素。

A. 该部件的重要程度　　　　B. 市场供应状况

C. 该部件的价格　　　　　　D. 供应商的可靠程度

3. 假如最后选定甲供应商和乙供应商作为该部件的供应商，该电器公司在合作过程中通过进货全数检验发现乙供应商提供产品的不合格率长期远远低于企业允许的不合格率，该电器公司可以考虑采取（　　　　）措施降低成本。

A. 采用抽样检验　　　　　　B. 免检

C. 减少乙供应商的供货数量　D. 扩大甲供应商的供货数量

二、实训操作

（一）供应商调查

1. 实训目的

① 掌握供应商调查方法。

② 能设计并制作一份供应商调查表。

③ 能对调查结果做对比分析。

2. 实训内容

① 设计并制作一份供应商调查表。

② 对调查结果做对比分析。

③ 搜集相关企业信息，并做对比。

3. 实训步骤

广东格兰仕集团有限公司是一家全球化家电专业生产、销售企业，是中国家电业最优秀的企业集团之一。为降低物流成本，提高物流质量，决定于近期对2020年度公路干线运输、零担运输、配送等进行公开、全面招标。现就招标有关事宜予以公告，竭诚欢迎国内外符合要求的各类物流供应商参加投标。

① 招标项目内容。

● 从顺德及中山发往全国各地的公路干线运输。

● 从宁波发往全国各地的公路干线运输。

② 主要承运产品。

微波炉、空调、洗衣机、电饭煲、电磁炉、电水壶、电烤箱等小家电产品及相关赠品、宣传物料、售后配件等。

③ 投标资格要求。

- 物流项目的投标人注册资本不得少于人民币50万元。
- 本次招标不接受两家及以上供应商联合投标。
- 运输供应商须是专业的物流企业，具有两年以上物流营运经验，并具有铁路或公路运输经营的相关资质证明。
- 自有车辆不低于10辆（须提供车辆行驶证复印件）。
- 提供装卸服务。
- 提供7天×24小时服务，具有流畅的信息沟通渠道。
- 具备抗运输风险能力和运输质量保障能力，承担在运输中造成的损失。

4. 实训要求

① 为广东格兰仕集团有限公司设计一份物流供应商调查表，要求明确物流企业的名称、地址、注册资本、开展物流业务的时间、曾经服务过的主要客户、自有车辆数量、信息化水平、装卸能力、物流质量保障能力等。

② 至少调查3家符合要求的物流企业。

③ 在实训报告中写明物流企业的名称、地址、注册资本、开展物流业务的时间、曾经服务过的主要客户、自有车辆数量、信息化水平、装卸能力、物流质量保障能力等。

④ 从中选择一家你认为最适合广东格兰仕集团有限公司的物流企业，并说明理由。

（二）拟定一份简单的采购合同

针对上述供应商调查，拟定一份服务采购合同。其中甲方为招标企业，乙方为某物流企业。

（三）实训总结

对本次实训做总结。

项目九
物流服务与成本管理

任务一　物流服务管理

微课

知识要点：
- 电子商务物流服务的概念。
- 电子商务下物流服务的特点。
- 电子商务物流服务的影响因素。
- 我国电子商务物流服务的发展现状、存在的问题及未来发展方向。

技能要点：
- 掌握物流服务的内容。
- 掌握物流服务质量评价模型。
- 掌握服务质量量化评价指标，并学会制定服务质量评价指标。

任务描述与分析

一、任务描述

赵丹青在熟悉物流相关业务后，开始了解电子商务物流服务相关内容，以及物流服务质量评价模型，以便以后为公司出谋划策。

二、任务分析

要掌握电子商务物流服务相关内容，必须先了解有哪些因素影响电子商务物流服务，进而掌握物流服务的内容。

任务实施与心得

一、物流服务的实施

（一）物流服务水平的确定

保证具有优势的物流服务水平对一个企业来说是至关重要的，它可以在适当的物流成本下提供最优的物流服务，从而实现企业利益的最大化。企业要获得长期的盈利与发展，离不开对物流服务水平的充分研究和正确决策。物流服务水平不是一成不变的，它应随着市场与企业经营状况的变化做相应的调整。因此，合理物流服务水平的确定是一个动态的变化过程，主要包括以下几个步骤。

①　对客户服务进行调查。搜集客户信息的方法可以分为现有资料分析法和实地调研法两大类。

- 现有资料分析法。可以利用的现有资料包括各种统计资料、公开发表的研究报告、向咨询机构购买的调查结果、企业内部的相关记录、客户反馈等。
- 实地调研法。通过实地调研搜集客户信息可以采用的方法包括现场问卷、专访、座谈、会议调查、现场观察、邮件调查、实验模拟等。

企业应当重视对物流服务客户信息的搜集和整理，可以通过建立信息中心或者成立客户咨询小组的方式改进这项工作。分析客户提出的服务要素是否重要，他们是否满意，本企业与竞争对手相比是否具有优势。

在全球，IBM公司每年接到超过50 000个客户的投诉（不包括向公司的免费技术支持系统打进的电话）。IBM从整个公司不同领域抽调员工组成小组，每一个小组都被赋予必要的、立即采取措施的权力来解决客户投诉问题。IBM公司的客户会收到含有关于产品质量和客户满意度的10个具体问题的调查问卷，这些小组对来自于他们已经交往过的客户反馈的调查问卷进行研究，了解并反馈客户信息，提供解决方案。

②　设定客户物流服务水平。根据对客户服务调查所得出的结果，对客户服务的各环节的水准进行界定，初步设立水平标准。

③　基准成本的感应性实验。基准成本的感应性是指客户服务水平变化时对成本的影响程度。

④　根据客户水准实施物流服务。

⑤　反馈体系的建立。客户评定是对物流服务质量的基本测量，而客户一般不愿意主动提供自己对服务质量的评定，因此必须建立服务质量反馈体系，及时了解客户对物流服务的反映，这可以为改进物流服务质量提供有效帮助。

每年，IBM公司以26种语言，在71个国家进行40 000次客户访问。一个中央数据库对得到的数据进行分类，并使经理们能够获得这些结果，从而采取全公司范围内的行动，对客户的问题做出快速的反应，并将其解决。

⑥　业绩评价。在物流服务水平管理试行一段时间后，企业的有关部门应对实施效果进行评估，检查有没有索赔、迟配、事故、破损等。通过客户意见了解服务水平是否已经达到标准、成本的合理化达到何种程度、企业的利润是否增加、市场是否扩大等。

⑦　基准与计划的定期检查。物流服务水准不是一个静态标准，而是一个动态过程，也就是说，最初客户物流服务水准并不是一经确定就一成不变的，而是要经常定期核查、变更，以保证物流服务的效率化。

⑧　标准修正。对物流服务标准的执行情况和效果进行分析，如存在问题，要对标准做出适当修正。

在确定物流服务水平时需要注意以下几点：

- 在确定物流服务水平时，要权衡服务、成本和企业竞争力之间的关系。由于物流服务与物流成本之间存在"效益背反"的关系，每一等级的物流服务水平都对应一定的成本水平，高水平的物流服务必然导致较高的成本。合理的物流服务水平，应使物流服务与物流成本保持平衡，并实现物流服务整体最优。
- 注重客户群的划分，应当充分考虑不同客户对企业的贡献度及客户的潜在能力，对不同客户应当确定不同的物流服务水平，而且客户需求是有先后顺序的，一般位于优先地位的是企业物流服务的核心要素，应予优先满足。

● 物流服务除了满足一般性的需求，还应考虑如何创造自己的特色，突出差异性和个性化，形成竞争优势。

● 并非客户的所有要求都是合理的必须予以满足的。客户服务政策应当基于客户需求，有明确的服务标准，同时应当是能够被实施的，减少客户对某些服务的不切实际的期望。

● 一般而言，管理人员的规划和控制工作是为了保证物流系统在正常情况下的高效运作。但是，对于客户服务，还要准备处理由于意外事件导致的系统瘫痪或系统运行在短时间内剧烈变化的应急服务方案。

物流服务水平是构筑物流服务体系的基础，应当从战略的高度予以重视。物流服务水准的确定应该通盘考虑产品战略、地区销售战略、流通战略和竞争对手、物流系统所处的环境等具体情况。确定物流服务水平的一个流行方法是将竞争对手的服务水平作为标杆。但仅仅参照竞争对手的水平是不够的，因为很难断定对方是否很好地把握了客户的需求并集中力量于正确的物流服务要素。这可以通过结合详尽的客户调查来弥补，从而消除客户需求与企业运营状况之间的差距。

（二）物流服务绩效的评价和控制

在确定了物流服务水平后，管理层必须制定详细的物流服务业务标准。物流服务绩效可以从以下4个方面来评价和控制：

① 制定每一服务要素的绩效量化标准。

② 评估每一服务要素的实际绩效。

③ 分析实际绩效与目标之间的差异。

④ 采取必要的纠正措施将实际绩效纳入目标水平。

企业所重视的服务要素同时也应当是其客户所认为的要素，如供货比率、送货日期、订货处理状态、订单跟踪及延期订货状态等。由于许多企业在订货处理过程方面的技术落后，提高物流服务水平在这一领域大有潜力可挖，通过与客户的计算机联网可以大大改进信息传递与交换的效率，客户可以获取即时动态的库存信息，在缺货时可自主安排产品替代组合，还可得知较为准确的送货时间与收货日期。

（三）提高物流服务绩效的手段

企业通常可以通过以下4个活动来提高物流服务绩效：

① 彻底研究客户的需求。

② 在认真权衡成本与收益的基础上确定最优的物流服务水平。

③ 在订货处理系统中采用最先进的技术手段。

④ 考核和评价物流管理各环节的绩效。

有效的物流服务战略立足于深刻理解客户对服务的需求，一旦明确了客户对服务的需求，管理层必须制定合适的物流服务战略，以最低的服务成本为企业留住最有价值的客户群。

二、物流服务的意义

物流服务作为竞争手段，首先必须超出同行业的其他公司。不应是防御型的物流服务，即不能只是与别的公司处在同一水平线上；而应是进攻型的物流服务，即超过其他公司水平的物流服务。特别是在商品大体相同而没有太大差别的行业，物流服务的意义更是要以低成本连续提供这样的服务。从上述情况可以看到，要想把物流服务作为销售竞争的手段，其竞争条件非常重要，这个条件就是超过同行业的其他公司的物流服务。

（一）实现企业销售的重要保证

对于一个企业来说，商流和物流是两类性质不同的经济活动。商流实现商品所有权的转移，物流完成商品实体的转移。在商品流通过程中，两者都是缺一不可的。在一般的情况下，商流是物流的前提，物流是实现商流的保证，如果没有物流，企业一切销售上的努力都是徒劳的。所以，物流所提供的创造商品时间和空间效用的服务功能，是使企业销售得以实现和顺利进行的重要保证。

（二）开展企业竞争的手段

随着经济的发展，企业间的竞争越来越激烈。在激烈的竞争中，产品在质量、价格方面竞争的潜力越来越小，甚至完全没有了竞争的余地，此时物流服务就成为决定企业竞争胜负的关键因素。如果企业交货及时、准确、可靠，就可以抢占商机，争取到更多的客户，创造竞争的优势。特别是进入细分化的市场营销阶段，企业面对更加多样化和分散化的市场需求，只有顺应市场变化，提供多样化、个性化的商品满足客户不同的消费需求，以及提供与之相应的满足不同类型、不同层次的市场需求的服务，才能在激烈的竞争和市场变化中求得生存与发展。所以，物流服务就成为企业差别化经营战略中的重要组成部分，是企业开展竞争的手段。

（三）对降低流通成本具有直接的影响

科学技术的发展，管理水平的提高，企业间竞争的加剧，都使得生产过程中通过降低活劳动的消耗和物化劳动的消耗来降低成本，获取盈利的途径所具有的潜力越来越小。而在产品的全部成本中，流通成本所占比重日益增大，且流通过程耗用的时间越来越多，从而使通过降低流通成本而获取利润成为企业一条新的盈利途径，也被人称为"第三利润的源泉"。在流通成本中，物流成本占有的比例最大，改变物流服务方式，提高物流效率，对于降低流通成本有直接的影响。例如，通过实行JIT配送、零库存、共同配送、供应链管理等物流服务方式，能够有效地降低流通费用，加速资金周转，提高企业的经济效益。

三、我国的电子商务物流服务

改革开放以来，我国的市场经济发展迅速，但是与欧美等发达国家相比尚有很大差距，尤其是在高新技术产业和电子商务方面，相应的物流服务业仍需长期发展。

（一）我国电子商务物流服务的发展现状及其特征

我国在配送、代理等基本物流服务方面是有一定的基础的。例如，在城市里面的大多数商场中，大件物品送货上门的服务已有多年历史，很多家电、家具厂商的送货及售后服务经验非常丰富。但是，由于我国现代化程度较低，电子商务物流服务业的发展十分缓慢。我国电子商务物流服务的落后主要体现为送货时间过长、送货不及时、缺货、客户无法查询具体送货信息、缺少健全的法律法规保障等。具体表现为以下几点：

① 企业的网络物流意识不强。大部分物流企业把竞争焦点定位于实体市场，没有充分意识到占据网络这一虚拟市场对赢得物流业未来竞争优势的重要性。

② 信息产业国内产品的市场占有率低。我国很多重大的电子商务工程、网络应用系统所用的软硬件产品主要依靠从国外公司引进，系统集成、信息服务水平有待提高。

③ 企业管理体制、机制、理念与组织机构尚不能适应市场经济的要求。部分物流企业的领导对电子商务应用的重要性、紧迫性认识不足，企业采用电子商务等高新技术开展

业务尚缺少内在的动力和必要的人力、财力与物力。

④ 网络利用率低，营销方式单一。许多物流企业的网络活动只限于网络广告和网络宣传促销，而且网络促销也只是将企业的名称、品名、地址、电话写在网上。只有极少数物流企业拥有自己独立的域名网址，并在网上对自身形象及产品、服务做较系统、全面的介绍。

⑤ 网络营销策略水平不高。很多物流企业还沿用过去传统实体营销策略，网络效益不高。

⑥ 物流基础设施设备落后。物流的硬件基础，如包装、装卸、运输、储存、流通加工等所涉及的各种机械设备、运输工具、公路建设、场站设施及服务于物流的计算机、通信网络设备等都还很不完善。

⑦ 相关标准和法规尚未健全。由于物流服务本身发展落后等客观原因，我国的物流标准和法律法规还很不健全，导致整个物流行业的管理都比较混乱。

⑧ 整体化程度不高。目前，全国各个地区的物流都各自为政，各省之间的物流服务环境差别很大，这也对物流企业的做大做强造成了不小的困难。

（二）我国电子商务物流服务发展的障碍分析

我国电子商务物流服务的发展障碍可以归纳为以下两个方面。

1. 企业自身的障碍

① 企业内部物流工作人员文化水平不高，管理方法落后。由于各方面的原因，到目前为止，我国拥有全国物流能力的企业几乎没有。国内活跃的广大中小企业普遍存在物流能力不强、效率不高、不能及时与用户完成实物交割等问题，而这些已经成为阻碍我国电子商务物流服务发展的主要因素。

② 物流管理跟不上时代的步伐。我国的物流经营者很少有现代物流管理的知识和理念，大多停留在小型民营企业的层面上，不能为用户提供全面的优良服务，缺少做大做强的理论基础。虽然很多企业都认识到客户满意度对于企业的重要性，但是大多都只是停留在口号上，没有真正付诸行动。另外，我国物流企业在送货路线的规划、配送作业流程的设计、配送人员的安排、配送资源的利用等事项的管理上缺乏科学性。

2. 整个物流行业存在的问题

① 物流业与整个产业发展结构不协调。我国的经济发展路线是中国特色社会主义市场经济，进行的产业调整也有自己的特色。各产业的发展应该根据国家的产业结构调整来规划，所以物流业的发展必须与国家经济增长方式的转变要求相适应。虽然我国物流业一些基础设施、设备发展速度很快，但仍不能适应我国的经济发展，更不能适应飞速发展的电子商务。

② 物流业条块分割、各自为政的现象较为突出，物流资源浪费过多。导致这一现象的原因可以归纳为以下几点：

- 互联网的应用不发达。我国互联网的社会普及程度较低，导致网上物流企业缺乏人气基础。
- 法律制度不完善，支撑体系不健全。在我国，截至目前，网络物流方面的法律和行业标准还没有制定，这已成为网络物流企业发展的瓶颈。物流业的发展需要合适的支撑体系，其中包含体制、制度、法律、法规、行政命令、标准化体系等，而这些都是我国目前所不具有的。

- 市场反应速度慢，网络营销观念淡薄。网络经济使全球物流业的管理和经营模式发生了质的变化，但是我国的市场反应速度明显过慢。发达国家物流业非常注重网络营销，并将网络营销观念作为指导物流企业业务经营的基本思想。现在，发达国家的物流企业已普遍建立了以客户为中心的网络营销模式，而我国还是空白。

（三）未来我国电子商务物流服务的发展方向

电子商务时代的到来，迫使物流企业不得不做出战略思维的调整。电子商务物流服务已经从原来单纯的实体流动发展到全方位的包含流通加工、包装等制造领域作业，以及延伸加工等增值作业的新型服务模式。

未来我国电子商务物流服务的发展主要有以下几个方向。

1. 快速反应

随着全球服务范围的扩大和消费者要求的不断提高，快速反应已经成为物流发展的方向之一。

快速反应机制的核心就是供应链的成员企业之间建立战略合作伙伴关系，利用EDI等技术实现信息传递和信息共享，实现企业之间的高频率、小批量补货，从而提高物流服务效率，提高客户满意度，降低物流服务成本。传统反应速度的加快主要集中在物流运输工具以及基础设施方面；而电子商务时代的快速反应主要表现在优化电子商务系统以及网络的设计上，是偏向于软件方面的快速反应。

2. 服务专业化

与其他行业一样，随着发展的不断深入，物流业会逐渐扩大其服务范围，同时物流业务的种类也将不断细化。对于一个企业来说，当其业务种类多到一定程度时，便可以通过专业化服务在行业中脱颖而出。

3. 注重技术创新

在一种技术下的服务效率达到最高点、各企业之间难分胜负的时候，新技术的产生与应用就会出现。尤其是在电子商务背景下，各种高新的计算机技术与网络技术使得技术要素成为无可争辩的关键筹码。未来的电子商务物流服务领域将是各种高新技术的战场，没有创新精神的企业将无立足之地。

4. 增值功能

传统思想对物流功能的理解局限在运输功能、存储功能、装卸搬运功能、包装功能、流通加工功能、物流信息处理功能等方面，而电子商务物流服务则将某些生产过程引入物流过程。这种发生在制造企业之外的生产流程使得物流企业能做比以前更多的事情，同时也可以为生产企业的供货赢得更多时间，还可以满足客户对于商品的多样性和个性化的要求。

5. 服务越来越周到

物流服务业发展的原则之一就是方便性，即最大限度地为客户提供方便。这种发展趋势一直进行，而且会不断创新、不断完善。周到的服务有很多，如一条龙服务、门到门服务、一张面孔接待客户、24小时不间断营业、自动订货、传递信息和转账（利用EOS、EDI、EFT），以及与其他行业结合起来的无线POS、移动小额支付等，这些都能够为客户增加便利性。

6. 第三方物流、第四方物流迅速发展

从电子商务物流服务的现状来看，物流企业不仅要为本地区服务，还要进行长距离的服务。因为客户不但希望得到好的服务，而且希望服务提供点不止一处。应该看到，配送

中心离客户最近，与客户联系最密切，因为商品都是通过它送到客户手中的。第三方物流作为物流运作的典型模式，对企业自营物流的传统模式提出了挑战。

正当人们在对第三方物流的理解上还懵懵懂懂的时候，第四方物流已经迫不及待地跃出水面，成为物流产业又一关注的焦点。第四方物流服务供应商可以通过物流运作的流程再造，使整个物流系统的流程更合理、效率更高，从而将产生的利益在供应链的各个环节之间进行平衡，使每个环节的企业客户都可以受益。因此，第四方物流服务供应商对整个供应链所具有的影响能力直接决定了其经营的好坏。也就是说，第四方物流除了要具有强有力的人才、资金和技术以外，还应该具有与一系列服务供应商建立合作关系的能力。

7. 多功能化

在电子商务时代，物流发展到集约化阶段，一体化的配送中心除了提供仓储和运输服务外，也开展配货、配送和各种提高附加值的流通加工服务项目，还可按客户的需要提供其他服务。现代供应链管理就是通过从供应者到消费者供应链的综合运作，使物流达到最优化。企业追求的是全面、系统的综合效果，而不是单一、孤立的片面结果。

8. 准时制将成为物流的生命

准时制是起源于日本的一种供应链管理思想。其核心是5个"合适"：在合适的时间、合适的地点，以合适的数量和合适的质量为客户提供合适的产品。这种管理模式将大大缩减库存资本与物流成本，给企业注入新的活力；同时能够极大地提高物流服务效率，有效地提高客户满意度，从而提高企业的竞争力。

相关知识

一、对物流服务概念的理解

物流服务（Logistics Service）是指为了满足客户的物流需求开展的一系列物流活动的结果，是衡量物流系统为某种商品或服务创造时间和空间效用的好坏的尺度，包括从接收客户订单开始到商品送到客户手中为止而发生的所有服务活动。物流服务应包括以下3个要点：

① 拥有客户所期望的商品（备货保证）。
② 可以在客户所期望的时间内送达商品（输送保证）。
③ 达到客户所期望的质量（质量保证）。

由以上3点不难看出，物流服务的本质是满足客户的需求。物流服务对市场需求有重要的影响，决定着企业能否留住客户。从企业整体的角度来看，物流服务可视为市场战略的一个基本组成部分。在日益激烈的市场竞争环境下，如何确保和提升企业的物流服务水平，保证企业长期竞争优势，已成为企业需要关注的重大课题。

客户满意度是物流服务的评价指标，是指客户通过对一个产品（或服务）的可感知的效果（或结果），与他的期望值相比较之后，所形成的愉悦或失望的感觉状态。客户满意度反映了客户对企业提供的产品或服务的综合评价。

物流服务的另一种定义是：物流服务是发生在买方、卖方之间的一个过程。这个过程使交易中的产品或服务实现增值。这种发生在交易过程中的增值，对单次交易来说是短期的；当各方形成较为稳定的合同关系时，增值则是长期持久的。同时，这种增值意味着通过交易，各方都得到了价值的增加。因而，从过程管理的观点看，物流服务是通过节省成本费用为供应链提供重要的附加价值的过程。

二、电子商务物流服务的概念

电子商务物流就是在电子商务环境下的现代物流，是基于电子化、网络化的信息流、商流、资金流下的物资或服务的配送活动，包括软件商品（或服务）的网络传送和实体商品（或服务）的物理传送，包括一系列机械化、自动化工具的应用。准确及时的物流信息对物流过程的监控，使得电子商务中物流的速度加快、准确率提高，从而使库存减少，生产周期缩短，最终使物流的速度加快，最大限度地和电子商务中的其他"三流"相匹配。总而言之，电子商务物流服务是企业在电子商务背景下，为了满足并服务客户（包括内部和外部客户）的物流要求，所开展的一系列物流活动。需要注意的是，物流服务本身并不创造产品的形式效应，而是创造产品的空间效应和时间效应。

电子商务和非电子商务就实现商品销售的本质而言并没有区别，物流是实现销售过程的最终环节。因此，物流电子化应是电子商务物流概念的组成部分，是电子商务物流概念模型的基本要素。缺少了现代化的物流过程，电子商务物流过程就不完整。

三、电子商务物流服务的特点

电子商务是依赖高度发展的信息技术和网络技术成长起来的，电子商务物流服务同样离不开计算机网络的广泛应用。这些高新技术的应用为企业降低物流服务成本提供了廉价、方便的手段。

总体来说，电子商务物流服务带有浓厚的信息化特点，具体体现在以下几个方面。

（一）信息化的库存

计算机网络将整个供应链有机地联系起来，能够及时地把客户的需求信息传递给企业。这样，企业不仅能避免因适应市场变化而储备很多货物，造成大量的库存资金积压，还能避免由于降价处理存货而造成的损失。

目前，网上销售和服务做得最成功的计算机厂商是美国的戴尔公司。它凭借发达的互联网销售网络实现了零库存生产，这在传统的物流服务理念中是不可能做到的。2000年，戴尔公司首次在PC销售额方面超过老牌的康柏（Compaq），跃居美国市场占有率第一位。

（二）信息化的生产规划

由于消费者能够将需求信息通过计算机网络直接提供给生产者，因此生产者只需在消费者需要的时候生产产品即可。因为没有经销商和相应的库存来增加成本，所以企业有能力以更低的价格向客户提供更高价值的产品。相比以往，企业能够更快地了解市场需求，改进产品品质，从而抢占市场。信息化的生产规划不仅为企业节省了大量的人力资源，还大大降低了库存费用和占用场地的费用。

（三）信息化的营销

产品的定价反映了原材料和劳动力的价值，但更多地反映了与营销有关的服务的附加价值，如选择合适的产品特点、确定产品成分、确保有货可供并能够及时交货等。据统计，在市场上的所有产品中，营销和销售成本平均占总成本的15%~35%。计算机网络具有全天候、范围广、成本低、用户群巨大等优点，企业以非常低的投入便能在世界范围内宣传自己的产品，与客户保持密切的联系，及时把握市场动态。企业只要投入几万元就能够建立自己的Web网站，在网站上不仅可以宣传自己的产品，还可以为客户提供各种互动的、个性化的服务。这是传统的媒体宣传方式所不能企及的。

（四）信息化的采购

对于市场竞争激烈的产品来说，一般企业在网络上提供的销售价格会比从市场上直接采购的价格要低。这样，消费者可以直接在网络上进行对比，选择价格最低、质量最好、服务最周到的产品，实现信息化的采购，从而节省大量的人力、物力和财力。

（五）信息化的人力资源管理

企业网络的建立，使得很多处理工作都能够通过计算机高效率地完成，从而可以在很大程度上节约人力资源成本和工作失误所带来的成本。另外，企业员工使用先进的信息技术处理业务，速度和精度都大大提高了。员工整体工作效率的提高本身就是人力资源的节约。

（六）信息化的结算

信息化的支付手段主要体现在电子转账系统、电子货币的出现和普及上。以信用卡为载体的现代社会经济活动由货币媒介交换方式演变为信息交换方式。这一演变是继物物交换转变为以货币为媒介交换之后人类经济活动的又一次重大变化。金融业推广使用电子转账系统，把货币流和票据流的资金运动变为信息流的运动，减少了在途资金，加快了资金周转，提高了资金利用率。

四、电子商务物流服务的影响因素

影响电子商务物流服务的因素主要有以下几点。

（一）缺货水平

缺货水平是对企业产品可供性的衡量尺度。该衡量指标用于表示一种商品可否按需要装运交付给客户。当客户需求超过商品可得性时就会发生缺货，因此缺货水平反映了一个企业实现其基本服务承诺的状况。当出现缺货时，可以通过从其他地方调运、加速发货或者安排合适的替代产品来维持与客户的良好关系。同时，为了找出引起缺货问题的环节，缺货情况应当根据产品和客户进行登记。一种商品缺货并不必然意味着客户的需求得不到满足，在判断缺货是否影响到服务绩效以前，首先要弄清客户的真实需求，还要考虑商品对于客户的重要性。例如，有的商品，客户绝对不能容忍一点缺货，在这种情况下即使是99%的供应比率，也不能使客户满意。有的商品，客户能够容忍短时间的递送延迟甚至长时间的递送延迟，这时即使能完成90%的供应比率，客户也是满意的。

（二）订货信息

订货信息包括向客户快速准确地提供所购商品的库存信息、预计的运送日期。企业应该确定那些需要立即处理的订单，并建立相应的订单处理程序。按照成本—效益的要求，对不同的客户、不同的商品制订出适合的具体指标。而对客户的某些购买需求，企业有时难以一次完全满足，这种订单要通过延期订货、分批运送来完成。延期订货发生的次数及相应的订货周期是评估物流系统运作优劣的重要指标。延期订货处理不当则容易造成脱销，对此，企业要给以高度重视。

（三）信息的准确性

客户不仅希望快速获得广泛的数据信息，同时也要求这些关于订货和库存的信息是准确无误的。企业对不准确的数据应当注明并尽快更正，对经常发生的信息失真要特别关注并努力改进。研究表明，提供精确信息的能力是衡量其客户服务能力最重要的一个方面。客户们通常讨厌意外事件，如果他们能够提前收到信息的话，就能够对缺货或延迟递送等意外情况做出调整。因此，有越来越多的客户表示，有关订货内容和时间的事前信息与完美订货的履行相比更加重要。

（四）订货周期的稳定性

订货周期是指从客户下订单到收货为止所跨越的时间。订货周期包括下订单、订单汇总与处理、货物拣选、包装与配送。客户往往更加关心订货周期的稳定性而非绝对的天数。当然，随着对时间竞争的日益关注，企业亦越发重视缩短整个订货周期。虽然客户主要关心的是订货周期的总体时间，但是控制和管理好组成订货周期的订单传递、输入、处理、分拣、包装和交付等每一个组成部分以及订货周期变动的原因，对于客户服务来说是同样重要的。

（五）作业的灵活性

作业的灵活性是指企业处理异常的客户服务需求的能力。例如，客户需要改变装运交付的时间或地点；有的货物需要快速运送或需要特殊的运送条件；企业为避免脱销，有时需要从多个生产点或配送中心向客户运送货物。一般说来，企业的整体物流能力取决于在适当满足关键客户的需求时所拥有的"随机应变"能力。因此，企业应制订一些有关预防或调整特殊情况的方案。作业的灵活性可能需要较高的物流成本，但是仍然比失去客户的损失低得多。

（六）订货的便利性

订货的便利性是指客户下订单的便利程度。客户总是喜欢同便利和友好的供方打交道。如果订货手续烦琐、单据格式不规范、用语含糊不清，或在信息联络中等待过久，客户都可能产生不满，从而影响客户与企业的关系。对于这方面可能存在的问题，企业可以通过与客户的直接沟通来获悉，并要予以分析和改进。

（七）替代产品

客户所订购的某种产品暂时缺货时，不同规格的同种产品或者其他品牌的类似产品可能也能够满足客户的需要，这种情况在现实中时有发生。如果一种产品当前可供率为70%，该企业还生产一种替代产品，其当前可供率也为70%，则该产品的供应率就可提升至91%；类似地，如果存在两种可被客户广泛接受的替代产品，其可供率可达97%。可见，为客户提供可接受的替代产品可以大大提升企业的服务水平。企业在制订产品替代策略时要广泛征求客户的意见，并及时将有关的信息通知客户。在有必要向客户提供替代产品时，应征询客户的意见并取得其认可。

知识拓展

本知识拓展主要讲述物流服务的内容、物流服务质量评价模型和服务质量量化评价指标，详细内容请扫描二维码。

知识拓展

业务技能训练

阅读以下材料。

美国凯利伯物流公司的物流服务

凯利伯物流公司设立了专门为客户服务的公共型物流中心，提供如下服务。

1. JIT物流计划

这家公司通过建立先进的信息系统，为供应商提供培训服务和管理经验，优化了运输路线和运输方式，降低了库存成本，减少了收货人员和成本，而且为货主提供了更多、更好的信息支持。

2. 合同制仓储服务

这家公司推出的此项服务省去了货主建设仓库的投资，同时通过在仓储过程中采用CAD技术，执行劳动标准，实行目标管理和作业监控来提高劳动生产率。

3. 全面运输管理

这家公司开发了一套计算机系统专门用于为客户选择最好的承运人，使用这个系统的客户可以得到如下利益：使运输方式最经济，在选定的运输方式中选择最佳的承运人，可以获得凯利伯运输会员公司的服务，对零星分散的运输作业进行控制，减少回程车辆放空，管理进项运输，可以进行电子运单处理，可以对运输过程进行监控等。

4. 生产支持服务

这家公司可以进行如下加工作业：简单组装、合并和加固、包装和再包装、JIT配送贴标签等。

5. 业务过程重组

这家公司使用一套专业化业务重组软件，可以对客户的业务运作过程进行诊断，并提出专业化的业务重组建议。

6. 专业化合同制运输

这家公司的此项功能可以为客户提供的服务有：根据预先设定的成本提供可靠的运输服务，提供灵活的运输管理方案，提供从购车、聘请司机直至优化运输路线的一揽子服务，降低运输成本，提供一体化的、灵活的运输方案。

7. 回程集装箱管理

这家公司提供的服务包括回程集装箱的跟踪、排队、清洗、储存等，可以降低集装箱的破损率，减少货主的集装箱管理成本，保证货物的安全，对环保也有利。

问题：

1. 凯利伯物流公司为客户提供了哪些专业服务？
2. 如果你是凯利伯物流公司中的一员，如何制定服务质量评价指标？

任务二　物流成本管理与控制

知识要点：
- 物流成本的含义和特点。
- 物流成本的构成分类。
- 物流成本管理和控制的基本内容。

技能要点：
- 掌握物流成本的核算方法——ABC作业成本法。
- 能够对电子商务背景下如何有效降低物流成本提出自己的见解和认识。

任务描述与分析

一、任务描述

赵丹青在熟悉公司业务流程后，开始学习物流成本的构成、物流成本管理的内容和物流成本控制的内容，并学习如何运用ABC作业成本法来核算物流成本。

二、任务分析

要熟悉物流成本的构成分类，必须先掌握物流成本的含义和特点，才能有效地进行分类，然后才能掌握物流成本的核算方法，进而计算公司的物流成本。

任务实施与心得

一、物流成本的核算——ABC作业成本法

ABC作业成本法（Activity-Based Costing），又称为作业成本分析法、作业成本计算法、作业成本核算法，是一种以作业（活动）为基础的成本计算与管理方法。作业成本法的基本思想是：成本对象（如产品）耗用作业，作业耗用资源；生产导致作业的发生，作业导致资源的消耗。作业成本法以作业为基础，其成本归集与分配是按照"资源成本→作业成本→产品成本"的顺序进行的，如图9.1所示。首先，根据作业耗用资源，将资源耗用量以价值量（成本额）的形式汇总归集到作业上，计算作业成本；然后，根据产品耗用作业，将作业成本分配给产品。如图9.1所示，分配到作业的资源构成该作业的成本要素（图中的黑点），多个成本要素构成作业成本池（图中的小方框），多个作业构成作业中心（图中的椭圆）。作业动因包括资源动因和成本动因，分别是将资源和作业成本进行分配的依据。

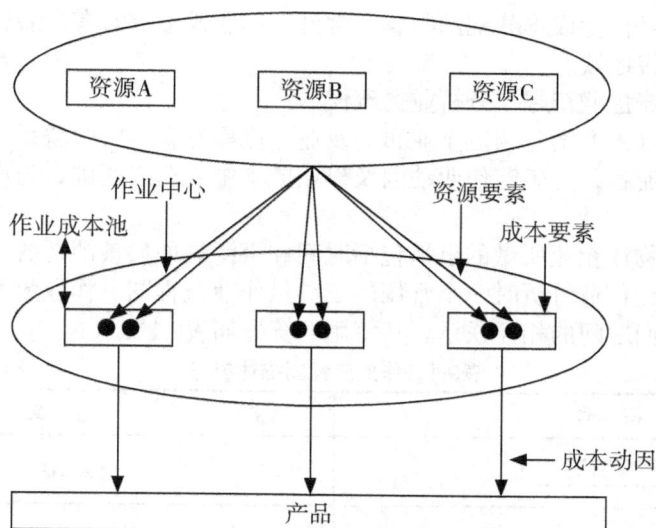

图9.1　作业成本法

作业成本法的观点是在 20 世纪 50 年代由美国会计大师埃里克·科勒（Eric Kohler）教授提出的，但到了 20 世纪80 年代才得到理论界的认同和实业界的重视。作业成本法的兴起主要基于以下3个方面的原因：①间接费用在产品总成本中所占比例越来越大；②多样化产品生产；③随着信息技术广泛应用，企业普遍感到产品成本往往与现实脱节，成本扭曲普遍存在。物流企业具有物流活动空间大、成本项目多、物流成本对象复杂等特点，根据物流成本具有间接费用比例高、成本之间关联度高、隐性和显性成本并存和成本受客户需求影响大的特点，应当考虑采用作业成本法。

作业成本法在物流企业中使用的优势表现为：有利于准确核算企业的成本。作业是企业在提供产品和劳务的过程中的各个工作程序或工作环节。在作业成本法下，各项费用按照作业进行汇集和分配。由于物流企业对外提供的是服务，并不生产有形的产品，因而，通过对复杂的物流过程进行分解。例如，将仓储分解为装卸、搬运、验收、加工和补货等，划分作业中心，再计算单位作业成本，可准确地核算各项作业的成本。

二、ABC成本法的步骤

物流企业传统的成本管理方法以产品数量为基础，侧重产品生产成本的核算，难以满足企业管理与决策的需要，因此选择以作业为基础的作业成本法是核算和控制物流成本最有效的方法。作业成本法是以作业为基础，通过对作业成本的确认、计量而计算成本的一种方法。作业成本计算的基本思路是：将企业的各项活动看作为最终满足客户需要而设计的一系列作业的集合体，作业消耗资源，同时又创造价值，因而作业链也表现为价值链，作业的推移也表现为价值在企业中的积累和转移，最终形成移交给客户的总价值。物流企业应用ABC成本法的步骤如下。

（一）明确导入作业成本法的目的及成本对象

在运用作业成本法计算成本之前，首先要明确导入ABC成本法的目的。

物流作业成本计算的主要目的有两个，一是计算成本对象的实际成本；二是通过作业管理为有效的成本管理提供信息。

物流成本对象是作业成本分配的归属，常见的作业成本对象有产品、服务、批次、客户、推行渠道、销售地域。

（二）调查物流企业布局，分析业务流程

作业成本法的导入方案与物流企业布局及业务流程有着紧密的联系，通过调查分析，可以优化物流业务流程，为确定作业动因及作业成本中心奠定基础，为设计作业成本实施方案做好准备工作。

作业分析描述物流企业所做的事情包括时间和资源是如何被消耗的，作业的投入与产出各是什么。在进行作业分析时一个常用的工具是作业流程图。作业流程图描述的是一个组织内的作业及它们之间的相互联系。其使用的符号如表9.1所示。

表9.1　作业流程图描述符号

符　号	意　义
▭	起点或终点
◯	投入转化为产出的作业
⟶	投入和产出的流向

图9.2是某个企业的物流作业流程图，主要内容包括采购、验货、收货、会计、制造、工作准备等作业是怎样进行的，以及它们之间是如何相互联系的。

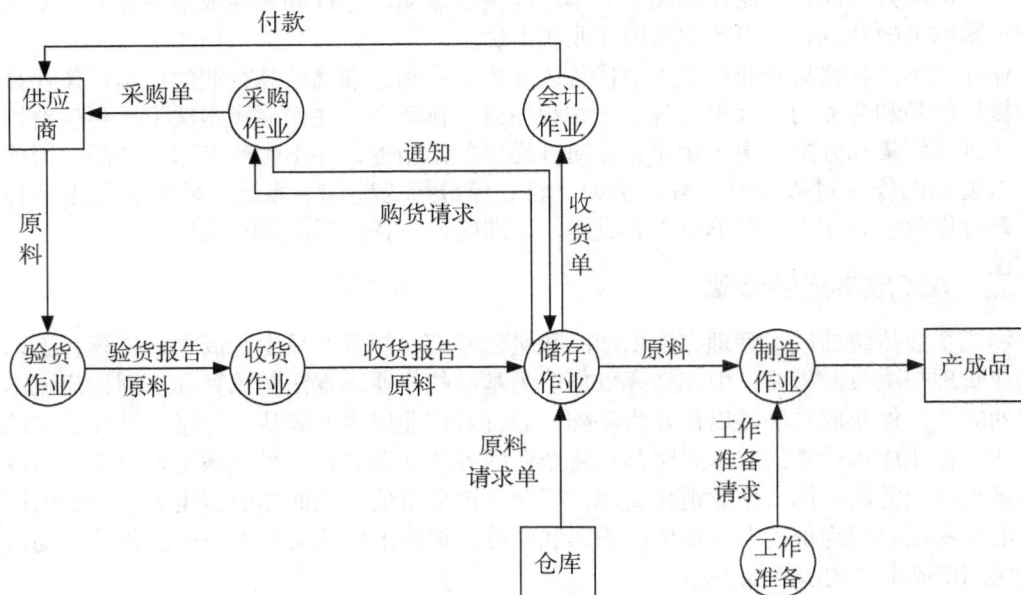

图9.2　某企业的物流作业流程图

（三）界定物流系统中的作业，划分物流作业中心

物流企业的活动千差万别，为了便于按作业中心汇集成本，首先要确认物流活动过程中的主要物流作业。从接到客户的货物，到将货物送到目的地，需要经过多个公司的多个

部门，包括接货、打包、运输、解包、送货等多个环节，每个环节包括一项或多项作业。为了便于归集作业成本，必须对每个环节的作业进行界定。作业界定是应用作业成本法的关键环节，作业数量过多会增加成本核算的工作量，作业数量过少会影响成本核算的准确性。其次要确定物流作业中心。例如，为检验货物质量要进行取样、检验测试、报告结果等一系列具体的作业，在这些作业中，检验测试是主要作业，可以将其作为作业中心，将取样、报告检验结果等并入。在这里要注意的是，不同的物流中心，要界定清楚物流作业环节的范围，因为不同界定下的作业活动的内容不一样，会导致成本不一样。

（四）确认物流系统中涉及的资源

这些资源包括能直接归集到客户或服务（成本对象）的直接资源和不同成本对象共用的间接资源。某企业将会计科目分成服务资源和生产资源两类，如表9.2所示。

表9.2 物流资源　　　　　　　　　　　　　　元

××年服务和生产资源财务数据		
服务资源	材料费	60 000
	人工费	760 000
	能耗费	140 000
	维护费	140 000
	管理费	100 000
	合　计	1 200 000
生产资源	材料费	120 000
	人工费	970 000
	能耗费	140 000
	维护费	1 000 000
	管理费	90 000
	合　计	2 320 000
资源总计		3 520 000

（五）确认资源动因，并将资源分配到作业

资源动因是决定一项作业所耗费资源的种类及数量的因素，它反映作业量与资源耗费间的因果关系。例如，机器包装作业的资源动因可看作机器工作小时。对于作业耗用的资源，有的属于作业的直接费用，可以直接计入作业成本；有的属于作业的间接费用，需要按资源动因分配作业成本。以订单处理作业为例，订单处理作业可能消耗的资源有人工费、电费、文印费、电话费、折旧费等。专门负责订单处理的工作人员的工资及其福利费等可以直接归入订单处理作业，电费则按用电量来分摊。

（六）以物流作业中心为成本库汇集成本

物流企业发生的各项具体的成本要先汇集到各成本库，然后再按一定的标准分配。每个成本库汇集的是它那个物流作业中心所发生的成本，它们可以用资源动因进行解释。

某企业的作业成本库如表9.3所示，其中服务资源分配给储存、采购、收货和验货会计共5个作业，生产资源分配给制造和工作准备共2个作业。经过大量数据的统计分析，其中90%分配给制造作业，10%分配给工作准备作业。

表9.3　某企业的作业成本库

作业	资源动因		分配到作业成本库的资源/元
	具体动因	作业数据	
储存	存货体积	体积共3 000立方米，价格200元/立方米	600 000
采购	员工人数	总人数30人，采购10人，可用资源60 000元	200 000
收货	员工人数	总人数30人，收货9人，可用资源60 000元	180 000
验货	员工人数	总人数30人，验收5人，可用资源60 000元	100 000
会计	员工人数	总人数30人，会计6人，可用资源60 000元	120 000
制造	数据统计	生产资源的90%分配给制造作业	2 088 000
工作准备	数据统计	生产资源的10%分配给工作准备作业	232 000
作业成本库合计成本			3 520 000

　　物流活动消耗的资源有人工、设施设备、能源等，按其投入方式的不同，又可以分为直接成本（如包装材料、直接人工等）和间接成本（如间接材料、间接人工、资产折旧、水电费等）。间接成本是不同成本对象共用的资源，需要再根据作业动因分配到具体的物流作业环节上。作业动因通常为作业流程图中一个作业的产出。表9.4中采购作业的主要产出是采购单，所以采购单的数量就是采购作业成本动因。当作业成本动因都确定后，便可依据这些作业动因给各个成本对象分配作业成本，如图9.3所示。

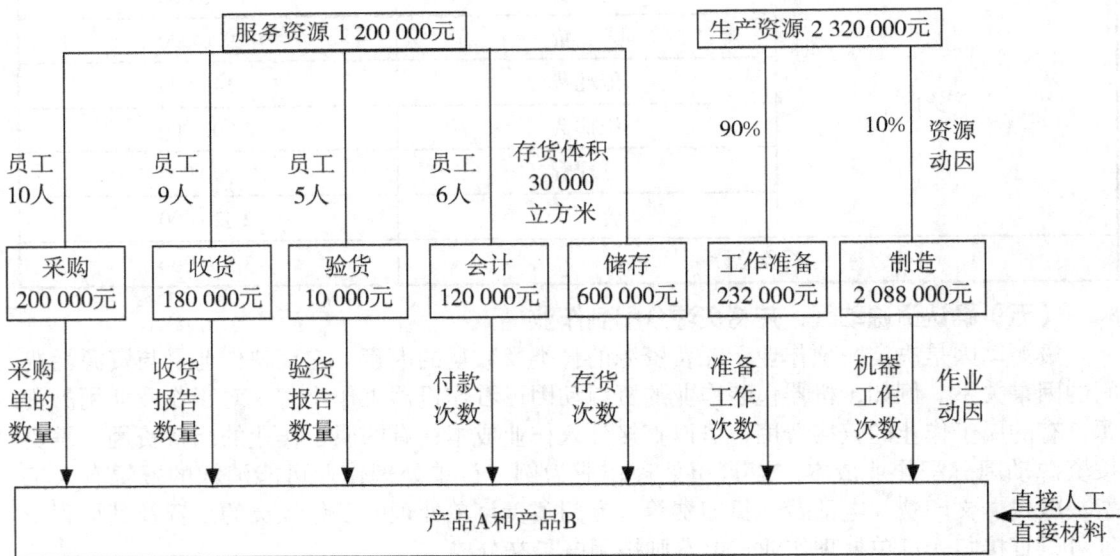

图9.3　分配作业成本

（七）确认作业动因

　　将作业成本分配到客户或服务（成本对象）。作业动因是指决定成本对象所需作业的种类和数量的因素，它反映了客户或服务消耗作业的逻辑关系，根据作业动因将作业成本库中的成本分配到客户或服务。例如，配送过程中的订单处理作业，其作业动因主要为订单数量；而仓储、拣货等作业的成本则由出箱数量决定；配送作业发生的成本由运输距离及运输重量（货运周转量）决定。

（八）计算客户或服务（成本对象）的总成本

将作业成本分配到产品或服务中去，计算出作业的单位成本。企业将资源耗费分配给作业成本库后，由作业成本库分配到产品或服务的间接费用，加上直接追溯的直接人工和直接材料费用，就可以得到该产品或服务的物流作业成本。这个过程通常是在作业单上完成的，作业单上列出了各项作业及各个成本对象所应分配的成本。在本例中，该企业生产的产品类型有两个，一个是产品A，另一个是产品B，其作业单如表9.4所示。

表9.4　某企业产品A和B的单位作业成本

产品A的作业成本（数量5 000单位）				
作业成本库	作业动因（单位成本）	作业动因数量/个	作业成本/元	单位成本/元
采购	50/采购单	50 × 3 000	150 000	3.00
收购	60/收货报告	60 × 2 000	120 000	2.4
验货	25/验货报告	25 × 3 000	75 000	1.5
储存	20/存货件数	20 × 20 000	400 000	0.8
会计	40/付款次数	40 × 2 000	80 000	1.6
工作准备	2 320/工作准备次数	2 320 × 50	116 000	2.32
制造	696/机器工作小时	696 × 2 000	1 392 000	27.84
作业成本合计			2 333 000	
单位作业成本				46.66
单位直接材料				53.00
单位直接人工				21.00
单位成本合计				120.66
产品B的作业成本（数量100 000单位）				
作业成本库	作业动因（单位成本）	作业动因数量/个	作业成本/元	单位成本
采购	50/采购单	50 × 1 000	50 000	0.50
收购	60/收货报告	60 × 1 000	60 000	0.60
验货	25/验货报告	25 × 1 000	25 000	0.25
储存	20/存货件数	20 × 10 000	200 000	2.00
会计	40/付款次数	40 × 1 000	40 000	0.40
工作准备	2320/工作准备次数	2 320 × 50	116 000	1.16
制造	696/机器工作小时	696 × 1 000	696 000	6.96

依据作业动因计算的单位作业成本反映了各项作业效率的高低，是作业成本计算的一个关键指标。在这个指标的基础上，还可以计算出各个物流作业环节的类别成本和单位物流成本。

三、ABC成本法的作用

采用作业成本法对物流系统的各种成本进行分析，通过将直接成本和间接成本分配到相应的活动中去，进而建立作业与产品之间的关系，挖掘出产品与活动的真实关系，帮助管理者了解耗费资源的真正原因和每项产品或服务的真实成本，建立科学的成本核算和预算等方法，找出成本差异的原因，不断优化企业的物流作业活动，从而达到降低成本、提高效率的目的，进而增强企业竞争力。

物流作业成本的核算不仅可以提供比较可信的成本数据，以便节约成本，而且这种方法能帮助物流企业的管理者利用作业成本信息优化物流作业流程，具体内容如下。

（一）确定作业的增值性

物流企业要辨别作业是增值作业还是非增值作业。增值作业是指那些为物流和客户带来利润的作业，是物流兴旺的关键。增值作业可分为两类，一种是给客户带来价值的作业，如包装、送货等；一种是保证物流正常运转必不可少的作业，如员工的工资等。非增值作业是那些消除或减少不会对企业的工作和竞争力造成影响的作业，是一种浪费，应该努力消除。

（二）作业重构

作业重构是指从作业层次上重新设计和组织各项工作。由于作业是组织的各个基本活动，所以，重构作业也就重构了组织、重构了物流。在作业重构时，应该注意努力寻找引起成本的根源。有的非增值作业，如移送原料，是不能完全被消除的，企业一般会想办法使成本更低。但如果企业追寻成本发生的原因是物流的空间布局不合理，并对空间布局进行调整，可能就会降低成本。另外，在作业重构时，应注意保持简单性，作业功能过多和过于频繁的计划改变，都会引起成本的上升。

（三）标杆瞄准

作业重构后，企业建立了一个只有增值作业的流程，但它并不意味着这套流程就一定能高效工作并产生高效率，因此，还必须对增值作业进行改进和完善，也就是同最先进的物流进行比较，以期达到或超过它，这个改进的基准应是竞争者中一流的物流或本行业外的优秀物流。需要注意的是，对物流的改进并不是静态的，市场竞争会促使改进的基准点和目标不断提高，因此，改进是个周而复始的循环过程。

（四）建立绩效评估系统

绩效评估系统是一个有效的管理工具，其目的是使物流不断改进。一个好的绩效评估系统应该能提高生产率，改善质量，使客户满意。在开发绩效评估系统时应该注意，用于绩效评估的指标必须是可以计量的，绩效评估也必须简单，以使操作和执行作业的职工容易理解。最后还应该注意的是，绩效评估是用来促进作业改善的，它应能指出哪些地方获得改进，哪些地方还有改进的余地，而不是仅仅用来监督工人的工作。

相关知识

一、物流成本的含义

从广义上看，成本是为了达到某一特定目标而失去或放弃的资源；从狭义上看，成本是企业为了生产商品或提供劳务而耗用的人、财、物等资源的货币表现。而物流成本是物品空间位移（包括静止）过程中所耗费的各种资源的货币表现，是物品在实物运动过程中，如包装、装卸、搬运、运输、储存、流通加工、物流信息处理等各个环节中所支出的人力、物力和财力的总和。

在电子商务环境下，物流成本贯穿于物流活动的整个过程，如装卸搬运过程中的机械设施设备、人力投入，运输过程中的集装箱配备、运输费用、税费等。

物流成本管理（Logistics Cost Management）是指对物流相关费用进行的计划、协调与控制。物流成本管理并不是管理物流成本，而是通过成本去管理物流。

二、物流成本的特点

与其他成本相比，电子商务物流成本有许多独特之处。具体表现在以下几个方面。

（一）物流成本的隐含性

物流成本的隐含性又称为物流成本的冰山理论。物流成本的冰山理论是由日本早稻田大学的西泽修教授提出的。他指出，传统会计所计算的外付运费和外付储存费不过是冰山一角。而在企业内部占比较大的物流成本则混入其他费用中，如不把这些费用核算清楚，则很难看出物流费用的全貌，如图9.4所示。而且，对物流成本的计算范围，各企业的规定也不相同，因此无法与其他企业进行比较，也很难计算出行业的平均物流成本。因为外付物流成本遇到海面下的物流成本的庞大躯体，最终很可能会遭遇与泰坦尼克号同样的厄运。而一旦物流所发挥的巨大作用被企业开发出来，它给企业所带来的丰厚利润也是有目共睹的。

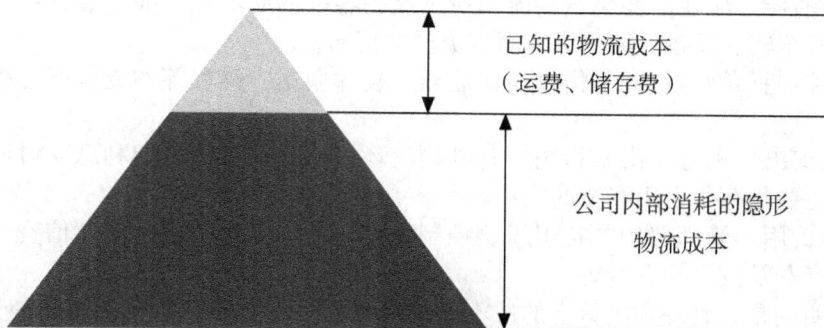

已知的物流成本
（运费、储存费）

公司内部消耗的隐形
物流成本

图9.4　物流成本冰山理论

（二）物流成本效益背反现象

效益背反是物流领域中很常见、很普遍的现象，是这一领域中内部矛盾的反映和表现。效益背反指的是物流的若干功能要素之间存在着损益的矛盾，即某一个功能要素的优化和利益发生的同时，必然会存在另一个或另几个功能要素的利益损失，反之也如此。这是一种此涨彼消、此盈彼亏的现象。虽然许多领域都存在这种现象，但物流领域似乎更加严重。效益背反论有许多有力的实证予以支持，如包装问题。在产品销售市场和销售价格皆不变的前提下，假定其他成本因素也不变，那么包装方面每少花一分钱，这一分钱就必然转到收益上来，包装越省，利润则越高。但是，一旦商品进入流通领域之后，简省的包装降低了产品的防护效果，造成了大量损失，就会造成储存、装卸、运输功能要素的工作劣化和效益大减。显然，包装活动的效益是以其他的损失为代价的。我国流通领域每年因包装不善出现的上百亿元的商品损失，就是这种效益背反的实证。

（三）物流成本削减的乘数效应

物流成本削减的乘数效应是指物流成本下降后会引起销售额成倍地增长。例如，假定销售额为100亿元，物流成本为10亿元，若物流成本下降1亿元，则可获得10亿元的收益。

假定物流成本占销售额的1%，如果物流成本下降1亿元，则销售额将增加10亿元，这样，物流成本的下降会产生极大的效益。这个理论类似于物理中的杠杆原理，物流成本的下降通过一定的支点，可以使销售额获得成倍的增长。

（四）物流成本中的非可控现象

物流成本中有些部分是物流部门不能控制的，如由于过量进货或过量生产而造成积压的库存费用，以及紧急运输等例外发货的费用。

三、物流成本的构成

物流成本是指物流活动中所消耗的物化劳动和活劳动的货币表现，具体表现为物流各个环节所支出的人力、物力和财力的总和。不同类型企业对物流成本的理解有所不同。对专业物流企业而言，企业全部运营成本都可理解为物流成本；工业企业则指物料采购、储存和产品销售过程中为了实现物品的物理性空间运动而引起的货币支出，但通常不包括原材料、半成品在生产加工过程中运作产生的费用；商品流通企业则指商品采购、储存和销售过程中商品实体运动所发生的费用。一般来说，物流成本由以下几部分构成：

① 人工费用。人工费用是指为物流作业人员和管理人员支出的费用，如工资、奖金、津贴、社会保险、医疗保险和员工培训费等。

② 作业消耗。作业消耗是指物流作业过程的各种物质消耗，如包装材料、燃料、电力等的消耗及车辆、设备、场站库等固定资产的折旧费。

③ 物品损耗。物品损耗是指物品在运输、装卸搬运、储存等物流作业过程中的合理损耗。

④ 利息支出。利息支出是指用于各种物流环节占有银行贷款的利息支付等。对工商企业而言，主要指存货占用资金的成本。

⑤ 管理费用。管理费用是指组织、控制物流活动的各种费用，如通信费、办公费、差旅费、咨询费及技术开发费等。

需要说明的是，管理和决策上的成本概念与财务会计上的成本概念并不完全一致，前者包含并不实际支付的机会成本，如自有资金的利息，而会计成本的核算必须遵循实际发生原则，不能计算机会成本。因此，从财务会计部门取得的物流成本资料不能直接用于成本控制和管理，需要适当调整。

四、物流成本的分类

为进行物流成本的计算，首先应该确定计算口径，即从哪个角度计算物流成本。以下从不同的角度，对物流成本进行划分。

（一）以物流活动所处的生产经营环节划分

① 供应物流费。供应物流费包括从供应商处采购原材料直到购入为止的物流过程所发生的费用，如运输费、装卸费、信息费、商品检验费等费用。

② 生产物流费。生产物流费是指产品在生产过程中发生的物流费用，包括包装费、储存费、装卸费等费用。

③ 销售物流费用。销售物流费用是指从确定客户开始直到送达客户为止的物流过程

中发生的费用，如包装费、装卸费、流通加工费、配送费等费用。

④ 回收物流费。回收物流费是指伴随着产品的返修、退换、可再利用物资返厂等物流过程所发生的费用，如装卸费、包装费、信息费、运输费等费用。

⑤ 废弃物流费。废弃物流费是指企业为处理各种已失去原有使用价值的废弃物等物流过程中所发生的费用，如储存费、排污费、装卸费、运输费、包装费等费用。

这种划分方法的优点是便于对物流各环节的成本情况进行分析，确定物流成本管理的重点。

（二）以物流活动所处的经济用途划分

① 运输成本。物流企业的运输成本主要包括3种：

人工费用，如工资、福利费、奖金、津贴和补贴等；营运费用，如营运车辆的燃料费、轮胎费、折旧费、维修费、租赁费、车辆牌照检查费、车辆清理费、养路费、过路过桥费、保险费和公路运输管理费等；其他费用，如差旅费、事故损失及相关税金等。

② 流通加工成本。流通加工成本构成内容主要有流通加工设备费用、流通加工材料费用、流通加工劳务费用及流通加工的其他费用。除上述费用外，在流通加工中耗用的电力、燃料、油料及车间经费等费用，也应加到流通加工费用之中。

③ 配送成本。配送成本是企业的配送中心在进行分货、配货、送货过程中所发生的各项费用的总和，其成本由配送运输费用、分拣费用、配装费用构成。

④ 包装成本。包装成本一般包括包装材料费用、包装机械费用、包装技术费用、包装辅助费用、包装的人工费用。

⑤ 装卸与搬运成本。装卸搬运成本构成内容主要有人工费用、固定资产折旧费、维修费、能源消耗费、材料费、装卸搬运合理损耗费用及其他诸如办公费、差旅费、保险费及相关税金等。

⑥ 仓储成本。仓储成本主要包括仓储持有成本、订货或生产准备成本、缺货成本和在途库存持有成本。

成本按经济用途分类，反映了企业不同职能的费用耗费，因而也称为成本按职能的分类。这种分类有利于成本的计划、控制和考核，便于对费用实行分部门管理和进行监督。

（三）以物流费用的支付形态划分

按物流成本支付形态划分，分为直接物流成本和间接物流成本。直接物流成本由企业直接支付，间接物流成本是企业把物流活动委托给其他物流服务组织而支付的物流费用。

① 材料费。材料费包括包装材料、燃料、工具材料等的消耗支付的费用。

② 人工费。人工费包括工资、奖金、福利费、培训费等费用。

③ 燃料动力费。燃料动力费包括电费、煤炭煤气石油费、水费等费用。

④ 折旧费。折旧费包括物流设施、物流设备、交通工具折旧费等费用。

⑤ 经营管理费。经营管理费包括维护保养费、房租、保险费、信息费、差旅费、培训费、利息支出等费用。

⑥ 委托物流费。委托物流费包括运输费、包装费、储存费、手续费、租金等费用。

这种分类方法的优点是可以清晰分辨企业自身物流费用与委托物流费用，明确各种具体费用的大小，便于检查物流成本的症结。

（四）以物流功能类别进行划分

① 物流作业费。物流作业费是指发生在物流各环节的作业费用，包括运输费、包装费、装卸费、流通加工费、配送费、储存费、维护费等。

② 信息费。信息费是指用于处理物流信息所发生的费用，包括计算机软硬件费、网络费、库存管理费、订货处理费、客户服务费等。

③ 物流管理费。物流管理费是指对物流进行计划、组织、协调、控制等活动而发生的费用，包括人工费、办公费、物料消耗费等费用。

这种分类方法的优点是可以比较物流不同功能类别发生费用的比例，以便于进行物流成本的分析与控制。

五、物流成本与物流规模的关系

物流成本随物流规模变化而变化、互动。可见，在物流成本最小化的目标约束下，公司存在一个最佳物流规模，如图9.5所示。

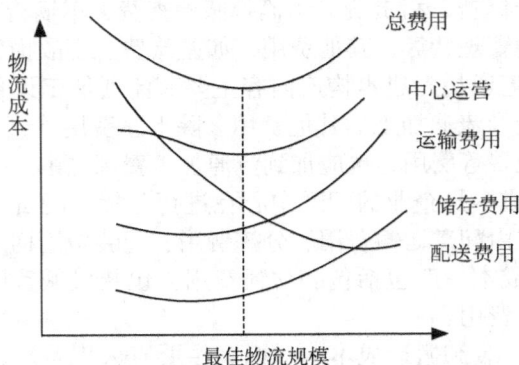

图9.5 物流成本与物流规模关系

六、物流成本管理的内容

（一）成本核算

成本核算不需要对物流成本进行全面、系统和连续的反映，因而运用简便。但也正是因为它不能对物流成本进行连续、系统和全面地追踪反映，在一定程度上使信息精确度受到影响。对于非专业物流企业而言，可以以统计方法为主，并借鉴其他方法的优点，形成本企业的物流成本核算的体系。具体内容如下：

① 核算期间可以以半年或季度为准，在常规成本费用核算及相关报表完成之后，组织财务人员进行集中的统计核算。

② 在统计核算中，最初可以仅核算企业物流的某一个环节。在对该环节进行核算时，应以现有的财务凭证账簿为主。在核算财务账簿难以反映隐性物流成本时，可以采取建立模型估算的方法。

③ 对于物流成本的归集，建议参考日本的物流成本核算方法，按物流范围或功能归集物流成本，并结合企业的实际情况来操作。

（二）全面分析及详细分析

1. 物流成本的全面分析

对物流成本进行全面分析的指标主要有以下几个。

① 单位销售额物流成本率。单位销售额物流成本率的计算公式为：

$$单位销售额物流成本率＝物流成本÷销售额×100\%$$

该比率越高，表示对价格的弹性越低。通过与同行业或行业外的企业进行比较，可以进一步了解本企业的物流成本水平。

② 单位营业费用物流成本率。单位营业费用物流成本率的计算公式为：

$$单位营业费用物流成本率＝物流成本÷(销售额＋一般管理费)×100\%$$

该比率是物流成本占营业费用的比率，可以用于判断企业物流成本的比重。由于该比率比较稳定，适合于作为企业物流合理化的指标。

③ 物流功能成本率。物流功能成本率的计算公式为：

$$物流功能成本率＝物流功能成本÷物流总成本×100\%$$

通过该比率可以看出各项物流功能成本占物流总成本的比重。

2. 物流成本的详细分析

详细分析所用的指标有以下4类，分析或比较这4类指标可以基本掌握物流成本的发展趋势及其差异。

① 与运输、配送相关的指标。这类指标包括装载率、车辆开动率、运行周转率、单位车辆月行驶里程、单位里程行驶费、单位运量运费等。具体计算公式为：

$$装载率＝实际载重量÷标准载重量×100\%$$

$$车辆开动率＝月总开动次数÷拥有台数×100\%$$

$$运行周转率＝月总运行次数÷拥有台数×100\%$$

$$单位车辆月行驶里程＝月总行驶里程÷拥有台数$$

$$单位里程行驶费＝月实际行驶费÷月总行驶里程$$

$$行驶三费＝修理费＋内外胎费＋油料费$$

$$运量运费＝运输费÷运输总量$$

② 有关存储活动的指标。这类指标包括仓库利用率、库存周转次数等。具体计算公式为：

$$仓库利用率＝存货面积÷总面积×100\%$$

$$库存周转次数＝年出库金额÷平均库存金额$$

$$平均库存金额＝(年初库存金额＋年末库存金额)÷2$$

③ 有关装卸活动的指标。这类指标包括单位人时工作量、装卸效率、装卸设备开工率、单位工作量修理费、单位工作量装卸费等。具体计算公式为：

$$单位人时工作量＝总工作量÷装卸作业人时数$$

$$装卸作业人时数＝作业人数×作业时间。$$

$$装卸效率＝标准装卸作业人时数÷实际装卸作业人时数$$

$$装卸设备开工率＝装卸设备实际开动时间÷装卸设备标准开动时间$$

$$单位工作量修理费＝装卸设备修理费÷总工作量$$

$$单位工作量装卸费＝装卸费÷总工作量$$

④ 有关物流信息活动的指标。这类指标包括物流信息处理率、单位产品物流信息流通费等。具体计算公式为：

$$物流信息处理率＝物流信息处理数量÷标准物流信息处理数$$

$$单位产品物流信息流通费＝物流信息流通费÷总产量$$

此外，也可以先分别计算企业的各部分物流费用，然后进行横向比较。对于物流成本的分析，可借助于SPSS、SARA或Origin等统计分析软件。同时，物流作业人员和管理人员的意见也是物流成本分析的宝贵资料，应给予足够重视。

需要注意的是，物流成本分析的主要目的是在实现既定的客户服务水平的条件下降低企业的物流成本，提高企业的竞争力。物流作为一个大的系统，分析其成本和收益应从整体考虑。

七、物流成本控制

（一）成本控制的一般性质

从一般意义上讲，企业成本系统应满足系统可控性的基本条件是：① 企业成本具有多种发展可能性；② 生产经营耗费具有可调节性。成本可控空间指成本受控的空间范围。成本可控空间可以逐级分解，形成多层次的责任成本控制体系。就某一层次的成本可控空间而言，在其责权范围内所发生的劳动耗费，有的能够控制，称之为该层次上的可控成本；有的则不能控制，称之为该层次上的不可控成本。

成本的可控性是相对于可控空间的层次而言的，可控空间的层次越高，成本的可控范围越大，成本的可控性越弱。成本控制的时效性指成本可控性随时间而变动的关系。

（二）成本控制的基本内容

① 工资费用的控制。对工资费用的控制不应单纯地考虑降低成本，还应注意调动员工的积极性。工资费用的控制必须与制订劳动定额和人员定编工作结合起来，谋求人员配置的经济性。

② 燃（物）料消耗的控制。物流企业可严格控制车船燃油消耗定额。根据实际耗用量填制燃（物）料消耗报告，并计算分析实际耗用量与消耗定额之间的差异。

③ 折旧费用的控制。在购置或建造物流设施、设备前，应组织有关部门进行技术经济论证和可行性研究；对既有设施，应充分挖掘其潜力，延长使用时间和提高利用效率，降低成本中的单位折旧费。

④ 修理费用的控制。控制修理费用的途径主要是加强设施、设备的平时维护、保养，并制订合理的修理计划。

⑤ 委托费用的控制。委托费用的控制主要是通过市场机制，在成本和服务质量的权衡下选择合适的供应商。

⑥ 存储费用的控制。存储费用的控制主要通过恰当的库存策略来实现。若存储费用较高则应保持较低的库存量并经常补充库存。

⑦ 管理费用和其他费用的控制。管理费用和其他费用的涉及面广，内容复杂，对此，应实行分级归口管理。企业应根据国家规定的费用开支标准和各项费用定额，编制管理费用预算，分解下达费用指标，落实责任单位，严格审批手续。

（三）成本控制的原则

由于实际运营的物流情况复杂多变，降低物流成本的方法也多种多样。一般应遵循以下原则：

① 加快物流速度，扩大物流量。在其他条件不变的情况下，物流速度越快所占用流动资金越少，从而可减少利息支出，降低物流成本。

② 减少物流周转环节，尽可能减少不必要的流通环节和节约物流时间。

③ 采用先进合理的物流技术是降低物流成本的根本措施，它不仅有助于加快物流速度，增加物流量，还可帮助减少物流中的损失。

④ 改善物流管理，加强经济核算。岗位责任制、目标管理都是行之有效的改善物流

管理的方法。

（四）成本控制的方法

① 按物流成本的支付形态分类，企业可以很清楚地掌握物流成本在企业整体费用中所处的位置及物流成本的哪项费用偏高等问题。

② 按物流成本功能进行分类，在计算出不同功能物流成本的构成比及金额之后，与往年的数据进行比较，可以明确物流成本的增减及其原因，并找出降低物流成本的对策。

③ 分析物流成本的适用对象，并以此作为控制物流成本的依据。

知识拓展

本知识拓展主要讲述降低物流成本策略和物流成本控制策略，详细内容请扫描二维码。

业务技能训练

阅读以下材料。

安利公司：如何降低物流成本

同样面临物流资信奇缺、物流基础设施落后、第三方物流公司资质参差不齐的实际情况，国内同行物流成本居高不下，而安利（中国）的储运成本仅占全部经营成本的4.6%。2003年1月 21日，在安利的新物流中心正式启用之日，安利（中国）大中华区储运店营运总监许绍明透露了安利降低物流成本的秘诀：全方位物流战略的成功运用。

1. 非核心环节通过外包完成

据介绍，安利的"店铺+推销员"的销售方式，对物流系统有非常高的要求。安利的物流系统的主要功能是将安利工厂生产的产品及向其他供应商采购的印刷品、辅销产品等先转运到位于广州的储运中心，然后通过不同的运输方式运抵各地的区域仓库（主要包括沈阳、北京及上海外仓）暂时储存，再根据需求转运至设在各省市的店铺，并通过家居送货或店铺等销售渠道推向市场。与其他公司所不同的是，安利储运部同时还兼管着全国近百家店铺的营运、家居送货及电话订货等服务。所以，物流系统的完善与效率，在很大程度上影响着整个市场的有效运作。

但是，由于目前国内的物流信息极为短缺，他们很难获得物流企业的详细信息，如从业公司的数量、资质和信用等，而国内的第三方物流供应商在专业化方面也有所欠缺，很难达到企业的要求。在这样的状况下，安利采用了适应中国国情的"安利团队+第三方物流供应商"的全方位运作模式。核心业务如库存控制等由安利统筹管理，实施信息资源最大范围的共享，使企业价值链发挥最大的效益。而非核心环节则通过外包形式完成。如以广州为中心的珠三角地区主要由安利的车队运输，其他绝大部分货物运输都由第三方物流公司来承担。另外，全国几乎所有的仓库均为外租第三方物流公司的仓库，而核心业务，如库存设计、调配指令及储运中心的主体设施与运作则主要由安利本身的团队统筹管理。目前已有多家大型第三方物流公司承担安利公司大部分的配送业务。公司会派员定期监督和进行市场调查，以评估服务供货商是否提供具有竞争力的价格，是否符合公司要求的服务标准。这样，既能整合第三方物流的资源优势，与其建立坚固的合作伙伴关系，又通过对企业供应链的核心环节——管理系统、设施和团队——的掌控，保持安利的自身优势。

2. 仓库半租半建

从安利的物流运作模式来看，至少有两个方面是值得国内企业借鉴的。主要是投资决策的实用主义。在美国，安利仓库的自动化程度相当高，而在中国，很多现代化的物流设备并没有被采用，因为美国的土地和人工成本非常高，而中国这方面的成本比较低。两相权衡，安利弃高就低。"如果安利中国的销售上去了，有了需要，才考虑引进自动化仓库。"许绍明说。刚刚启用的安利新的物流中心也很好地反映出安利的"实用"哲学。新物流中心占地面积达40 000平方米，是原来仓库的4倍，而建筑面积达16 000平方米。这样大的物流中心如果全部自建的话，仅土地和库房等基础设施方面的投资就需要数千万元。安利采取和另一物业发展商合作的模式，合作方提供土地和库房，安利租用仓库并负责内部的设施投入。只用了一年时间，投入1 500万元，安利就拥有了一个面积充足、设备先进的新物流中心。而国内不少企业，在建自己的物流中心时将主要精力都放在了基建上，不仅占用了企业大量的周转资金，而且费时费力，效果并不见得很好。

3. 核心环节大手笔投入

其次，是在核心环节的大手笔投入。安利单在信息管理系统上就投资了很多钱，其中主要的部分之一就是物流、库存管理的AS400系统。它使公司的物流配送运作效率得到了很大的提升，同时大大地降低了各种成本。安利先进的计算机系统将全球各个分公司的存货数据联系在一起，各分公司与美国总部直接联机，详细储存每项产品的生产日期、销售数量、库存状态、有效日期、存放位置、销售价值和成本等数据。有关数据通过数据专线与各批发中心直接联机，使总部及仓库能及时了解各地区、各地店铺的销售和存货状况，并按各店铺的实际情况及时安排补货。在仓库库存不足时，公司的库存及生产系统亦会实时安排生产，并制订补给计划，以避免个别产品出现断货情况。

安利公司采取了哪些措施来降低物流成本？

跨境电商物流

任务一　认识跨境电商物流

知识要点：
- 跨境物流的概念和发展。
- 电商物流的概念和模式。
- 电商物流的困境与发展趋势。

技能要点：
- 掌握跨境电商物流的模式分析。
- 掌握不同跨境电商物流模式的选择。

任务描述与分析

一、任务描述

随着同行公司的业务向海外拓展，玉柴物流意识到海外市场将是公司业务发展的下一个目标。而玉柴物流对商品出口海外的物流了解不多，只通过行业资讯了解到海外物流的复杂环境。由此，玉柴物流要求赵丹青利用网络渠道获取海外物流的状况，给出海外市场物流问题和解决方案的初步分析报告。赵丹青以国内物流公司业务为线索，从线索信息查阅、信息关联分析和定性数据分析3个方面全面认识跨境电商物流。

二、任务分析

赵丹青和玉柴物流对海外市场的物流情况知之甚少。在这样的背景下，赵丹青首先通过国内物流公司的公开信息获取海外物流的行业术语，然后以这些行业术语作为关键词，如跨境物流，查找关联信息并分析，最后对获取的信息进行定性数据分析，归纳后形成海外物流的初步分析报告。

任务实施与心得

一、任务实施

（一）线索信息查阅

赵丹青利用互联网查找国内的物流公司，确定排名前三的物流公司作为线索信息对象，然后查找3家物流公司开展的国际物流业务，根据公司的业务描述抽取海外物流的行业术语。以上信息制作形成表10.1，便于阅读和分析。这些专业术语作为下一步实施的信息依据。

表10.1　海外物流线索

序　号	物流公司名称	国际物流业务描述	行业术语
1			
2			
3			
信息来源地址			

赵丹青根据网上查找的信息填写表10.1。

赵丹青根据行业术语出现频率，明确海外物流的核心术语是跨境物流和跨境电商物流。

（二）信息关联分析

接下来，赵丹青根据核心术语，利用互联网获取了国际物流、跨境物流和跨境电商物流的概念、特点、行业等知识。同时根据这些知识，找到了跨境电商物流的一些专业性网站，通过这些网站了解到跨境电商物流的国内外行业现状，从而获取更专业的知识。为了更好地理解知识，赵丹青将获取的关联信息形成表10.2。

表10.2　跨境物流知识

知识点	国际物流	跨境物流	跨境电商物流
概念			
特点			
模式			
范围			
行业应用			
专业性网站			
国内现状			
国外现状			

（三）定性数据分析

赵丹青从两个方面进行跨境电商物流的定性数据分析。一方面是选择3家行业代表性（如规模）公司进行跨境电商物流的行业分析；另一方面是公司同行从事跨境电商物流的竞争分析，挖掘玉柴物流从事跨境电商物流的支撑数据。定性数据分析的结果形成两个分析报告表（见表10.3和表10.4）。

表10.3　跨境电商物流行业分析报告

	行业公司1	行业公司2	行业公司3
公司名称			
入行时间			
业务规模			

（续表）

	行业公司1	行业公司2	行业公司3
核心业务			
成本优势			
未来趋势			
分析结论			

表10.4　跨境电商物流竞争分析报告

	竞争者1	竞争者2（可选）
公司名称		
入行时间		
内部优势		
内部劣势		
外部机会		
外部威胁		
分析结论		

二、任务实施心得

从网络调研入手了解公司新业务，经历了从线索获取、关联挖掘到数据分析3个阶段的过程，使得新概念逐步被理解。

（一）互联网资讯是线索获取的行动起点

当我们有一个模糊的概念时，利用概念的字或词在互联网中搜索，在阅读中发现这些模糊概念的更多、更精确的用词。这些用词就是概念的专业术语。例如，我们把物流的海外业务作为线索，搜索阅读后发现专业概念为跨境物流和跨境电商物流。

（二）从概念到应用是关联挖掘的路径

了解物流新业务的专业概念后，就可以关联获取从事这些专业领域的行业应用，如首先从事跨境物流的公司及其竞争者，利用这些关联信息挖掘跨境物流和跨境电商物流的全面知识。

（三）数据分析是获取业务结论的方法

查阅资料和信息归纳过程都须形成表格，这样才能在接下来的定性数据分析中形成对跨境物流业务的全面掌握，如形成跨境电商物流的行业分析和竞争分析报告。

相关知识

一、跨境物流

（一）跨境物流的概念

在了解跨境物流的概念之前，先了解国际物流的概念。

国际物流是指通过物流运输，使得商品在不同国家或地区之间流通的服务过程。国际物流主要强调不同的国家或地区以及不同的物流运输单位之间形成合作关系，然后根据国际统一标准，分工协作，合理运用国际运输网络、物流设施和物流技术等，从而使商品能够在国际之间进行流通和交换，最终促进国家或地区间的经济发展和资源共享。

跨境物流是指以海关关境两侧为端点，使得实物和信息有效流通和存储的计划、组织、实施和控制的管理过程。跨境物流主要强调物流的关键节点是海关关境，流通对象除了实物外，还包括促进实物有效流通的信息，并且是一个具有现代管理理念和技术的过程。

根据研究者观点，我国跨境物流目前具有以下特点。

1. 竞争集中于东部沿海地区，中西部地区竞争较少

由于环渤海地区、长三角、珠三角等东南沿海地区经济发达，跨境运输需求旺盛，并且这些地区海运、空运等基础设施较为完善，因此，对货源的争夺和对运力资源的争夺最为激烈。而中西部地区则因经济相对不活跃，跨境运输需求较少，且运输成本较高，因此，这些地区国际货代服务资源投入也较少。

2. 区域内或单一行业内竞争激烈，跨区域、跨行业的竞争较少

跨境物流行业尽管市场竞争者众多，但受自身资金实力、管理水平和技术能力所限，以及由于全国物流市场相互割裂，其特点表现在：其一，在某一区域市场的企业之间的竞争激烈，如长三角区域内的跨境物流企业之间竞争激烈；其二，对某一行业客户资源的争夺激烈，如对电子制造行业的客户资源的争夺激烈。而跨区域、跨行业的竞争较少。

3. 服务功能单一，增值服务较少，同质化竞争现象较为严重

大部分跨境物流企业只能提供海运物流或空运物流服务，而不能提供多式联运（如海空联运），或者满足客户其他不同需求的跨境物流企业较少。在提供跨境物流服务时，局限于报关、订舱等传统服务，在运输方案优化设计、综合物流方面提供的服务较少，因此同质化竞争较为严重。

（二）跨境物流发展趋势

随着现代物流业的发展和国民生活需求的提高，世界各国都十分重视物流业的现代化和国际化，从而使跨境物流发展出现以下趋势。

1. 跨境物流向跨境电商物流发展

借助跨境电商的发展，尤其是网络技术、硬件资源、战略合作、供应链整合等方面的发展，跨境物流通过跨境电商的供应链整合，从供应源头合作与开发，尤其在仓储、包装、运输路线优化等方面协同合作发展，有利于缩短物流时间、降低物流成本、减少物流货损等，进而形成跨境电商物流的发展之路。

2. 跨境物流与相关网络融合发展

跨境物流的运作流程一般包括境内物流、出境清关、国际物流、目的国清关与商检、目的国物流、目的国配送等。这一流程涉及多个国家、多个物流企业，其复杂性要远超国内物流。因此，需要强化跨境物流与相关网络的融合，尤其是多国间、物流节点的多企业间、跨境配合的多个物流企业间的网络融合。

3. 多种物流模式聚合共用发展

随着跨境电商的发展，多种物流模式共用的跨境物流解决方案应用更广。多种物流模式聚合共用呈多样化发展，如国际物流专线+海外仓、集货物流+保税区物流、国际邮政+国际快递+国际物流专线+海外仓等。

4. 跨境物流向外包模式发展

基于跨境物流的复杂性，很多跨境电商将跨境物流业务外包，采用第三方物流模式。如今随着跨境电商的进一步发展，这种物流外包模式形成了第四方物流，它整合了海内外数据和基础设施平台，提供差异化、集约化的跨境供应链解决方案，实现物流、商流、资金流、信息流和清关与商检的整合，提升跨境物流增值。

5. 跨境物流本地化发展

在跨境物流中，通过与本土物流公司的合作实现本地化运作，不但能够缩短目的国物流与配送时间，降低物流成本，发挥本地化品牌优势，减少物流与配送过程中的沟通障碍等，还能够有效解决"最后一公里"配送的难题。海外仓就是典型的跨境物流本地化运作模式。

二、跨境电商物流

（一）跨境电商物流的概念

跨境电商物流是指跨境电商卖家将货物从本国通过陆运、空运或海运运往另外一个国家或地区（关境不同）的过程。

跨境电商包括线上的信息流、电子商务、资金流和线下的物流，其中前面3个都是基于互联网运行，只有跨境电商物流必须通过线下实体环境完成。实际上，物流对于大多数人来说并不陌生，跨境电商物流与普通物流的区别仅在于地域关境不同，而这些不同却给物流带来了更多的复杂性，使得跨境电商物流成为热门的研究领域。

（二）跨境电商物流的主要模式

跨境电商物流的特点是业务订单数量少、批次多、订单不稳定等，所以从事跨境电商的商家主要采取以下4种物流模式。

1. 邮政小包

邮政网络基本覆盖全球，比其他任何物流渠道都要广。所以，邮政小包网络覆盖率高、物流渠道广，同时价格也较为便宜，是很多跨境电商的中小商家的首选。

但缺点在于投递速度较慢，丢件率也高。

2. 跨国商业快递

以UPS、FedEx、DHL、TNT四大国际快递巨头为第一梯队，他们自建了高效运作的全球物流网络，利用强大的IT系统和遍布世界各地的本地化服务，为跨境电商用户带来极好的物流体验，时效性极高。

不过，价格也相对较高。一般在客户对时效性要求很高的情况下才选择。

对于我国来说，以顺丰、EMS和四通一达为第二梯队，它们国际业务布局较晚，网络覆盖稍差，不过配送速度高，出关能力也强。

3. 跨境专线物流

跨境专线物流指通过航空包舱的方式运输并由合作公司进行目的国派送的物流方式。

跨境专线物流能够集中大批量到某一特定国家或地区的货物，通过规模效应来降低成本。总体上，跨境专线物流价格比跨国商业快递低，时效上比邮政包裹快，但比跨国商业快递慢。

目前最普遍的跨境专线物流产品有美国专线、欧洲专线、澳洲专线、俄罗斯专线等，也有不少物流公司推出了中东专线、南美专线、南非专线等。

4. 海外仓

海外仓指提供者为卖家在销售目的地进行货物仓储、分拣、包装和派送的一站式控制与管理服务。确切来说，海外仓包括头程运输、仓储管理和本地配送3个部分。头程运输是商家通过海运、空运、陆运或联运将商品运送至海外仓库。仓储管理是商家通过物流信息系统，远程操作海外仓储货物，实时管理库存。本地配送是海外仓储中心根据订单信息，通过当地邮政或快递将商品配送给客户。

海外仓提高了跨境物流时效，但供应链管理、库存管控等问题也容易提高运营成本。跨境电商卖家一般要充分考虑所售商品的特点、销售淡旺季、时效和成本要求等要素后再做出选择。

目前，海外仓可选的方式有第三方海外仓、亚马逊物流（Fulfillment by Amazon，简称FBA，习惯称为亚马逊FBA）和自营海外仓。

第三方海外仓是由第三方物流服务企业建立并运营的海外仓，并且可以提供多家跨境电商企业的清关、入库质检、接受订单、商品分拣、配送等服务。

亚马逊FBA是亚马逊提供的包括仓储、拣货打包、派送、收款、客服与退货处理的一条龙物流服务。

自营海外仓是跨境商家自己建立并且运营的海外仓，仅为本企业的产品提供仓储、配送等服务。

三、跨境物流、国际物流与跨境电商物流

国际物流可以认为是传统的国际货物流通方式。随着互联网发展，跨境电商企业为国际物流的发展带来了市场，并且跨境电商企业服务客户更加多样化，信息要求更高，基于这些特征，出现了跨境物流的概念。随着跨境电商企业的发展，其业务订单直接面向终端消费者，表现出订单小、批次多、时效高等特征，而消费者直接通过电商平台完成购物过程，在此环境下，商家与消费者之间的商品流通就是跨境电商物流。

可见，跨境物流和跨境电商物流为国际物流注入了新的形式，跨境电商物流是跨境物流最普遍的一种应用。而实际上，跨境物流和跨境电商物流行业中区分界限不再明显，所以我们认为两者表达的意思相同。

知识拓展

本知识拓展主要讲述跨境电商物流技术、跨境电商物流运输方式、跨境电商物流的困境和跨境电商物流的发展趋势，详细内容请扫描二维码。

知识拓展

业务技能训练

一、课堂训练

1. 简述跨境电商物流的模式。

2. 阅读以下材料。

物流费用占据了跨境电商运营成本的一大部分，物流行业的动态也扣动卖家心弦。近期，国际快递服务提供商DHL宣布因快递成本上升2020年起将快递费用上调4.9%。

涨价？当前的市场已经提前释放了这样一个信号。

2019年巨变的国际外贸大环境，令很多卖家都感受不到旺季，物流也是如此。这也意味着整个物流市场运力相对比较充裕，又因国内二、三线城市陆续开通了国际航班和包机业务，导致整个物流市场竞争加剧。因此，今年物流费用较往年而言，相对较低些。

中美贸易摩擦在这一年中波折起伏，在跨境电商行业中也有明显的体现。例如，航线变化趋向新兴市场。以中欧航线为例，因比利时较宽松的海关政策，今年中国到欧洲60%~70%的货物都是运往比利时列日机场，并在当地完成清关。另外，中国至日本、韩国、越南、印度等新兴市场的航线，今年也相对比较热门。

2020年跨境电商物流将会是新的篇章，随着电商客户越来越精细化的运营，能满足客户精细化运营需求的物流服务商将获得更大的发展。因此主营专线渠道的物流服务机会更大，因为专线就是为了满足客户精细化运营衍生出来的产品。

资料来源：雨果网，https://www.cifnews.com，引用有删减。

根据以上材料，归纳跨境电商物流的困境。

二、实训操作

1. 阅读以下材料。

中国－东盟（河口）跨境电商物流产业园开园通车

上午，中国－东盟（河口）跨境电商物流产业园开园暨边境贸易直通车开通仪式在河口县举行。这也标志着河口跨境物流产业进入了一个全新的发展阶段，"互联网+边境贸易"的模式将为河口口岸的边境贸易注入新的活力，助推中国（云南）自由贸易试验区红河片区（以下简称"红河片区"）的发展。

据介绍，2019年是河口开放发展极不平凡的一年，迎来了中国(云南)自由贸易试验区红河片区落地，迎来了昆明至河口"复兴号"动车的开通，标志着奋力奔跑的河口在推动沿边开放上迈出了更加坚实的步伐，取得了更高水平的突破。全年预计完成进出口总额232.5亿元，进出口货运量568.8万吨，外贸"四项指标"保持两位数增长，绝对量创下历史新高，口岸出入境人数首次突破600万人次。中国－东盟（河口）跨境电商物流产业园正式开园，同时边境贸易直通车正式开通，将更大地促进中越电子商务贸易的发展，对推动中越货物、资金、贸易的便捷流动具有重要意义。河口县愿同越方一道，依托红河片区建设，继续深化在跨境贸易、跨境物流、跨境电商等领域的合作，继续加强在源头生产、检疫、运输、配送等环节信息的互信互认，继续拓展双边贸易合作的空间和领域，共同为中越跨境电子商务提供更加便捷、更加高效、更加稳定的贸易环境，推动中越贸易合作再上新台阶。

随后，中国-东盟(河口)跨境电商物流产业园正式开园暨边境贸易直通车开通。在热闹的礼炮声中，货运车辆依次驶出园区，连接南亚、东南亚的跨境物流直通车正式运行。

据了解，中国-东盟(河口)跨境电子商务物流产业园位于河口县北山原中国-东盟（河口）国际贸易中心，占地面积27 108平方米。由公共服务中心、大数据展示中心、电商培训及培育中心、供应链发展中心、双创中心、党建及电商扶贫中心、跨境商品直邮体验中心共七部分组成，是集产品、仓储、物流、退税、人才培训、孵化、融资、财税服务等多功能为一体的电商生态园。该产业园自10月15日开园试运行以来，已取得了不俗的成绩，试运行至今已入驻园区企业77家，实现网上销售合计8 354.9万元。

同时，河口南溪河口岸联检设施提升改造工程将于近期正式启动，并于2020年1月1日起关闭自行车通道，口岸行邮旅检功能及边民、游客、行李及随身物品正常验放通关，南溪河口岸边民互市贸易转场到河口北山红河公路口岸。届时，跨境物流将有效地把边民互市贸易、红河片区发展、口岸进出口贸易有效连接起来，形成一个功能完善、交通便捷、政策优惠的东南亚商贸物流中心，相互促进，共同发展，为红河片区高标准谋划、高水平建设、高质量发展，切实当好沿边开放发展排头兵注入新的活力。

材料来源：中国工业园网，https://www.cnrepark.com，引用有删减。

根据以上材料，分析跨境电商物流的模式及其新趋势。

2. 两个同学分成一组，决定从国外购买一款商品（假设该商品国内没有），利用海淘网进行一次网络购物咨询的实践活动，重点咨询物流选择，记录并讨论分析咨询数据，根据实践内容完成实训经验表10.5。

表10.5 实训经验

专业：　　　　　学号：　　　　　姓名：

专业：　　　　　学号：　　　　　姓名：　　　　　填写日期：

实训日期		实训网站	
实训课题			
实训过程记录			
实训分析			
经验体会			

任务二 跨境电商物流系统

知识要点：
- 跨境电商物流系统的基础知识。
- 海外仓模式的作用。
- 跨境电商物流平台的基本知识。

技能要点：
- 掌握海外仓的选择和操作流程。
- 掌握速卖通物流和亚马逊FBA的基本操作。

任务描述与分析

一、任务描述

玉柴物流根据赵丹青的初步分析报告，提出利用跨境电商物流平台开拓海外市场。那么如何选择跨境电商平台呢？解决这个问题的任务落到了赵丹青的身上。为此，玉柴物流要求赵丹青分析跨境电商平台，关注这些平台对物流的解决方案，特别是海外仓模式。赵丹青前期对跨境电商物流的知识有了全面了解，对于接下来的任务感觉得心应手。经过对跨境电商平台的规模排名后，赵丹青决定选择3家平台进行对比分析，了解操作流程、物流服务和成本等内容，为玉柴物流决策提供材料支撑。

二、任务分析

赵丹青首先通过规模数据进行排名筛选3家平台，然后对这3家平台进行优势和劣势、操作流程、物流服务、物流成本等分析，最后将分析结果归纳后形成跨境电商物流系统平台的决策报告。

任务实施与心得

一、任务实施

（一）平台筛选

跨境电商物流的业务入口是来自跨境电商平台的庞大客户，如各种从事跨境出口业务的品牌网店。赵丹青从跨境电商平台入手，了解这些平台的交易规模，这些规模数据就是跨境电商物流的规模数据。同时赵丹青也发现，从事跨境电商业务的客户都把跨境电商物流作为关键业务，如果跨境电商物流的政策发生改变会直接影响这些客户的成本和定价策略。

由此，赵丹青搜集了6家跨境电商平台的业务规模数据，如表10.6所示。最后根据该指标筛选了3家平台做进一步的分析。

表10.6　跨境电商平台业务

序　号	平台名称	业务规模描述	数据结果	业务规模排序
1				
2				
3				
4				
5				
6				

通过以上信息搜集，赵丹青除了筛选出跨境电商物流系统的平台，同时也了解了跨境电商行业市场，为后面决策提供了更详细、更准确的信息。

（二）平台对比分析

根据表10.6的业务规模排序，把前3名作为进一步分析的对象。接下来对3家平台进行物流优势和劣势、操作流程、物流服务、物流成本、物流效率等分析，形成跨境电商物流系统平台对比分析表，最后根据分析结果提出了决策，如表10.7所示。

表10.7　跨境电商物流系统平台对比分析

分析点	平台1	平台2	平台3	对比结果	决策结果
物流优势					
物流劣势					
操作流程					
物流服务					
物流成本					
物流效率					
其他					

以上任务完成，赵丹青为公司决策提供建议。

二、任务实施心得

玉柴物流决定依赖哪些平台开展新业务，充分的调研和分析是必不可少的。每个平台都有自身的核心要素，玉柴物流需要获取与自己业务相匹配的那些要素，从而为是否合作做出正确的决策。

本任务把物流业务来源作为入口，通过数据搜集、筛选分析、对比分析形成决策建议。实践证明，这些方法体现了科学性、可靠性和合理性，值得推荐使用。

相关知识

一、跨境电商物流系统

跨境电商物流系统是指完成跨境电商物流业务涉及的组织、硬件、设备实施、软件和环境等构成的相互协同的整体。其中，任务一的"知识拓展"中提到的跨境电商物流信息系统是软件的核心，也是跨境电商物流系统的关键构成之一。

在跨境电商领域讨论物流系统，往往是讨论物流信息系统，因为对从事跨境电商的广大商家来说，他们的目的是通过跨境电商物流信息系统获取高效率、低成本的物流选择决策。

在任务一的"知识拓展"中提到，跨境电商物流信息系统的形式很多，如第三方跨境物流信息管理系统、跨境电商ERP系统、智能运输物流系统、跨境电商平台的物流管理子系统等。对于跨境电商商家来说，他们已经在跨境电商平台发布了商品，所以，他们往往更希望利用跨境电商平台的物流信息系统完成物流业务。当然也有商家在不同的跨境电商平台发布了商品，为了整合各个不同跨境电商平台的物流服务，他们会选择跨境电商ERP系统，该系统还整合了商品发布等服务。

因此，我们主要认识跨境电商商家常用的跨境电商平台的物流系统，如速卖通的物流系统、亚马逊FBA等。

二、海外仓模式

在任务一我们概要介绍了海外仓，这里我们继续了解海外仓的其他方面。

从跨境电商商家角度来看，海外仓就是把商品放在消费者所在国家（或地区）或附近国家（或地区）的仓库。跨境购物流程就是买家在跨境电商平台下单，卖家从海外仓的仓库直接发货到买家手里。海外仓模式使得买家购物就如同在关境内购物，大大提升了跨境电商购物体验。

（一）海外仓的作用

1. 一件代发

跨境电商卖家根据商品的销售预期将境内的备货商品批量邮寄到境外的海外仓，海外仓收到货后清点上架，接下来，当买家下单时，卖家只需在海外仓系统中下达发货请求，仓库人员会根据请求实现本地派送。

2. 异常服务代理

海外仓的货物发生异常问题时，在海外仓的服务范围之内都能提供代处理服务，确保商品正常销售。例如，卖家标签贴错发生时，需要将商品发到海外仓更换标签重新售卖。

3. 中转服务功能

例如，最常见的情况是将亚马逊FBA和第三方海外仓结合起来。也就是卖家先囤货在第三方海外仓，根据库存情况定期或不定期中转发往亚马逊FBA。亚马逊FBA是直接面向消费者，而第三方海外仓作为中转站，在卖家和亚马逊FBA间提供中转服务。

4. 处理退换货等增值服务

海外仓根据卖家的要求处理消费者的退换货服务，发货时提供包装等增值服务。

（二）海外仓的操作流程

1. 头程运输

卖家自己将商品运至海外仓储中心，或者委托承运商将货物发至承运商海外的仓库。

这段国际货运可采取海运、空运或快递方式到达仓库。

2. 仓储管理

卖家使用海外仓物流商的物流信息系统，远程管理海外仓储中心的货物，并且保持实时更新。

3. 本地配送

海外仓根据卖家在系统中发出的指令进行货物操作。物流商海外仓储中心的自动化操作设备能够严格按照卖家指令对货物进行存储、分拣、包装、配送等操作。

4. 系统信息实时更新

发货完成后系统会及时更新，以显示库存状况，让卖家实时掌握货物的仓储情况。

（三）海外仓的优势

近年来，海外仓被跨境商家认为是跨境电商物流的最佳配送方式，解决了跨境物流的难题，其优势很明显。

1. 改善消费者体验

海外仓模式很大程度上缩短了商家到消费者的中转和交货时间，也降低了货物损失率。此外，由买家所在地的仓库提供配送，使得消费者可以实时跟踪物流信息。最后，在退换货的时候，也可以直接在买家当地的海外仓进行，大大提升了消费者体验。

2. 提升销售额

商家的商品使用了海外仓后，在跨境电商平台展示给消费者时可以显示产品在当地国家出货，这样可以增加检索量，而购买者也更倾向于选择他所在国家出货的商品，从而增加下单量，提升销售额。

3. 降低物流成本

海外仓模式让跨境商家在头程运输时选择成本低的物流运输方式，无须担心时效问题。虽然增加了海外仓的成本，但相对于非海外仓模式，总体成本还是降低了，并且海外仓模式还带来更多的订单，所以在很大程度上降低了物流成本。

（四）海外仓的劣势

尽管如此，跨境商家也不要忽略了海外仓模式的劣势。

1. 增加仓储成本

物流成本总体是降低了，但如果处理不好，也可能增加成本。货物在进入海外仓后会产生仓储成本，跨境商家应尽可能地缩短货物仓储时间，从而降低仓储成本，如果仓储时间过长，增加的仓储成本是不可忽略的。

2. 海外仓的库存压力

在失策的市场预测和选择错误的商品进入海外仓的情况下，很容易出现商品滞销的情况，而商品在海外，商家很难做调整，从而商品容易积压，增加了库存压力，甚至最终商品被作废处理。

3. 海外仓服务能力的影响

不是所有的海外仓服务商都具有同样高的服务能力，如果选择了不适合自身商品需求的海外仓，会带来各种服务风险。因此，寻找可靠的海外仓是非常重要的。

（五）海外仓模式的实践分析

目前，海外仓模式比较热门。尽管很多跨境卖家担心海外仓的备货占用大量资金，但实践中，很多企业卖家仍然在继续使用海外仓，原因如下。

1. 买家购物体验

海外仓直接从当地发货，具有与当地买家一样的空间和时间优势。例如，从中国寄出需要15天才能到的包裹，在海外仓发货只需要3～7天，而且物流跟踪信息来自当地而不是中国，因此卖方选择海外仓不仅大大改善了买方的购物体验，而且符合跨境电商的发展。

2. 减少竞争

从跨境电商平台的角度来看，当买家在搜索商品时，如果在目的地国进行筛选，勾选了"配送在目的地国家"，此时选择使用海外仓交货的卖家，其商品则展示给买家，而数千数万甚至数十万的没有选择海外仓的竞争对手则不展示，可见，海外仓使得流量集中导向的效果不可忽视。

3. 买家好评提升

由于跨境卖家选择了海外仓，他们的买家不仅可以更快地接收快递包裹，还可以实时查看物流配送信息，并且因缩短了运输流程，货物损坏率也大大降低，不容易发生退货，这就降低了买家差评的可能性，而提升了好评率。而好评率的提升又促进了买家的复购次数。

4. 降低海关风险

海外仓的头程运输是利用传统的国际物流，按照正常的清关过程通关，大大减少了清关壁垒，同时也突破运输物品的重量、体积、价值等各种限制，从而扩大货物类型，降低海关风险。

三、跨境电商物流平台案例

（一）速卖通物流

速卖通物流系统是阿里巴巴旗下的跨境电商平台全球速卖通（AliExpress）的物流业务服务平台。该平台提供3种物流服务，分别是无忧物流、线上发货和海外仓。

① 无忧物流是菜鸟网络与速卖通联合推出的官方物流，提供揽收、配送、物流追踪、物流纠纷处理、赔付一站式物流解决方案。

② 线上发货是通过优质物流商入驻线上，平台作为第三方全程监督物流商服务质量，保障卖家权益，卖家发货不操心，物流有保障。

③ 海外仓是平台借力海外仓，开启本地化服务，就是备货到海外仓，出单后直接从海外本地仓库发货，时效更快，服务更好。

在物流方案设置上，3种物流服务提供了差异化的不同服务产品，供跨境卖家根据自身需求选择。

无忧物流根据时效和成本差异提供了简易、标准和优先3种方案。

线上发货也根据入驻物流商的物流能力分成经济类、简易类和标准类3类。

海外仓主要由菜鸟海外仓提供方案，目前开设了西班牙仓、法国仓、俄罗斯仓、波兰及捷克仓、巴西仓，同时菜鸟海外仓服务商制订了哥伦布计划，更多的海外仓将逐步上线服务。

在操作流程上，无忧物流和线上发货差别不大，都是通过平台后台的物流发货设置完成，而海外仓则由专门的海外仓服务平台完成。以下介绍无忧物流和线上发货的使用流程。

1. 无忧物流操作流程

① 一键设置运费模板。

② 买家下单。

③ 卖家创建物流订单。

④ 卖家发货到国内仓库。

⑤ 无忧物流发货到国外。

限于篇幅，这里不再展示详细流程，可通过扫一扫如图10.1所示的二维码查看。

2．线上发货操作流程

与无忧物流操作流程一样，只不过在第③步卖家创建物流订单时选择线上发货的物流商。其详细步骤可参考图10.1中的操作。其中运费模板设置操作可扫一扫如图10.2所示的二维码查看。

在物流服务产品选择上，可根据物流时效和成本做出选择。下面简要介绍这些不同类别物流的服务产品和适用范围。

1．经济类物流

物流运费成本低，目的国包裹妥投信息不可查询，适合运送货值低、质量小的商品。经济类物流仅允许使用线上发货。

2．简易类物流

邮政简易挂号服务，可查询包含妥投或买家签收在内的关键环节物流追踪信息。

3．标准类物流

标准类物流包含邮政挂号服务和专线类服务，全程物流追踪信息可查询。

4．快速类物流

快速类物流包含商业快递和邮政提供的快递服务，时效快，全程物流追踪信息可查询，适合高货值商品使用。

5．线下类物流

线下类物流提供线路可达国家查询服务。

6．海外仓物流

已备货到海外仓的货物所使用的海外本地物流服务有专门的服务平台。

以上物流服务产品的更多详细信息，可通过扫一扫如图10.3所示的二维码查看。

图10.1　线上无忧操作流程　　　　图10.2　运费模板设置操作　　　　图10.3　物流服务产品

（二）亚马逊FBA

亚马逊在跨境方面提供两种物流服务，分别是亚马逊全球物流（AGL）和亚马逊FBA。亚马逊全球物流为亚马逊商家高效助力开拓国际市场，其借助亚马逊领先的物流技术能力，全球任何卖家都可以轻松把货物交付给任何地方的客户，使交易超越卖家期望，更简单、安全、高效且成本更优化。亚马逊FBA提出一种服务做法：亚马逊商家使用亚马逊FBA，可将繁杂的物流和后勤工作交给FBA，为自己节省大量的人力、物力和财力，全力拓展全球销售业务。

目前，面向北美、欧洲和日本市场的亚马逊中小卖家选择亚马逊FBA完成物流服务，省事省力。其优势如下：

① 提升销售。帮助卖家提升商品的浏览量和曝光率，触及优质亚马逊Prime级会员顾客，提升转化率。

② 降低成本。支持灵活的付费模式，无最低费用、设置费或月租金，亚马逊优质物流保证，降低卖家的物流和客服成本，大幅提升顾客满意度和后台绩效。

③ 省心省力。帮助卖家为顾客提供7×24小时的专业客服支持，无须花钱雇人处理订单、拣货、包装、发货，顾客可享受适用的亚马逊免费配送和加急送货。

亚马逊FBA布局了北美FBA、欧洲FBA和日本FBA。无论哪个站点，亚马逊FBA使用流程简单轻松，主要涉及以下流程：

① 卖家发送商品至亚马逊运营中心。

② 亚马逊存储并管理卖家的商品。

③ 顾客订购卖家的商品。

④ 亚马逊对商品进行拣货包装并提供快捷配送。

⑤ 亚马逊用当地语言提供顾客服务及退换货服务。

以下以北美FBA为例，进一步介绍亚马逊FBA使用流程：

1. 亚马逊FBA发货前操作

① 在卖家平台转换库存为亚马逊配送。

② 创建卖家的首次配送，具体包括设置商品配送数量、准备好配送商品、为商品贴标签、清点配送商品，做好发货准备。

③ 装箱，并为货件（装箱后的商品）贴标签，包装并发货。

2. 选择适合卖家的物流计划

① 亚马逊物流标准计划。该计划适用于商品尺寸不超过144英寸×96英寸×96英寸（365厘米×243厘米×243厘米）或重量不超过150磅（约68千克）的商品。

② 亚马逊物流轻小商品计划。亚马逊物流轻小商品计划是适用于快速移动的、价格通常低于15美元的轻小商品的配送解决方案。该计划为所有亚马逊买家（无论买家是否Prime会员）提供免费标准配送服务（4至8个工作日），将符合条件的商品配送至美国的任何地方。轻小商品计划旨在降低快速移动的轻小商品的配送费，使卖家可以将节约的成本让利给买家。该计划面向符合如下标准的合格ASIN（Amazon Standard Identification Number，亚马逊标准标志号，由亚马逊自动生成的商品编号）：重量小于或等于1磅（约0.45千克）；尺寸小于或等于16英寸×9英寸×4英寸（约40厘米×23厘米×10厘米）；价格低于15美元。

费用方面，亚马逊FBA提供了一套完美的收费标准，并且，支持灵活的付费模式，无最低费用要求、无设置费或月租金。亚马逊FBA费用包括仓储费和配送费两项。仓储费按照每月每立方英尺（按比例收费）计费，配送费包括订单出路费、取件及包装费用及配送费（按件收取总费用）。关于总费用，可以使用亚马逊FBA收益计算器预估，非常方便。

最后，对于亚马逊FBA操作，关键工作是物流费用的计算，其他工作在平台上操作简单。

知识拓展

本知识拓展主要讲述跨境物流服务的选择、Lazada物流服务LGS和Shopee海外仓服务，详细内容请扫描二维码。

知识拓展

❓ 业务技能训练

一、课堂训练

介绍跨境电商平台Lazada提供的LGS物流服务。

1. 简述海外仓的功能和操作流程。

2. 阅读以下材料。

巴西物流专线近几年不断增加，主要是因为跨境卖家和平台都不断地涌入到巴西这个蓝海市场，亚马逊、eBay、wish、速卖通四大跨境电商平台也都已经在巴西建立了完善的业务，这就给了很多物流服务商机会，所以巴西物流专线在不断增多。

材料来源：跨境眼，https://www.kuajingyan.com，引用有删减。

请根据以上材料，结合跨境电商物流平台的知识，归纳跨境电商物流平台的共同特征。

二、实训操作

1. 阅读以下材料。

海外仓被看成是跨境电商的一个突破口，它可以解决很多传统跨境物流无法解决的痛点，如时效、成本、清关，以及本土化问题，并且随着跨境电商的迅猛发展，市场体量越来越大。截至2018年，33个国家、158家海外仓企业有353个仓库，从分布上看，40%的仓库集中在美国，英、德也占了很大一部分，中东、南美、非洲等地的海外仓非常稀缺。

目前欧美发达国家在海外仓方面已经做得非常成熟，不少卖家早已布局了小语种站点国家的海外仓，可谓是战略性地深入到跨境电商领域的咽喉。随着中国跨境出口电商的飞速发展，其中海外仓储也随之发生了明显改变，海外仓正在成为中国跨境电商行业越来越重要的竞争"砝码"，尤其是电商大佬们，如今正在海外仓方面纷纷发力。

目前我国规模较大的出口跨境电商企业大多选择在国外建立海外仓，且每个海外仓面积均在3万~5万平方米，规模较大。其中，兰亭集势、敦煌网、大龙网等知名出口跨境电商企业更是在全球广布海外仓。相比而言，进口跨境电商企业则大多建立2 000~3 000平方米面积较小的海外仓。

以下是跨境电商企业海外仓布局的一些情况。

天猫国际：与菜鸟物流一起建设海外仓，打造多种跨境物流服务方式。在美国，天猫国际就有两个海外仓。

京东国际：在美国、韩国、日本、澳大利亚、欧盟、加拿大、中国香港等国家和地区均建立了海外仓。

考拉海购：在美国、中国香港建成两大国际物流仓储中心，并将开通韩国、日本、澳大利亚及欧洲等国的国际物流仓储中心。

洋码头：与其他跨境电商平台不同的是，洋码头并没有重点拓展保税仓，而是先从海外仓做起，其90%的交易都是通过海外直邮。目前已经有洛杉矶、东京、悉尼、法兰克福等十来个海外仓。

唯品国际：唯品国际除了通过全球直采之外，还表示将通过海外仓、保税仓、自有物流配送体系等为消费者节省物流配送成本。目前唯品会已经在全球11个国家和地区建立了12大海外仓。

蜜芽：正在积极寻求海外仓布局。作为母婴垂直类跨境电商，蜜芽在德国、荷兰、澳大利亚建有3个海外仓。

跨境进口电商企业布局海外仓主要集中在中国香港、美国、澳大利亚、日韩等地，中国香港、日韩、东南亚地区的海外仓将受到追捧。有实力的跨境电商企业可以根据情况建立海外仓，而中小跨境电商企业则可以选择与物流公司进行协作。

对于现在跨境电商企业来说，入驻海外仓一般有3种选择，一是亚马逊、eBay等平台商的海外仓，二是自建海外仓库，三是入驻第三方跨境仓储公司。目前，以上3种海外仓的数量和面积都在增加。此外，国内顺丰、韵达等大佬也加入了跨境物流市场争夺战。

材料来源：网经社，http://www.100ec.cn，引用有删减。

根据以上材料，结合跨境海外仓模式的知识，请分析我国出口跨境电商企业纷纷建设海外仓的原因。

2. 找自身所在地区的自贸区、保税区或外贸产业园区，选择其中一家小型外贸企业，调查了解该企业商品出口的物流模式，进行为期3天的跨境电商物流的调查实践活动，根据实践内容完成实训经验表10.8。

表10.8　实训经验

专业：　　学号：　　姓名：　　工号　　填写日期：

实训日期			实训网站	
实训课题				
实训过程记录				
实训分析				
经验体会				

参考文献

［1］马宁.电子商务物流管理［M］.北京：人民邮电出版社，2013.

［2］李钊.电子商务物流［M］.北京：北京师范大学出版社，2012.

［3］王绍军.电子商务与物流［M］.3版.上海交通大学出版社，2012.

［4］周爱国.电子商务与现代物流实务［M］.北京：中国物资出版社，2012.

［5］陈雪梅.电子商务物流［M］.成都：西南财经大学出版社，2011.

［6］曲冠银.电子商务物流管理［M］.3版.北京：机械工业出版社，2011.

［7］陈修齐.电子商务物流管理［M］.2版.北京：电子工业出版社，2010.

［8］何飞.电子商务物流［M］.3版.大连：大连理工大学出版社，2010.

［9］祝凌曦.电子商务物流管理[［M］.北京：人民邮电出版社，2008.

［10］周长青.电子商务物流［M］.北京：北京大学出版社，2006.

［11］陈岩，李飞.跨境电子商务［M］.北京：清华大学出版社，2019.

［12］龙朝晖.跨境电商营销实务［M］.北京：中国人民大学出版社，2018.

［13］陆金英，祝万青，王艳.跨境电商操作实务（亚马逊平台）［M］.北京：中国人民大学出版社，2018.